헬조선 인 앤 아웃

헬조선 인 앤 아웃
헬조선 인 앤 아웃
헬조선 인 앤 아웃
헬조선 인 앤 아웃

Hell-Chosun
In
&
Out

조문영 이민영
김수정 우승현
최희정 정가영
김주온 지음

떠나는 사람,
머무는 사람,
서성이는사람,

한국 청년 글로벌 이동에 관한
인류학 보고서

청년들의 글로벌 이동성을 통해 본 한국 사회의 민낯과 희원

스테파니 블랙Stephanie Black의 다큐멘터리 《삶과 부채*Life and Debt*》(2001)
는 1970년대 말 국제통화기금IMF의 구제금융 이후 자메이카에서 벌어
진 일상의 참극을 다루고 있다. IMF가 조건으로 내건 일련의 구조조
정과 긴축정책 이후 사람들이 경험하는 가난의 한 모습은 강제된 정
주定住로 표현된다. 다큐는 "비행과 방탕이 허용되는 캐리비언 천국"을
찾아 자유를 만끽하는 미국 관광객들의 이동성과 남루한 동네의 정물
화에 소품이 된 채 붙박인 자메이카인들의 풍경을 교차시키고 있다.
"원주민들은 당신네 여행자들을 얼마나 부러워하는지 모릅니다. 그
들은 평범하고 지루한 일상을 벗어날 수 있는 당신의 능력을 부러워하
죠. 자신들의 따분함을 쾌락의 원천으로 가져가는 그 능력이 그저 부
러울 뿐입니다." 이렇듯 신자유주의적 글로벌라이제이션의 풍경 속에
서 노동의 이동성은 자본에 비해 언제나 뒤처지는 것으로 묘사된다.
클릭 한 번으로 수백만 달러가 오가는 금융자본의 세계와 달리 사람
들의 이동은 국경과 마주치며, 경계를 넘기 위한 법적 수속과 경비, 혹

은 불법을 감내할 용기를 필요로 한다.

그렇다고 국경이 한가로울까. 이동은 힘들다고 포기하는 게 아니라 힘들기 때문에 더 변화무쌍한 모습으로 제 민낯을 드러낸다. 자본의 이동 속도를 따라잡진 못하더라도 글로벌 이주자의 규모는 정치경제적, 사회적 불안정성이 심화되는 가운데 꾸준히 확대되어 왔다. 경제적으로 보다 나은 지역으로의 이동을 통해 물질적 빈곤을 벗어나려는 근대적 이주는 여전히 큰 흐름을 차지하고 있지만, 실존의 빈곤을 극복하기 위해 감내하는 글로벌 이동 역시 날로 증가하고 있다. 구조조정으로 퇴출된 직장인이 인생 역전을 기대하며 베이징으로 향하고, 중국의 국경도시 단둥에서는 자칭 "대한민국이 절대 반겨주지 않는 노인"들이 압록강 변에 주택을 구입해놓고는 비자 갱신을 위해 고국을 훔치듯 지나친다. 오랜 불황으로 생기를 잃은 제 나라를 탈출한 일본인은 한국의 게스트하우스에 장기 투숙하며 이방인들 간의 커뮤니티를 만들고, 대국의 주변인으로 남기보다 유창한 영어를 구사하는 코즈모폴리턴으로 인정받고 싶다는 한국계 미국인은 제 부모의 나라에서 일자리를 찾고 있다. 정주뿐 아니라 부유浮游 역시 글로벌 풍경의 하나인 것이다.

이 책은 21세기의 다양한 글로벌 경험 중에서도 특히 한국 청년들의 글로벌 이동성이 갖는 사회문화적 의미를 탐색한다. 1990년대 후반 경제위기 이후 한국 사회가 밟아온 신자유주의적 구조조정은 대량 실업과 해고, 노동 유연화 정책을 가속화했다. 기술 발전이 인력 충원의 필요를 없애고, 생산을 근간으로 하지 않는 금융자본주의가 확산되는 가운데 "고용 없는 성장"이 한국 사회에 본격적인 똬리를 틀기 시작했다. 완전고용, 평생고용의 신화가 사라진 시대는 한편으로는 노동과 규율에 지친 삶을 되돌아보고, 탈취를 통한 축적이 낳은 생태의 위기를 직시하면서 국가주의, 자본주의를 넘어서는 문명론적 전환을 도모하는 새로운 장을 열어젖히고 있다. 하지만 한국의 주류 사회는 여전히 새로운 삶을 어떻게 모색할까를 고민하기보다는 좁아진 문을 뚫고 어떻게 살아남을 것인가를 질문하고 가르치고 싶어 한다. 극단적인 경쟁에서 살아남으려면 나를 가치 있는 인적자본으로 만드는 것뿐 아니라, 남을 효과적으로 밀쳐내는 것 또한 중요해진다. 전문화된 입시학원에서부터 미용과 성형, "긍정의 마인드" 학습에 이르기까지 수많은 자기계발 상품이 등장하는 게 전자의 경우라면, 같은 대학 안에서도 치밀한 서열화를 통해 나와 타인을 구분 짓는 행위는 후자에 속한다. 부끄러운 얘기지만 한국의 대학은 이 생존경쟁의 전투에 투사의 각오로 임하고 있다. 경쟁력 강화를 명분으로 한 교육부의 구조조정이든 입학정원 감소라는 인구학적 문제든, 졸업장이 취업과 무관해진 시대에 역설적으로 취업양성소 역할을 자임하면서 상품이 될 수 없는 제도들을 수술하는 데 안간힘을 쏟고 있다.

이 적자생존의 전투에서 살아남을 비법으로 가장 많이 거론되는 주제가 바로 "글로벌"●이다. 전 지구적으로 사유하고 경험하고 행동한

● 이 책에서 명사화된 "글로벌"은 "the global"의 번역어이다. 글로벌라이제이션 용어와 맥락을 같이하지만, 국민국가의 경계를 넘어서는 소속감과 삶에 대한 열망, 가치 부여, 사고의 경향, 실제 삶에서의 실천 등을 포괄적으로 포착하고자 영어 표현 "글로벌"을 그대로 표기하기로 한다.

다는 것은 얼마나 큰 축복인가. 우리는 글로벌 경험을 통해 인간 지성의 폭을 넓혀 왔다. 여행으로 낯선 타자와의 대면이 야기하는 긴장과 희열을 체험했고, 어떻게 살 것인가라는 물음에 복수의 대답이 가능하다는 점도 확인했다. 배낭여행, 어학연수, 교환학생, 워킹홀리데이, 해외 자원봉사, 인턴십 등을 다녀온 뒤 무언가를 남기고픈 욕구가 생기는 것은 내가 느낀 것, 경험한 것이 그만큼 의미 있다고 여기기 때문이다. 그러나 "해외를 다녀오지 않으면 '자소서(자기소개서)'에 쓸 게 없다"는 한 학생의 푸념처럼 글로벌 경험은 경쟁력을 높이기 위한 "스펙"으로 자리 잡은 것 역시 현실이다. 무기력한 잉여로 남지 말고 "글로벌 인재"로 거듭나라는 요구가 빗발친다. "글로벌" 담론을 선점하려는 정부나 기업이 가장 즐겨 쓰는 이 용어의 의미는 어학 실력을 키우는 것에서부터 "글로벌 감수성"을 익히는 것, 좁은 한국 사회가 아니라 해외에서 새로운 일자리를 개척하는 것 등으로 다양하게 뻗어 나간다. 인터넷 검색창에 "글로벌"과 "청년"을 입력하면 "사업가", "리더", "창업", "인턴", "봉사단" 같은 단어들이 피수식어로 곧바로 등장하는 시대가 된 것이다.

논자들은 위기를 호기好機로 손쉽게 바꿔치기하는 이 전략이 얼마나 무모하고 위험한가를 숱하게 지적해왔다. 하지만 냉소와 조롱, 회의로 점철된 언어들은 "글로벌"의 의미를 새롭게 전유하기보다는 "글로벌" 자체를 오염된 언어로 폐기처분하는 결과를 낳은 게 아닌지 질문할 필요가 있다. "글로벌"은 불안과 회의, 피로감을 주는 언어에 불과한가? "글로벌 이동"이란 속칭 "헬조선"을 환기하는 수사에 불과한가? 신자유주의적 글로벌라이제이션을 냉소적으로 단언하는 것은 현 사회질서의 작동을 "문제"로 여기는 사람들을 아우르는 "상상의 공동체"를 확인할 수는 있어도 다른 세계에 대한 상상력을 키우는 작업에는 별반 도움이 되지 못한다.

이 책의 취지는 아주 간단하다. 한국 청년들의 글로벌 경험을 최대한 세세하게 들여다보자는 것이다. 왜 떠나는가, 어디로 어떻게 떠나는가, 임시적 장소에 머물며 무엇을 하는가, 어떤 귀환 혹은 새로운 이동을 준비하는가를 구체적인 현장에서 관찰하고, 무모한 긍정과 신랄한 냉소 사이에서 시소만 타다 놓쳐버린 개별적 삶의 결들을 탐독해보자는 것이다. 물론 (다시《삶과 부채》의 얘기로 돌아가서) 글로벌 이동이란 여전히 위계적이다. 비행기 티켓을 구입하기까지 결정해야 할 수많은 요소들이 누구에게나 동일한 고민거리가 되는 것은 아니다. 빈부의 양극화가 심화되고 교육제도가 무한경쟁에 포섭되어 버린 사이, 한국 사회가 일찌감치 포기해버린 많은 청(소)년들은 장시간 저임금 아르바이트 노동으로 삶을 마모시키고 있다. 그럼에도 이 책에서는 떠나는 자와 남는 자의 차이가 경제적 차이로만 환원되지 않는다는 점을 강조하고자 한다. 글로벌 이동이 가진 자의 특권에 그치는 게 아니라 태어나자마자 인터넷을 접한 디지털 세대에게 더 친숙한 화제가 되었다는 점, 정부나 기업이 안정된 직업을 거둔 대신 던져준 각종 인턴십과 해외탐방, 자원봉사 기회를 통해 상대적으로 저렴한 외유의 기회가 생겼다는 점, 과도한 교육열 덕택에 간단한 영어회화 정도는 가능한 청년들이 한국, 한국인, 한국어의 구속에서 벗어나 "다른 삶"을 고민하는 게 부모 세대에 비해 좀 더 용이해졌다는 점, 그리고 이미 수많은 한국 청년들이 지구 어딘가에서 변화무쌍한 방식으로 글로벌 삶의 다양성을 경험하고 있다는 점을 첨언해야겠다.

그간 한국 사회 청년 세대에 관한 논의는 연민과 공감, 비판과 질타에 이르는 다양한 스펙트럼 아래 통렬하게 문제를 제기해왔다. 그 통찰과 파급력이 컸음에도 불구하고 현재 다수의 사람들이 청년 관련 저작물에 피로감을 느끼는 것 또한 사실이다. 여러 사정이 있을 것이다. 대다수가 느끼는 분노와 불안을 세련된 언어로 정리하면서 엇비슷한 분석을 내놓았다면 독서는 시간이 지날수록 지루해질 수밖에 없다. 촌철살인의 한마디를 토해내야 하는 소셜 네트워크식 어법이 출판계에도 영향을 미친 것인지는 모르겠으나 단언 위주의 압축적 글쓰기가 구체적 경험의 중요성을 간과한 측면도 있을 것이다.

청년 연구가 피로감을 호소하는 시기에 이 책의 필자들은 논의의 지평을 한국 사회를 넘어 확장할 필요가 있다는 생각으로 뒷북을 쳤다. 이들이 그간의 현지조사에서 만나온 한국 청년들은 지구 어느 곳에서 계속 말 걸기를 하고 있다. 이 말 걸기는 "영어를 배우겠다"며 가족을 안심시킨 뒤 낯선 아일랜드로 탈출해서 해방감을 맛본 청년(3장, 우승현)이나 "입영을 자원한 글로벌 애국자"라는 정부 수사를 적절히 껴안으면서 한국 취업의 활로를 모색하는 군복무 해외 영주권자(4장, 최희정)의 경우처럼 주류 패러다임을 신중하게 경유한다. 또한 이 말 걸기는 IMF 경제위기 이후 부모를 따라 도망치듯 건너온 미국 땅에서 추방의 위험을 무릅쓰고 미등록 이민자 운동을 전개하는 한인 청년(5장,

정가영), 한국 주민(빈민)운동과의 만남을 통해 국제개발 체제의 도구성를 비판하면서도 이 체제와의 전면적인 결별을 선언하지 않는 청년 활동가(6장, 조문영), 전 세계 글로벌 기본소득 네트워크의 유럽 중심성과 맞닥뜨리면서 비서구 아시아 청년운동을 추구하는 "나"(7장, 김주온)처럼 이전 세대와는 다른 방식의 실험을 모색한다. 때로 이 말 걸기는 미국 커뮤니티 칼리지에서 표류하면서 한국과 미국 사회에서 동시에 왕따를 경험하는 한국 유학생이 스스로를 "유령"이라 묘사하고(2장, 김수정), 과로로 만신창이가 된 전직 회사원이 인도의 요가 마을에서 심신을 치유하며 도저히 버틸 수 없었던 제 나라를 회고하는 데서 보듯(1장, 이민영), 여전히 제 국민을 보듬을 준비가 안 된 한국 국가와 사회의 민낯을 드러낸다.

각각의 에세이는 한국 청년들의 글로벌 경험을 두껍게 기술하고 있지만, 여기서 "글로벌"이 무엇을 의미하는가는 하나로 수렴되지 않는다. "글로벌"은 평범한 청년을 국제 난민으로 만드는 신자유주의 교육 체제의 다른 이름이자(2장, 김수정), 여전히 수많은 "불법" 이주자들이 국경이라는 물리적 제재에 맞서 목숨을 걸어야 하는 살아 있는 정치의 현장이며(5장, 정가영), 심지어 "헬조선"의 일시적 해독제로 작용한다(1장, 이민영). 국가가 "글로벌 인재" 담론을 추동하면서 전 방위적 영향력을 행사할 때(4장, 최희정), 도피하듯 떠난 해외에서 신자유주의 노동 유연화에 따른 구조적 착취를 새롭게 경험할 때(3장, 우승현) "글로벌"과 "내셔널"의 차이는 희미해진다. 하지만 "사회"의 빈곤과 대면케 하는 우회로이자(6장, 조문영) 한국 국가와 로컬의 지형을 성찰하게 만드는 계기를 제공한다는 점에서(7장, 김주온) "글로벌"은 여전히 가능성의 미학을 제공한다.

결국 우리는 확장된 글로벌 장^場에서 닫힘을 마주하고, 글로벌 담론의 포섭을 통해 새로운 배제와 축출을 경험하지만, 동시에 글로벌 경험을 통해 국가주의적 개입의 문제를 간파하고 지역을 되돌아보기도 한다. 환대와 적대가 기묘하게 공존하는 이 불확실성의 세계 한가운데 바로 한국 청년 세대가 있다. 이 책은 한국 청년들의 글로벌 경험이 어떻게 이들의 생애 기획이나 저항의 한 요소로 자리 잡게 되었는가에 대해 명징한 결론을 내리지 않는다. 대신 필자들은 말과 행동의 간극을 의미화하는 인류학 방법론을 바탕으로, "잉여"에서 "헬조선"에 이르기까지 압축적 키워드나 단언적 수사로 소비되어 온 담론의 지형을 성찰하고, 우리가 만난 청년들이 걸어온 다소 산만하고 복잡한 궤적을 성실히 기록하고 해석하고자 했다. 젊은 인류학자들이 만난* 한국/한인 청년들은 인도의 요가 마을, 아일랜드의 레스토랑, 캐나다의 국제회의, 케냐의 슬럼 지구, 미국 중부의 커뮤니티 칼리지, 로스앤젤레스의 한인 타운 등 지구 도처에서 쉬고, 일하고, 활동하고, 싸우고 있다. 태어나서 한 번도 마주치지 않았을, 앞으로도 마주칠 확률이 그리 높지 않은 이들 청년들을 개개의 별이 아닌 광대한 성좌로 다시 읽어내는 작업, 각각의 에세이를 경유하며 그 사회적 고통과 실천의 공통성과 결절점을 발견해내는 작업이 그 어느 때보다 절실하다. 무엇보다

---

* 김주온의 에세이는 자전적 문화기술지(self-ethnography)의 형태로 구성되어 있다.

이들의 산포가 한국 국가와 사회가, 더 넓게는 신자유주의적 세계질서가 내던진 인간 존엄의 민낯과 희원을 비추기 때문이다. 이 책이 한국 사회를 거부하고 질타하지만 동시에 인정과 소통의 자리를 갈구하는 그들과 나, 우리의 연결성을 새롭게 탐색하는 출발점으로 읽힐 수 있기를 바란다.

2017년 초입에

조문영

차례

"헬조선 탈출"로서의 인도 장기여행

1

이민영

이 글은 본인의 석사학위 논문을 기반으로 비교문화연구 제22집 2호(2016) pp. 291~328에 실린 같은 제목의 논문을 에세이 형식으로 수정한 것이다.

뚜렷한 목적 없이 한국 바깥을 장기여행하는 청년들

집에 가기 싫어서요. 요즘에 이런 애들 많아요. 동남아에서 만난 애
들 거의 다 이렇던데요. 집에 3~4년씩 안 들어간 애들도 많아요. 주
로 호주에 워킹홀리데이로 나와서 돈 많이 벌고, 여행하고, 집에 가기
싫으니까 돈 좀 더 벌어서 동남아를 여행하고 그러는 거죠. 뉴질랜드
에서 3개월 한 뒤에는……, 독일, 프랑스 워킹홀리데이 제도도 올해
부터 생겼는데, 그걸 해볼까 생각도 해요.

현정(당시 28세, 여)에게 이 대답을 들은 것은 2011년 초반이었다. 나는
그즈음부터 동남아나 인도에서 만난 젊은 장기여행자들에게서 비슷
한 이야기들을 반복적으로 듣고 있던 참이었다.

"왜 그렇게 오래 돌아다니느냐?"라는 나의 질문에 대한 이 대답은
현재 청년들의 장기여행 현상이 어떤 면에서 새로운지를 잘 보여준다.
이들은 호주 같은 선진국에서 워킹홀리데이로 육체노동을 해서 돈을
벌고, 돈이 모이면 물가가 저렴한 인도나 태국 같은 곳에서 장기체류한
다고 했다. 몇 년이 지나도 집에 가지 않고 외국을 떠돌지만, 여행이 너
무 좋아서라기보다는 한국에서의 피곤한 삶을 회피한다는 표현이 더
어울렸다. 이들은 한국 사회가 너무 피곤하고 인간적인 삶을 살 수 없
는 사회라고 인식했으며, 그러한 인식의 연장선상에서 장기여행을 선
택할 수밖에 없었다고 불만을 토로했다.

과거에도 동남아나 인도에서 많은 한국인 장기여행자들을 볼 수 있

었지만, 그들은 요즘 젊은이들처럼 가난하지 않았다. 해외여행 자유화 이후 1990년대 배낭여행 문화를 이끌었던 90년대 학번 대학생들은 몇 달만 과외 선생으로 일해도 등록금과 여행비를 쉽게 벌 수 있었고, 졸업과 동시에 괜찮은 일자리를 구할 수 있었다. 당시에도 장기간 외국을 떠도는 여행자들이 있었지만, 한국 사회의 문제보다는 신비주의적 세계를 추구하거나 모험을 좋아한다는 개인적인 이유가 더 강하게 작용했다. 이때의 여행문화에 익숙한 한국인 기성세대들에게 현정처럼 외국을 떠돌아다니는 젊은 장기여행자들이 증가하고 있다는 것은 상당히 충격적이고 이해할 수 없는 현상일 것이다.

여행업에 종사하는 여행 인솔자들은 "요즘 애들"의 이러한 여행이 "진짜 여행"이 아니라고 못마땅해했다. 김찬삼의 『세계일주 무전여행기』(1962)나 한비야의 『바람의 딸, 걸어서 지구 세 바퀴 반』(1996)을 읽고 1990년대부터 유럽 배낭여행을 경험했던 이들에게 "진짜 여행"은 젊은이의 "헝그리hungry 정신"으로 용감하게 세상을 탐험하고, 힘든 상황에서 자신을 극기克己하며 성장하는 모험이기 때문일 것이다. 한편 태국 방콕의 카오산 로드●에서 만난, 건설회사를 은퇴했다는 60대 여행자는 연구자에게 "젊은 사람들이 외국에 나오면 발전된 문물을 보고 배워서 나라 발전에 보탬이 돼야 하는데, 이렇게 목적 없이 놀고만 있으면 나라는 어떡하나." 하고 탄식하기도 했다. 1970년대에 사우디

● 태국 방콕 시내에 있는 여행자들의 거리. 1960년대 이후 전 세계 곳곳으로 향하는 배낭여행자들이 다음 목적지로 가기 전 비행기 표를 사고, 휴식하고, 정보를 모으기 위해 모여든 곳으로, 저렴한 숙소, 식당, 여행사 등이 밀집해 있다.

아라비아에서 일하며 외화를 벌었던 산업 역군들에게 해외여행의 이상형은 더 나은 국가를 만들기 위해 부지런히 견문을 넓히는 학습활동이기 때문일 것이다.

이러한 기성세대들의 시각에서 볼 때, 한국 청년들의 이상적인 글로벌 경험은 미국, 일본, 호주 같은 선진국으로 떠나는 어학연수나 워킹홀리데이라는 이름으로 떠나는 교육 이주(또는 교육 관광)나 노동 이주일 것이다. 언론에서도 이러한 경험들을 글로벌 시대 청년의 통과의례 혹은 자기계발 과정으로 그려내면서, 그 속에 담긴 청년들의 열기와 패기, 진취성들을 부각해온 것이 사실이다.

이러한 기성세대의 시각에서 볼 때, 이 글의 서두에서 언급한 오늘날 한국 젊은이들의 장기여행은 도무지 이해할 수 없는 기이한 현상일 것이다. 청년들에게 도움이 되는 정책을 만들거나 청년들을 위로하기 위해서는 먼저 이들의 여행이 어떤 것인지 그 현실부터 제대로 파악해야 한다는 점에서, 나는 최대한 현실을 구체적으로 파악하고 입체적으로 해석하고자 한다. 이런 목적 아래 추구하는 질문들은 다음과 같다. 도대체 이렇게 별 뚜렷한 목적 없이 한국 바깥을 오래 여행하는 청년들이 늘어나는 이유는 무엇인가? 이 청년들은 어떤 사람들이며, 장기간 어떤 곳들을 돌아다니는가? 이들은 왜 선진국 대신 인도 같은 개발도상국에서 장기체류하는가? 여행이 끝난 후 이들의 삶은 어떻게 되는가?

인도 리시케시의 장기체류자들

나는 오늘날 한국 젊은이들의 장기여행 현상에 대해 알아보기 위해 특히 인도 여행자들에 주목했다. 인도의 장기여행자들이 이러한 현실을 잘 보여줄 수 있다고 판단한 것은 다양한 환경에서 한국인 여행자들을 만났던 경험(2010년 12월에 인솔했던 20일간의 인도 단체 배낭여행, 그 이전에 했던 다섯 차례의 인도 개인 배낭여행, 동남아를 비롯해 장기여행자들이 모이는 수많은 장소로의 개인 배낭여행, 호주 목화농장에서 노동을 하며 수많은 한국 청년들을 만났던 경험) 때문이었다. 한편 다른 나라의 여행자들을 만났던 것도 한국인 여행자들의 이야기를 더욱 입체적으로 바라볼 수 있게 해주었는데, 이는 특히 리시케시Rishikesh에서 공식적으로 인터뷰한 17개 국적 50명과의 대화를 포함한다.

그렇다면 왜 인도인가? 인도는 한국 청년들뿐 아니라, 국적을 막론하고 장기여행자들이 가장 많이, 오래 들르는 대표적인 나라이다. 인도에는 장기여행자들이 장기체류하며 머무는 곳이 많은데, 이들이 가장 많이 밀집해 있는 곳은 "세계 요가의 수도"로 불리는 리시케시, 티베트 난민들의 중심 거주지로 달라이 라마에게 설법을 듣고 티베트 불교와 문화를 배울 수 있는 맥그로드 간즈Mcleod Ganj, 인도 전통음악 및 종교의 중심지 바라나시Varanasi, 히피 문화와 트랜스 음악의 성지인 고아Goa, 사막 위의 힌두 성지 푸시카르Pushkar 등이다. 이들은 자신이 좋아하는 것을 배우거나, 분위기가 좋다는 이유로 이 장소들 중 한곳에 수주에서 수개월씩 머물곤 한다.

히말라야 산맥과 갠지스 강이 만나는 성지, 리시케시

갠지스 강가에 모여 요가를 수련하는 외국인들

리시케시의 유명한 요가 강사들

리시케시의 요가 강습소 및 대체의학 센터들

이 도시들 중 나는 장기여행자들을 연구하기 위한 최적의 장소로 리시케시를 골랐다. 리시케시는 다양한 요가 수행처가 있을 뿐 아니라, 인도의 전통 의학인 아유르베다^{Ayurveda} 의학, 자연요법, 마사지, 레이키^{Reiki} 등 보완대체의학과 뉴에이지 계열의 다양한 프로그램들과 상품들이 판매되고 있는 곳이다. 덕분에 전 세계에서 온 장기여행자들이 함께 이러한 활동들을 하며 수개월씩 공동체적인 생활을 하는 분위기가 형성되어 있고, 이들의 삶과 여행 패턴에 대한 정보를 수집하고 이야기하기 좋다는 장점이 있다. 나는 리시케시에서 가장 규모가 크고 인기가 있는 아슈람^{Ashram}●과 게스트하우스에서 묵으면서 요가 수업과 다양한 뉴에이지 수업에 참가하는 한편, 외국인들이 모이는 식당과 주변 지역을 돌아다니면서 한국 청년들을 만나 조사를 진행했다. 또한 이들과 페이스북 친구를 맺어 지속적으로 교류했다. 이를 통해 이들의 귀국 후의 일상생활과 크고 작은 여행, 수년간의 삶의 변화를 더 길고 더 넓은 시간적, 공간적 흐름 속에서 입체적으로 파악할 수 있었다.◆

인도는 지구상의 그 어느 관광지들보다 장기여행자들이 많이 모이며 함께 "진하게" 어울리면서 깊은 이야기를 나누는 곳으로 알려져 있

● 힌두 수행 공동체

◆ 이 글의 핵심이 되는 인터뷰 자료는 석사 논문을 작성하기 위해 2010년 12월에서 2월, 2011년 9월에서 12월, 두 차례에 걸쳐 총 약 4개월간 참여관찰, 설문지 조사, 인터뷰 및 문헌 조사의 방법으로 리시케시에서 진행한 현장연구를 기반으로 한다. 또한 석사 논문 작성 후에도 2012년 12월에서 1월, 2014년 7월에서 8월, 두 차례에 걸쳐 총 2개월간 리시케시에 머무르며 후속 조사를 했으며, 계속 페이스북을 통해 소통하면서 채팅 기능을 적극 이용하고 한국에서 모임도 가진 덕분에 근황을 지속적으로 업데이트할 수 있었다.

다. 덕분에 인터뷰를 하지 않아도 사람들의 여행 패턴을 쉽게 알 수 있었지만, 신뢰관계를 구축한 사람들과는 공식적인 인터뷰를 해서 더 많은 정보를 얻을 수 있었다. 이들의 한국에서의 삶은 어떠했는지, 인도와 리시케시를 방문하기까지 어떤 이동 경로를 따랐는지, 리시케시를 찾게 된 이유와 이곳에서 어떤 활동을 하고 있는지, 이후의 이동 계획과 "집"과의 관계는 어떻게 변화되었는지 등을 심도 깊게 질문했으며, 이들 삶의 역사를 최대한 수집했다. 내가 공식적인 인터뷰를 했던 이들 본인과 부모의 사회경제적 위치를 고려했을 때, 대부분은 중하류층 서민으로 분류할 수 있었다. 이들 중 안정된 직장을 가진 적이 있었던 사람은 드물며, 특히 20대 네 명은 모두 파트타임 아르바이트를 전전하며 월 70만 원에서 130만 원을 벌었다는 사실을 눈여겨볼 필요가 있다.

"헬조선 탈출"로서의 장기여행

인도에서 만난 한국 청년들에게 왜 여행을 떠났느냐고 물어보면 대부분 비슷한 답을 했다. 구체적인 사항은 조금씩 다르지만, 한 문장으로 정리하면 "한국은 희망이 없고, 비인간적인 삶에 지쳐서 탈출할 수밖에 없었다."라고 할 수 있다.

그렇다면 청년들은 한국에서의 삶에 왜 불만을 가졌을까? 이에 청년들은 취직이 되지 않고, 취직이 되어도 소모품처럼 혹사당하다 망가지기 직전에 스스로 그만두고 나왔다고 이야기한다. 이는 오늘날 청년들이 노동시장 진입에서부터 신분상, 사회보장제도에서 사회로부터 배제되고 있는 현상이 갈수록 심각해지고 있는 한국 사회의 구조적 현실(박수명 2013)을 개인이 어떻게 체험하고 있는지 잘 보여준다.

청년들의 첫번째 불만은 사람을 소위 "스펙"과 물질적 성취로만 판단하는 한국 문화에 대한 것이었다. 당시에는 "탈조선"이라는 말이 없던 시절이었지만, 놀랍게도 영수(2011년 당시 29세, 남)는 외국인 친구들이 "왜 리시케시에 왔느냐"고 질문할 때마다 "한국에서 탈출하기 위해서(to escape from Korea)"라고 대답했다. 고졸이 최종 학력인 영수의 삶에서 한국을 탈출해야 하는 맥락은 다음과 같이 나타났다.

외국 가고 싶었어요. 한국에 있는 게 갑갑했어요. 스트레스 너무 받고, 당장 내세울 게 하나도 없으니까. 경험은 많지만 자격증이 없으니까. (친구가) 여자들이 마지막에 너를 좋아하지 않는 이유는 네가 가진 것이 아무것도 없기 때문이야, 하고 말을 해줬어요. 그 말이 사실이었어요. 가진 게 아무것도 없었어요. 직업도 돈도 없고, 공부를 많이 한 것도 아니고, 성과 낸 것도 없고. 그래서 여자들이 널 떠나는 거라고. 왜 외국을 나가고 싶었느냐면, 한국에 있는 게 너무 힘든 거예요. 뭘 해야 할지 모르겠고. 헬스장에서 일하려니까 마음이 너무 갑갑하고.

영수에게 "한국"은 경험이나 능력보다는 자격증, 직업, 돈, 학력과 같은 스펙과 물질적 성취로만 사람을 평가하는 곳이었다. 영수는 자신이 다양한 경험을 했고, 어떤 일이든 하기만 하면 남들보다 잘하며, 사람들에게 항상 인기가 많다는 점을 지속적으로 강조했다. 그러나 실제로는 고등학교를 졸업한 후 호텔업계, 와인업계, 마술업계, 연기업계, 외식업계, 체육업계 등에서 아르바이트를 전전했을 뿐 안정된 직업을 가진 적은 없었다. 영수는 이것을 한국 사회의 부조리함 때문으로 해석했다. 와인업계에서 일하기 힘들었던 것은 "이상하게 한국은 나이 제한이 심해서", 그리고 "한국은 스물일곱 살인데 일할 수 있는 데가 별로 없었"기 때문이고, 연기자가 되기를 포기한 것은 "한국에서 모든 연기자는 돈을 찔러주고 들어가야 하고", "PD 라인, 작가 라인, 주연급은 기획사에서 밀어주는 애들만 되기 때문"이라고 했다. 즉, 영수에게 한국은 부당하고 불공정한 관행이 횡행하는 곳이며, 열심히 노력해도 좋은 결과를 낼 수 없는 갑갑한 공간이었다. 영수에 의하면, 인도에서 요가 강사 자격증을 취득하려는 것은 이처럼 희망 없는 한국을 벗어나 외국에서 요가를 가르치면서 살기 위함이었다.

두번째 불만은 취직이 되지 않는 현실이다. 대학 졸업 후 몇 년간 노력했으나 결국 취직을 포기한 승은(2011년 당시 26세, 여)은 인도에 오기 전까지 "항상 짜증이 나 있는 상태, 불만이 있는 상태"였다고 했다.

모든 게 다 짜증이 났던 것 같아요. 내가 왜 이러고 있나, 이런 거. 왜냐하면 아무도 본인의 미래를 그렇게 상상하진 않잖아요. 내가 상상했던 미래와 너무 다르게 가고 있고. 전 스무 살만 되면 모든 게 다 내

뜻대로 할 수 있고 모든 게 다 잘될 거라고 막연하게 생각했죠. 어른들이 항상 그러잖아요, 스무 살만 돼라. 근데 스무 살 돼도 별다른 게 없죠. 대학 졸업해도 별다른 게 없지, 그 과 선택한 것도 단지 취업 때문에 선택한 건데, 내가 좋아하고 가고 싶었던 과를 포기하면서까지 간 건데…….

승은은 어차피 취업도 안 되는데 원하는 전공을 포기하고 딴 과에 가게 만들었던 어른들을 원망했다. 승은은 "자잘한 아르바이트도 대충 대충 하고, 마트 계산원 아르바이트도 하고" 살았지만 지루했다. "내색은 별로 안 했지만 짜증이 나고 취업도 잘 안 되고, 어디론가 좀 떠나고 싶었고 새로운 것을 느끼고 싶었"다. 엄마도 "새로운 걸 했으면 하는 눈치"를 줘서 괴로웠다. 이처럼 취업이 되지 않는 것이 본인의 책임도 아니고 본인도 괴로운 상황에서, 가족과 주변 사람들의 눈치까지 봐야 하는 현실이 부담스러웠다는 이야기는 특히 한국인들에게 흔한 이야기이다.

세번째는 죽도록 과로해야 하는 한국의 노동문화이다. 인혜(2011년 당시 29세, 여)는 한국에서 컴퓨터 프로그래머로 일했다. 월요일에서 목요일에는 밤 9시에서 10시까지 늘 야근을 했고, 가끔 밤샘도 하다 보니 몸이 점점 나빠졌다. 스트레스를 받으면 자주 위가 아팠는데, "데굴데굴 구를 정도"였던 적도 있었다. "살갗이 아프기도 했는데 그게 몸살"이었고, "옷에 스치면 뼈마디까지 아팠다." 위가 아파서 회사를 일주일씩 쉬기도 하다가 결국에는 1년 8개월 만에 회사를 그만뒀다. 1년간 쉬려고 했지만, "6개월 이상 놀면 거지를 못 면한다"는 아는 선생님의 충고가 겁났고, 스스로도 "백수가 되는 거 아닌가 슬슬 불안해"졌다. 결국 "다른 사람들은 다들 뭔가 하고 있어서 불안감을 해소하기 위해" 4개월 만에 또 취직을 했다. 새 회사는 일은 더 힘들고 외근이 많았다. 인혜는 "남들은 잘 하는데 나도 버텨보자." 하고 오기를 부리며 3년간 다녔다. '과장 이상 가면 버티기 힘들겠구나.' 하는 생각과 자질 부족을 느끼던 와중에 친구가 호주에 간다고 하자, 1초도 고민하지 않고 "나도 가." 하고 말해버렸다. 그 후 정보를 모으다가 행로를 변경해 필리핀 보라카이로 어학연수를 떠났고, 동남아와 인도까지 장기여행을 하게 되었다.

인혜는 "이때까지 교육받고 살아온 게 늘 뭔가 하고 있어야 한다는 것이고, 한국 사회에서는 특히나 늘 일하고 있어야 하니까" 아무리 아파도 마음 놓고 쉰 적이 없다고 했다. 평생 남의 시선을 신경 쓰면서 살아온 인혜는 탈조선 수개월 후 "이제는 회사 복귀할 생각이 전혀 없어요. 이젠 치열하게 살고 싶지 않아요. 돈을 조금 벌더라도 조용히 평화롭게, 내 시간 많이 가지고 내가 흥미 있는 부분을 전문적으로 발전시키고 싶어요."라고 잘라 말했다.

네번째는 불합리한 조직문화이다. 달희(2011년 당시 42세, 여)는 중국에서 인테리어 디자이너로 일했다. 인혜처럼 과로로 각종 병을 달고 살다가 인도로 와서 장기체류하면서 요가를 배웠다. 그러다가 한국에서 수개월씩 일을 하고 인도로 돌아오기를 몇 번 반복했는데, 그 중간에 다녔던 회사의 획일적인 조직문화는 견딜 수 없이 피곤했다.

함께 일하는 사람들과 삶의 방식까지 비슷해지지 않고서는 함께 일하는 게 거의 불가능에 가까워. 스물네 시간 중에서 열네 시간 이상을 함께 있다 보면 세 끼 밥을 같이 먹어야 하고, 세 끼 밥을 같이 먹으니까 메뉴를 고를 때도 맞춰야 하고. 또 노는 시간조차 함께해야 하고, 자는 것도 같은 숙소에서 자야 하는 경우가 있고, 평소에 모든 얘기를 같이 하고, 심지어 간식도 같이 먹어야 하고. 너무나 많은 부분을 같이 해야 하기 때문에 나만 너무 다른 삶의 방식을 가지고 있으면 그들에게 배척당하지. 그런 모든 것들 때문에 일도 같이 하기 싫어지는 거지.

많은 한국 청년들이 달희처럼 조직에서 "왜 너만 그렇게 다르게 행동하느냐"고 눈치를 받았던 경험을 갖고 있으며, 개성과 다양성을 억압하는 이러한 "한국스러운" 조직문화를 지긋지긋하게 생각했다.

이러한 불만들은 한국 청년들이 외국으로 나가는 계기가 되는데, 최근 유행하는 "헬조선" 담론과도 상통한다. "헬조선"은 2015년 한국을 가장 뜨겁게 달군 신조어 중 하나로, 인터넷 사이트 "디시인사이드"의 역사 갤러리에서 처음 사용되고 주식 갤러리에서 본격적으로 활용되다가 광범위하게 퍼져나간 것으로 알려져 있다. 헬조선은 오늘날의 한국을 전근대적 계급제 사회였던 조선에 빗대는 단어로, 자기비하적인 조소가 담겨 있어 기성세대에게는 불편하게 들리기도 한다. 그러나 이 단어에는 오늘날 한국 사회에서 급격히 심화되고 있는 불평등 및 계급격차에 대한 날카로운 비판 의식이 배어 있으며, 여기에서 파생된

"탈조선(헬조선 탈출)"이라는 단어에는 이 나라가 싫고, 차라리 다른 곳으로 떠나고 싶다는 청년들의 절절한 외침이 담겨 있다. 이러한 단어들이 특히 청년들의 공감을 얻어 급속도로 퍼져나가고 광범위하게 이용되고 있는 현상에 주목해야 하는 이유는 이 단어가 오늘날의 한국에 대한 사회적 인식, 이로 인한 실천, 그 결과로서의 사회변동을 더 잘 살펴볼 수 있는 렌즈로 기능하기 때문이다.

이러한 탈조선 현상은 통계적으로도 증명된다.《헤럴드경제》가 미 시민권 공개 포럼 사이트인 아이작 브룩 소사이어티에 올라온 자료●를 인용한 기사에 의하면, 한국은 전 세계 경제 강국들 가운데 해외 이민을 떠난 뒤 모국의 국적을 포기하는 비율이 가장 높다(《헤럴드경제》 2014년 4월 28일자).◆ 더 충격적인 것은 아직 이민을 실행하지 못해 이 통계에는 포함되지 않았지만, 이민을 갈 의향이 있거나 준비 중인 사람들은 더 많다는 자료이다. 뉴시스가 온라인 취업포털 "사람인"에서 2015년 11월 성인 남녀 1,655명을 대상으로 "이민 의향"을 조사한 결과▲를 분석한 기사에 의하면, 응답자의 78.6퍼센트가 "이민을 갈 수 있

● 2012년 5월 23일, 에릭(Eric)이라는 필자가 2002~2010년 각 아시아 나라별 통계청 자료를 인용하여 아이작 브룩 소사이어티에 올린 글이다(The Isaac Brock Society 2012년 5월 23일).

◆ 이 기사에 의하면, 뉴질랜드는 인구 10만 명당 4.5명, 홍콩은 25명, 대만은 152명, 싱가포르는 431명인데 비해 한국은 1,680명으로 비교 대상 국가 중에서 압도적으로 많다. 가까운 일본(89명)과 비교하면 20배에 육박하는 수치이다. 이 기사는 "한국은 국적을 상실하는 사람이 연간 2만 5,000명으로, 귀화자보다 많은 유일한 아시아의 선진국"이라고 분석했다.

▲ 이민 의향은 연령대별로는 30대(82.1%)의 응답률이 가장 높았고, 20대(80%), 40대(72.4%), 50대 이상(59%) 순이었다. 이민을 가고 싶은 나라 1위는 캐나다(16.8%)였고, 호주(16%), 뉴질랜드(10.8%), 미국(9.6%), 독일(9.5%), 스웨덴(6.9%), 일본(6.3%), 핀란드(4.9%), 스위스(4.7%) 등의 순이었다(사람인 2016년 1월 18일자).

다면 가고 싶다"고 답했다. 한국을 떠나고 싶은 가장 큰 이유로 응답자들은 "일에 쫓기는 것보다 삶의 여유가 필요해서"(56.4%, 복수응답)를 꼽았으며 "대체로 근로조건이 열악해서"(52.7%), "소득의 불평등 문제가 심해서"(47.4%), "직업 및 노후에 대한 불안감이 커서"(47.4%), "경쟁을 강요하는 분위기가 싫어서"(46.3%), "국가가 국민을 보호해주지 않아서"(44.4%), "해외의 선진 복지제도를 누리고 싶어서"(30.7%) 등의 응답이 뒤를 이었다. 실제로 응답자들의 47.9퍼센트는 현재 이민을 위한 준비를 하고 있다고 응답했다. 이민국을 선택하는 가장 중요한 기준은 복지(41.2%)였고 이어 문화(17.5%), 일자리 여부(13.1%), 소득 수준(6.7%), 기후 등 환경(5.8%)이 고려 대상이었다(뉴시스 2016년 1월 18일자).

이러한 통계자료에 나타나지 않는 "헬조선"에 대한 젊은이들의 구체적인 인식과 실천은 "헬조선" 사이트■에서 접할 수 있다. 이 사이트의 게시판에는 "내가 헬조선을 증오하게 된 이유", "헬조센에서 '죽도록 노력해봤냐?'라는 소리가 역겨운 이유", "생존이 목표가 되어버린 헬조선", "금수저★들이 똥수저에게 게으르다 훈계하는 이유", "기업/업자들이 니들이 낸 세금을 털어먹는 방법", "헬조선에 충성한 자의 최후(빡침 주의)", "한국인은 그 사람 아버지 직업=그 사람 수준" 등 한국 사회를 비판, 풍자하는 글들이 올라온다. 이 게시물들을 보면 청년들이 한국을 지옥에 빗대어 헬조선이라 부르는 이유가 생존하기도 힘

■ 사이트 이름은 "헬조선"이지만, URL 주소는 www.hellkorea.com이다.

★ 사람을 가진 자산에 따라 금수저, 은수저, 동수저, 흙수저 등으로 나누는 "수저계급론" 담론은 2015년부터 "헬조선" 담론과 함께 한국 사회의 현실을 고발하는 담론으로 크게 유행했다.

들 만큼 빡빡한 현실, 고착화된 사회구조적 불평등과 부정부패에 있음을 알 수 있다. 청년들은 이 사이트에서 구체적인 "탈조선" 방법을 공유하기도 한다. 용접이나 배관, 컴퓨터 등의 기술을 배워 미국, 캐나다, 호주 등의 선진국으로 이민 가는 방법에 대한 질문과 답, 체험 사례도 올라온다.

그러나 위에서 인용한 것처럼 미국, 캐나다, 호주 등 선진국으로의 이민만을 탈조선이라고 할 수는 없다. 현실적으로 선진국으로의 이민에 성공하기 위해서는 높은 영어 점수와 자격증, 경력 등의 스펙이나 통장 잔고 증명이 필요한 경우가 대부분이다. 이런 현실에 좌절한 젊은 이들 중에는 일단 한국을 떠나 있기 위해, 혹은 영어도 공부하고 스펙을 쌓을 자금도 마련하기 위해 워킹홀리데이와 같이 노동을 포함한 장기여행으로 눈을 돌리는 경우가 많다. 이 글의 서두에서 인용한 현정의 사례처럼, 여러 선진국에서의 워킹홀리데이와 인도, 동남아에서의 장기체류를 반복하는 경우도 많다.

이런 점에서, 미디어에서 재현되는 것처럼 목적지를 명확하게 정하고 필요한 자격 요건을 획득해 이민이라는 과업을 완수하는 사례는 오늘날 증가하고 있는 헬조선 탈출 현상 중 극히 일부라고 할 수 있다. 청년들이 가졌던 한국에 대한 불만이 헬조선 담론과 유사하며, 이러한 헬조선을 탈출하는 방법으로 장기여행을 택했다는 점에서 나는 이들의 실천을 헬조선 탈출로서의 장기여행, 혹은 탈조선 여행으로 본다. 이러한 탈조선 여행 현상을 총체적으로 이해하기 위해서는 성공한 이민 사례에만 주목하는 시각에서 벗어나, 다양한 이동 경로와 복잡한 과정 모두를 탈조선 실천의 일부로 보고 그 새로운 이동성의 양상을 파악해야 할 것이다.

"탈조선 여행"의 이동 양상

"헬조선 탈출"이 계급과는 상관없이 한국의 청년들 대부분이 공감하는 꿈이라는 것을 이해하기 위해, 솔직한 제목과 내용으로 크게 주목받았던 소설 장강명의 『한국이 싫어서』(2015)의 일부분을 살펴보자.

> 왜 한국을 떠났느냐. 두 마디로 요약하면 '한국이 싫어서'지. 세 마디로 줄이면 '여기서는 못 살겠어서.' 무턱대고 욕하진 말아줘. 내가 태어난 나라라도 싫어할 수는 있는 거잖아?(10쪽) (······) 이제 내가 호주로 가는 건 한국이 싫어서가 아니라 내가 행복해지기 위해서야. 아직 행복해지는 방법은 잘 모르겠지만, 호주에서 더 쉽게 행복해질 수 있을 거라는 직감이 들었어(161쪽). (······) 나더러 왜 조국을 사랑하지 않느냐고 하던데, 조국도 나를 사랑하지 않았거든. 솔직히 나라는 존재에 무관심했잖아? 나라가 나를 먹여주고 입혀주고 지켜줬다고 하는데, 나도 법 지키고 교육받고 세금 내고 할 건 다 했어(170쪽).

이 소설은 한국에서 자신의 미래를 비관하는 20대 후반의 여성이 회사를 그만두고 호주로 이민을 떠난 사정을 들려주는 대화 형식의 이야기다. 주인공은 대학을 졸업하고 회사를 다니는 아주 평범한 20대 청춘이지만, 한국에서는 모든 부분에서 자신이 평균 혹은 그 이하라고 인식한다. 주인공은 국민으로서의 의무를 다했지만 이 나라에서는 행복하지 않았고, 결국 한국이 싫어서 선진국인 호주로 떠났다고 말한다. 이러한 주인공의 사연은 한국의 대표적인 신문사의 사회부 등에서 기자로 일했던 저자가 치밀한 취재를 바탕으로 그려낸, 가장 사실적이면서도 평균적인 "탈조선"의 로망이라 할 수 있다.

평범한 주인공이 이런 실천을 하는 모습에서 볼 수 있듯 "헬조선 탈출"은 한국 청년들에게 광범위하게 퍼져 있는 욕망이며, 한 인터뷰 대상자의 말을 빌리자면 "요즘 모여서 얘기하면 태반은 '탈조선'을 꿈꾼다." 그러나 다 함께 꾸는 꿈도 각자의 계급과 이용 가능한 자원에 따라 실천 가능한 형태가 정해지는 것이 현실이다. 인도에서의 현장연구뿐 아니라 다양한 사례들을 종합한 결과, 가족의 자본과 본인의 학력 자본이 높은 중상류층 출신 청년들은 선진국에서 교환학생, 유학을 거친 후 한국 혹은 선진국에서의 취업, 선진국으로의 이민이라는 경로를 많이 취하는 반면, 자본이 부족한 중하류층 청년들은 한국에서 노동하거나, 한국에서 취직이 되지 않는 경우에는 호주, 뉴질랜드 등의 서구 선진국에서 노동을 해 돈을 번 후, 인도, 태국 등의 아시아 개발도상국에서 장기여행을 하는 패턴을 반복하는 이원화된 구조가 나타났다.

이 글에서는 중하류층 청년들의 "탈조선" 현실에 초점을 맞추지만, 중상류층의 사례 역시 참고할 필요가 있다. 화장품을 사거나 "먹방 여행"을 위해 종종 일본에 가는 진희(2016년 현재 24세, 여)는 "탈조선"하고 싶으냐는 나의 질문에 대뜸 "당연하다"고 답했다. 진희는 양친 모두가 안정된 직업을 갖고 있고, 매년 2주에서 4주씩 발리로 4인 가족이 여행을 갈 정도의 경제적, 문화적 자본을 갖추고 있는 중산층이며, 한국에서는 먹고살기에 부족함이 없는데 왜 "탈조선"을 원할까?

이러한 나의 질문에 진희는 "객관적인 지표는 그렇긴 한데, 주관적인 느낌의 차원에서 가망이 없다고 많이 느낀다.", "내가 언제든 비정규직이 될 수 있고 밑바닥으로 떨어지는 것도 순식간일 수 있다는 불안감이 있다."라고 답했다. 진희는 경쟁을 뚫고 한국 최고의 대학에 입학했고, 좋은 학점으로 졸업까지 하며 성공적인 궤도를 달려왔으나, "학벌주의 사회와 경쟁적인 분위기와 과도한 학습노동"이 너무나 힘들었고, "헬조선 때문에 나의 소중한 청소년기 성장기가 박탈당했다는 억울함과 분노가 있다"고 했다. "고등학교 들어가면서는 아침 8시부터 밤 10시까지 꼼짝없이 야자(야간자율학습)"를 했고, 대학에 한 번에 붙어야 "이 다시 겪고 싶지 않은 끔찍한 시간"을 벗어날 수 있을 것 같아 점심 식사, 저녁 식사를 모두 포기하고 간식으로 대충 때우며 인강(인터넷 강의)을 들었다. 진희는 스스로 "자기착취의 주체"가 되어 "모든 에너지와 시간 등등을 깡그리 수단화해서" "학습노동"에만 매달렸다고 회고한다. 진희의 사례를 통해, 한국에서는 성공적인 궤도를 달리고 있는 것처럼 보이는 청년들도 행복하지 않으며, 경쟁적인 사회 분위기에 질려 "탈조선"을 꿈꾼다는 것을 확인할 수 있다.

진희는 중학교 때 홍세화의 『나는 빠리의 택시운전사』(1995)라는 책을 읽었는데, 프랑스의 교육제도와 사회보장제도 아래서는 "한국처럼 젊어서도 일에 찌들어 살고 노후 걱정할 필요가 없다는 게 부러웠고", "나는 어쩌다 우연히 한국에 태어났을 뿐인데 왜 그런 우연한 국적에 발목 잡혀서 힘들게 살아야 하나 싶었다"고 한다. 고등학교 시절에는 아버지의 인맥과 지위를 이용하여 홍세화 씨를 직접 만나 인생상담을 했고, 대학 시절에는 프랑스어를 배운 후 한 학기 동안 프랑스로 교환학생을 다녀왔다. 그리고 조만간 프랑스로 유학을 떠나 대학원을 다닐 계획이다. 즉 "'탈조선' 방식으로 유학을 택한 것도 있고 공부를 계속할 겸 '탈조선'을 하는 것도 있다." 진희는 비교적 평탄한 "탈조선" 과정을 걷고 있는데, 그 이유는 부모의 지원으로 명문 외국어고등학교를 졸업했고, 빨리 "탈조선"의 방법과 방향을 정했으며, 대학을 다니면서도 노동에 매달리지 않고 공부에만 몰입할 수 있었고, 덕분에 영어와 프랑스어라는 필수적인 자원을 효율적으로 습득했기 때문이다.

한국에는 진희와 같은 중상류층 젊은이들이 많이 있으며, 이들은 주로 유럽이나 북미의 선진국으로 교환학생이나 유학을 가 장기체류하는 경로를 취한다. 중상류층 중 인도에서 장기체류하는 경우는 아주 드문데, 그 경우는 요가나 명상을 깊이 배우기 위해서이며, 인도를 찾는다 해도 그 이후의 삶은 앞으로 서술할 중하류층 청년들과 크게 다르다. 스스로를 "금수저"라고 말하지만 인도에서 몇 번 장기체류를 했던 소은(2016년 현재 38세, 여)의 경우가 그러하다. 아버지가 의사고 어머니는 "교양 있는" 주부인 집안에서 자라며 음악을 전공했던 소은은 이렇게 얘기했다.

서울대를 졸업하고 유학을 가는 게 당연한 코스였어요. 초등학교 때부터 그렇게 생각했었고요. 어느 날 문득 심한 회의가 들었고, 내가 재능이 아무리 많고 아무리 열심히 해서 유학 갔다 오고 교수가 된다 한들, 작은 방에서 하루 종일 나 같은 아이들만 가르치며 햇빛도 보지 못하고 썩은 얼굴로 살겠구나 하는 생각이 들더라고요. 돈이나 명예가 있으면 뭐하나, 인간 삶의 질이 엉망이겠구나…….

"한국에 있으면 무엇을 해도 마찬가지"일 것이라고 생각한 소은은 부모님의 후원을 받아 독일로 가서 고등학교를 다녔고, 스위스에서 대학을 졸업했다. 졸업 후에는 "한국에서 직장생활을 하고 그 사회에서 사는 게 너무 끔찍하게 느껴"져서 태국에서 7년 가까이 직장생활을 했고, 요가를 배웠다. 소은은 고등학교 때부터 "탈조선"해 계속 외국에서 지냈으며, 영어와 독일어를 유창하게 구사했지만, "한국적인 삶의 방식과 성공"을 요구하는 부모와 끝없이 충돌했다. 몸은 한국에서 벗어나 있더라도, 한국과 가족 등의 끈으로 묶여 있는 한 마음은 한국에서 벗어나기 힘들었다. 결국 몇 번의 대형 충돌을 거친 뒤 매년 인도에서 수개월씩 체류하며 "탈조선"한 마음으로 살려고 노력한다.

　위의 두 사례를 보면, 한국에서는 남들이 모두 부러워할 만큼 많은 자본을 가진 20대 중반의 젊은이도, 스스로를 "금수저"라 인식하는 30대 후반의 젊은이도 "젊어서도 일에 찌들어 살고 노후 걱정"해야 하는 삶, 경쟁이 극심한 한국에서 사는 것을 "끔찍"하게 인식하며, "탈조선"을 꿈꾸고 실천한다는 사실을 알 수 있다. 중상류층 출신인 이들에게는 부모가 가진 자원과 그 도움으로 획득한 자신의 문화자본 덕분에 "탈조선"이 상대적으로 쉽다는 것도 알 수 있다.

그렇다면 중하류층 젊은이들의 "탈조선 여행" 이동 경로는 어떠할까? 이 글의 서두에서 현정이 말한 대로, 많은 청년들이 호주에서 수개월간 일을 해서 한국에서보다 많은 돈을 벌고, 그 돈으로 호주, 동남아, 인도를 여행한다. 그리고 돈이 떨어지면 다시 호주, 혹은 다른 워킹홀리데이 국가로 가서 돈을 벌고, 다시 그 돈으로 아시아 국가들을 여행한다.

리시케시에서 만난 한국 청년 중 가장 오랫동안 여행 중이었던 현정의 구체적인 이동 경로는 다음과 같다. 대학에서 영화를 전공했던 현정은 졸업 후 취직이 되지 않아 인도를 3개월간 여행했다. 그 후 호주에 워킹홀리데이로 가서 1년간 일한 뒤 동남아를 장기여행했다. 그 후 다시 호주에 워킹홀리데이로 가서 또 1년간 일했고, 그 후에는 다시 동남아를 장기여행한 후 인도에 왔다. 비자가 만료되자 네팔에서 2개월간 머문 뒤 새 비자를 받아 다시 인도에 왔고, 리시케시에서 1개월짜리 강사 트레이닝 코스를 마쳤다. 현정은 한동안 요가 수련을 한 후 뉴질랜드에 워킹홀리데이로 갈 예정이다. 6년 이상 계속 외국을 떠돌고 있는 셈이었다.

현정의 부연설명처럼, 수년 전부터 동남아에는 "집에 3~4년씩 안들어간 애들", "집에 가기 싫은 애들"이 많이 늘어나고 있다. 배낭여행 중에는 이런 청년들을 쉽게 만날 수 있으며, 여행 중에 만나는 사람들,

그리고 워킹홀리데이 안내서, 동남아 여행기, 블로그, 페이스북 등을 통해 이들에 대한 간접적인 이야기도 수없이 들을 수 있다. 이들이 워킹홀리데이 협정 체결국 20개국[*] 중 주로 호주로 향하는 이유는 호주가 영어 사용 국가이며, 지금까지 가장 오랜 역사를 갖고 있고, 가장 많은 인원이 다녀온 만큼 가장 많은 정보와 네트워크가 존재하기 때문이다. 30세 이하의 한국인을 무제한 받아주며, 비자 신청도 인터넷상으로 할 수 있을 만큼 간편해서 연간 3만 명 이상이 이용할 정도이다.

　현정처럼 한국에 거의 들어오지 않고 쭉 여행하는 경우가 있는가 하면, 중간중간에 한국에 들어와 회사를 다니며 돈을 모은 뒤 다시 나가는 경우도 있다. 주로 쉽게 일자리를 구할 수 있는 자격증을 가진 경우이다. 유정(2011년 당시 32세, 여)의 경우, 2년제 대학을 졸업하고 자격증을 딴 후 3년 반 동안 회사를 다녔다. 그 후 호주로 1년간 워킹홀리데이를 나갔다가, 들어와서 다시 1년간 회사를 다녔다. 그 후 캐나다로 워킹홀리데이를 가려고 신청했다가 떨어진 후 장기여행을 준비하다가 다시 취직했고, 1년 반 동안 일하다가 장기여행을 시작했다. 이번 여행은 현재 10개월째인데, 동남아에서 수개월간 쉬고, 단둥에서 한 달 반 동안 자원봉사를 하고, 윈난 성에서 한 달 반 동안 태극권을 배운 후 다시 한 달 반 동안 동남아와 인도를 여행했고, 인도에서 2개월간 요가를 배운 후 육로로 이집트까지 여행할 예정이다.

● 　대한민국과 워킹홀리데이 비자 협정을 체결한 국가는 총 20개국이며(영국과는 청년교류제도) 호주, 캐나다, 뉴질랜드, 일본, 프랑스, 독일, 타이완, 스웨덴, 아일랜드, 덴마크, 홍콩, 체코, 오스트리아, 헝가리, 포르투갈, 영국, 이탈리아, 이스라엘, 네덜란드, 벨기에이다.

현정, 유정과 같은 청년들의 삶의 궤적을 들어보면 이들은 학벌이나 학력, 자격증, 부모의 직업 등 모든 면에서 내세울 것도, 도움 받을 네트워크도 없었으며, 자신의 힘으로 모든 것을 헤쳐 나갔다. 앞에서 살펴본 것처럼 한국에서의 삶은 이들에게 더욱 고단했다. 가진 것이 없다 보니 자신의 능력을 충분히 발전시키지 못했고, 취직이 되지 않아 주변의 눈치를 봐야 했으며, 죽도록 과로하거나 불합리한 조직문화에 시달리면서도 쉬지 못하고 계속 벌어먹고 살아야 했다. 현정처럼 차라리 선진국에서 육체노동을 하며 돈을 많이 벌거나, 유정처럼 "죽었다" 생각하고 한국에서 1년 정도 일을 하고 나면, 쉬고 싶고, 그새 망가진 몸을 고치고 싶고, 자신이 누구인지 천천히 생각도 해보고 싶어진다. 전세계적으로 볼 때, 한정된 돈으로 오랜 시간을 보내며 이러한 목적을 추구할 수 있는 최적의 여행지는 인도로 알려져 있다.

인도에서의 "헬조선 해독" 활동

이런 한국 청년들이 인도에서 장기체류를 하며 추구하는 목표는 "휴식, 치유, 자아 찾기"를 통한 "헬조선 해독解毒"이라 할 수 있다.

달희는 리시케시에 왜 왔느냐는 질문에 이렇게 대답했다.

나는 여기가 쉴 수 있는 곳일 거란 기대를 가지고 처음에 왔어요. 밖으로의 여행이 아니라 내 안으로의 여행. 내가 처음에 인도를 선택하면서 내 마음속으로 되뇌었던 것이 "잃어버린 나를 찾아서"였어요. 이 말을 계속 했었어요.

달희는 휴식과 자아를 찾기 위해 인도에 왔다고 말하는데, 이것은 과로할 수밖에 없는 직장생활, 그로 인해 병든 몸을 치유하는 것과 밀접한 관계를 갖고 있다. 달희에 의하면, 이러한 욕망을 갖게 된 것은 회사 생활을 하면서 "착취당하면서도 표현도 못 하고, 그렇다고 부하 직원들을 쥐어짤 성격도 안 되어서, 화병 같은 게 단단히 들고 몸도 너무 고단해서 망가졌"기 때문이다. 30세 무렵에는 교통사고가 나서 구안와사口眼喎斜, 즉 입이 한쪽으로 돌아가는 증상이 왔다. 그러나 달희는 여전히 일을 했고, 계속 일을 하다 유방섬유선종, 자궁근종, 무릎, 발목 등의 원인불명 통증, 척추측만증, 두통, 소화불량, 관절 통증 등을 앓게 되었다. 결국 41세에는 더는 회사를 다닐 수 없어 요가를 하면서 몸을 고치기 위해 리시케시로 오게 되었다.

달희의 이야기에서 볼 수 있듯이, 과로, 심신의 질환, 자아를 잃고 왜 사는지 모르겠다는 느낌이 긴밀하게 엮여 나타나다가 "탈조선"으로 이어지는 것은 한국 청년들에게 흔한 현상이다. 성공적인 궤도를 달리는 듯하다가 역시 같은 이유로 "탈조선"한 대학생의 사례도 이를 잘 보여준다.

관욱(2011년 당시 26세, 남)은 서울의 일류 공과대학의 4학년이었다. 관욱은 4학년 여름까지 취직을 위해 인턴 과정을 밟고 있었고, 취직 시험에서 최종 면접을 몇 개 남겨둔 상태였다. 고등학교 때 류시화의 『지구별 여행자』(2002)를 읽은 이후 막연히 배낭여행을 한번 해보고 싶다는 생각은 항상 가지고 있었지만, 주변 사람들은 다들 대학원에 가거나 빨리 취직하는 분위기였고, 해외에 간다고 해도 유럽으로, 아니면 유명 대학의 프로그램이나 어학연수에 가는 것이 대부분이었다. 계속 고민하다가, 전자공학 전공자에 대한 수요가 많아 취업 걱정이 없다는 점, 지금 못 가면 40~50대 때 후회할 것 같다는 점, 회사에 한번 들어가면 회사를 그만두지 않는 한 6개월짜리 여행은 할 수 없다는 점을 생각했다. 관욱은 취업 준비를 모두 그만두고, 면접도 포기하고, 여름 내내 육체노동을 하면서 인도 여행 자금을 모았다. 관욱은 늘 아침밥만 먹고 점심, 저녁은 굶으면서 공부했다. 전공 대여섯 개 과목의 시험이 매 학기 각각 네 번씩이나 있었고, 프로그램 프로젝트를 두 개씩 하다 보니 항상 시간이 없었기 때문이다. 관욱은 "어쩌면 스트레스를 받는데 의식 못 했을 수도 있다"고 회고한다. 관욱은 "한국에서는 시험이나 프로젝트가 늘 마음에 있었"고, 회사 면접을 보면서는 "연봉보다는 자신이 진정으로 원하는 일을 찾아야 하지 않을까" 하는 고민에 늘 마음이 무거웠다. 그러다가 인도에 오기 전에 몸이 아파 병원에 들렀고, 놀랍게도 20대 중반의 나이에 위궤양, 빈혈, 고혈압 진단을 받았다.

관욱은 인도에 오게 된 계기를 다음과 같이 털어놓았다.

한편으로 기대한 바는 한국 문화에서 떨어져 있고 싶었어요. 어떤 사회적 자아, 그렇게 형성된 자아가 너무 세서 내 내면의 목소리라는 걸 들어볼 생각도 안 했고 들어보지도 못했어요. 작은 거라도. 그래서 여기서 나가보면 내가 직접 느껴볼 수 있지 않을까 생각했어요. 절실히 필요하면서도 내 내면의 목소리, 이런 게 너무 피상적으로 느껴졌었죠.

관욱이 인도로 "탈조선"하면서 가장 바란 것은 "한국 문화"와 "사회적 자아"에 매몰된 "내면의 목소리"를 찾는 것, 즉 "자아 찾기"였으며, 이것은 망가진 몸을 치유하고 휴식을 취하는 것과 밀접하게 엮여서 나타났다. 관욱은 한국에서는 성공을 향한 길을 안정적으로 가고 있는 것처럼 보였지만, 사실은 진정으로 원하는 일을 하지 못하고, 몸의 요구나 "내면의 목소리"를 무시하고 바쁘게 살아야 하는 "한국 문화"에 순응하며 살아오다가 문득 몸이 망가진 것을 발견했다. 관욱은 인터뷰 중에 "쉬고 싶다"는 표현을 끝없이 반복했다. 가이드북에서 리시케시 부분을 펼쳤을 때 "락시만 줄라에 노을 지는 장면 사진이 나왔는데, 이것을 보고 여기서는 여유롭게 시간을 가져도 좋겠다, 한국에선 잘 못 가지는 시간이니까." 하는 생각이 들었다고 한다. 오기 전에는 "가서 어떤 식으로든 순간을 즐길 수 있기만 하면 좋겠다." 하고 생각했고, 리시케시에 도착해서는 "여기서는 순간을 한번 그렇게 지내보자. 한국에선 걱정이 너무 많으니까. 시험이나 프로젝트가 늘 마음에 있으니까. 여기선 햇볕 쬐고, 산책하고 다 해보자." 하고 생각했다는 것이었다.

이처럼 대부분의 한국 청년들이 휴식에 대한 갈망을 표현했다. 이번 여행의 목적을 묻는 나에게 유정은 이렇게 대답했다.

계속 다니면서 나를 더 들여다보는 거죠. 나는 누구인가? 10대 때 고민했던 것을 다시 한 번. 그래서 이렇게 다니면서 생각 좀 많이 하고, 스스로 내면적으로 좀 강해졌음 좋겠다고 바라는 거죠. 그리고 현실에서 탈피하고 싶고……. 그게 좀 안 돼요. 일만 하면 일만 생각해요.

유정 또한 "탈조선"의 계기를 "나를 들여다보는 것", 즉 "자아 찾기"라고 얘기하고 있으며, 그것을 "현실 탈피"와 "내면이 강해지는 것"과 연결하고 있다. 유정은 한국에서 회사 문화의 불합리함과 인간관계에 의한 스트레스로 폭식증, 소화불량에 걸렸고, 단기간에 체중이 25킬로그램이나 급격하게 증가하면서 무릎, 허리, 목의 통증에 시달렸다. 그래서 휴식과 치유가 절실하여 "탈조선"하게 되었고, 몇 달간 푹 쉰 뒤에는 "다시 사회에 돌아갔을 때 스트레스 같은 것들, 사람관계에서 오는 것들은 좀 커트할 수 있는 사람"이 되고 싶어 요가를 시작했다고 했다.

위의 사례들이 보여주는 바처럼, 한국 청년들이 헬조선을 탈출하는 이유는 휴식, 치유, 자아 찾기를 통한 "헬조선 해독"이 너무나 절실하기 때문이다. 그렇다면 왜 이러한 활동을 다른 곳도 아니고 인도에서 하는 것일까?

앞의 사례에서 달희는 휴식, 자아 찾기의 욕망을 인도에서 추구하게 된 이유로, "인도는 한국에서 지내는 것보다 한 달에 쓰는 생활비가 더 적을 거라는 생각"이 있고, "일을 하지 않고 요가만 하면서 먹고 자고 할 수 있고", "인도는 요가의 본고장이라는 믿음"이 있기 때문이라고 했다. 다른 사람들이 인도에 온 계기도 대부분 비슷하다.

달희가 말한 것처럼, 이러한 목표를 추구하기 위해서 가장 중요한 것은 저렴한 물가이다. 대부분의 한국인들이 유럽이나 미국에서 장기체류를 하지 않는 핵심 원인은 물가가 비싸 오래 머물 수가 없기 때문이다. 선진국에서는 대부분 최대한 많은 것을 볼 수 있도록 하루하루 빡빡한 일정을 짜고, 꼭 필요한 일수만큼만 머문다. 이런 선진국으로는 휴식을 취하러 가지 못한다. 그러나 인도 리시케시에서는 300~500달러만 있으면 한 달간 깔끔한 싱글룸에서 묵으며 최고의 요가 수업을 받고, 여유롭게 식사와 간식을 즐기며 지낼 수 있다. 뿐만 아니라 좋은 자연환경과 문화적 매력까지 있다. 리시케시는 갠지스 강과 히말라야 산맥이 만나는 성지로 자연환경이 아름답고, "요가의 본고장"답게 훌륭한 요가 수업들이 많이 있다. 달희의 말처럼 "요가만 하면서 먹고 자고 할 수" 있는 최적의 환경인 것이다. 이러한 환경은 여행 가이드북과 여행자들이 남긴 여행기에도 잘 기술되어 있으며, 실제로 놀라운 치유의 효과를 낳는다. 이러한 소문은 수많은 여행자들을 유혹한다.

이처럼 개발도상국에서 장기체류하는 선진국의 여행자들에 대해, 그러한 이동의 핵심 원인이 더 나은 삶의 질을 위한 것이라고 보고 개념화한 것이 바로 "라이프스타일 이주"이다. 라이프스타일 이주자는 파트타임이나 풀타임으로 일하며, 영구적으로 혹은 한시적으로, 생활비용과 혹은 땅값이 더 저렴한 나라로, 삶의 질로 느슨하게 정의되는 어떤 다양한 이유로 움직이고 있는 상대적으로 부유한 개인이라고 정의할 수 있다(O'Reilly and Benson 2009). 인도에 대한 사례 연구로는 바라나시의 서구인 장기체류자들을 "라이프스타일 이주자"로 보고, 그

라이프스타일의 특징을 분석한 코펠라(Korpela 2009)의 연구가 있다. 바라나시는 인도 악기를 배우는 장기체류자들이 밀집해 있는 곳인데, 코펠라에 의하면 이들은 대부분 인도 악기를 연주하고, 요가와 명상, 자선사업을 하며, 엄청난 시간을 친구들과 어울리는 데 쓴다. 이들의 삶은 느리고, 빡빡한 매일의 일정이 없으며, 물질적 소유는 적고, 현재를 즐길 시간이 많다. 코펠라는 이들이 가능한 곳에서 더 나은 삶을 찾으며, 물가가 싸고 영적, 예술적 의미와 결부된 곳에서 더 나은 삶을 실현할 수 있는 기회를 이용하는 것이라고 해석했다.

인도의 장기체류자들이 선진국에서 개발도상국으로 이동하는 방향성은 이 개념으로 해석할 수 있으나, 라이프스타일 이주라는 개념은 이들이 고국에서 인도로 한번 이주한 다음 영구히 정착한다는 인상을 준다는 점이 문제이다. 사실 인도의 라이프스타일 이주자들은 대부분 3~6개월짜리 관광 비자로 인도에 장기체류하는 여행자들이며, 비자를 갱신하기 위해 이웃 나라를 방문하거나, 돈을 벌거나 의료 서비스를 이용하기 위해 자주 고국으로 귀국한다. 이 글에서 주목하는 "헬조선 탈출" 여행자들은 이 글의 서두에서 보았던 것처럼 호주 등 선진국에서 노동을 하고, 다른 동남아 국가들에서 여행을 하는 등 다양한 이동 경로를 거친다.

이처럼 오랜 기간 다양한 장소들을 떠돌다 보면 이들의 "탈조선 여행" 이후의 삶은 어떻게 될까? 이들의 "집"은 어디이며, 어떤 식으로 사회생활을 하게 될까?

"탈조선 여행" 이후의 삶

왜 그렇게 오래 돌아다니느냐는 나의 질문에 현정은 이 글의 서두에 인용한 것처럼 "집에 가기 싫어서요."라는 답과 함께, 이제는 집이 불편하다는 말까지 했다.

> 이제 집에 가도 제가 있어야 할 자리가 아닌 것 같아요. 불편해요. 그래서 또 나오고요. 엄마가 밥을 하루에 세 번씩 해주시는데, 처음에 빵만 하루에 세 번 먹으면 속이 거북한 그 느낌처럼, 밥에서 그런 느낌이 나던데요.

현정의 말은 두 가지 생각해볼 문제를 남긴다. 첫번째는 한국 사람인 현정이 밥을 먹으면 속이 거북하다는 지점이다. 지금은 약간 옅어지기는 했지만, 한국의 해외여행 역사상 언제나 여행 경험담의 중요한 부분이었던 것은 며칠만 외국을 여행해도 김치와 된장찌개가 그립고 한국인이라면 역시 밥을 먹어야 힘이 난다는 정서, 그리고 한국인을 만나서 김치에 소주를 함께 먹으며 한국인으로서의 정체성을 공유했던 정겨운 경험 등이다. 이와 비교할 때, 현정과 같은 청년들에게는 지금까지 한국인에게 "밥"으로 체화되어 있던 한국적 정서와 정체성이 옅어졌다고 볼 수 있다.

이처럼 한국적 정서와 정체성이 옅어지는 것은 공간적으로도 나타난다. 그것이 두번째 지점, 즉 "집에 가도 제가 있어야 할 자리가 아닌 것"처럼 불편하고, 그래서 또 외국으로 나간다는 말이다. 과거 많은 한국인 여행자들은 "나의 집", 그리고 이를 확장한 "내 나라"가 세상에서 가장 편안한 곳이라고들 이야기해왔으며, 여행작가 한비야처럼 여러 언어를 구사하고 외국 여행을 많이 한 사람도 틈날 때마다 집과 고국에 대한 그리움을 토로하곤 했다. 이처럼 집과 고국은 한 사회적 인간의 근원이자 지향점으로 체화되어 있었고, 그것이 당연하게 여겨져 왔으나, 오늘날 현정과 같은 젊은이들은 여기서 불편함을 느끼고 탈출까지 감행한다.

이러한 인식은 달희의 말에서도 잘 드러난다. 달희는 요가 연습 도중에 갑자기 눈물이 나서 소품실에 들어가 울다 나온 적이 여러 번 있다고 했다. 나중에 연구자가 이유를 물어보자 "집에 가면 할 일도 없고, 가고 싶지 않아서" 울었다고 했다. 달희는 "한국에 있으면 내일 할 일뿐만 아니라, 그동안 해왔던 일과 앞으로 해야 할 일에 대해 끊임없이 고민해야 한다"며 부담감을 드러냈다.

이처럼 탈조선 여행자들에게 가족들이 사는 집, 그리고 고국은 점점 불편한 곳이 되어가며, 잠시 돈을 벌거나 비자를 연장하기 위해, 혹은 의료 혜택을 받기 위해서와 같은 실용적인 목적 때문에 들르는 곳으로 변화되어 간다. 집으로 돌아가고 싶지 않은 이들은 지속적으로 떠돌거나, 고국을 주 거주지로 하면서도 외국을 계속 돌아다니는 이동성이 증대된 삶을 살아간다.

헬조선 탈출 이후 현정처럼 노동과 장기체류라는 순환을 지속적으로 반복하며 계속 장기여행 중인 사람도 있지만, 장기여행을 끝낸 후

한 장소에 정착해 사는 사람들도 있다. 그렇다면 장기여행을 끝낸 후 탈조선 여행자들의 삶은 어떻게 변화하고 있을까?

우선 요가와 같이 특정한 활동을 중심으로 증가된 이동성과 직업적 경력을 연계하는 경우를 볼 수 있다. 달희의 경우, 나와 만났을 당시에는 요가를 배우기 위해 수년째 한국과 인도를 오가던 상태였다. 수개월씩 여러 장소에서 각각 다른 유파의 요가를 배우기를 3년간 반복하다가, 2012년 7월부터는 3년간 쭉 방콕에서 머물며 강사 트레이닝 코스를 밟았다. 요가 강사가 되기로 결심한 것이었다. 그리고 2015년에는 귀국해 요가 강사 자리를 알아보는 한편, 지속적으로 태국, 인도 등에서 요가 워크숍에 참석하고 있다.

이처럼 헬조선 탈출 여행자 중 요가 수련자들은 리시케시를 포함해 요가를 배우거나 수련할 수 있는 곳으로 이동하는 삶의 방식을 유지한다. 계절과 선호하는 강사의 존재 여부 등 다양한 조건에 맞추어 인도 내에서 이동하기도 하고, 요가의 새로운 내용이나 전수 방식을 외국의 강사에게 배울 수 있거나 또 다른 머물기 좋은 장소를 발견하면 인도를 벗어나 다른 나라로 이동하기도 한다. 서구인들에 비하면 한국인의 이동 범위는 좀 더 아시아 위주로 한정되어 있는데, 주로 한국과 인도를 중심으로 지내다가 가끔 태국 등 동남아 국가의 요가 센터나 요가 워크숍에 참여하는 형태이다. 물론 이동 중간중간에 워킹홀리데이로 호주나 뉴질랜드에서 일하거나 한국에서 일하며 단기간에 여행 자금을 마련하기도 한다.

이들 요가 수련자들은 유동적이고 지속적이며, 역동적이고 다중적인 이동을 한다는 점에서 "라이프스타일 이동성"을 드러낸다. 라이프스타일 이동성이라는 개념은 일회적인 한 방향으로의 이동을 강조하는 이주나 집으로 돌아간다는 가정을 가진 관광이라는 개념과 달리 원래 집으로 돌아갈 의도를 전제하지 않는다. 시간이 흐르면서 돌아가거나 다시 방문할 복수의 "집들"이 있다고 보며, 지속적인 이동을 다룬다. 이렇게 증가된 이동성은 다중의 소속 장소를 만들면서 초국가성을 보일 수 있다(Cohen, Duncan, and Thulemark 2013). 이처럼 지속적으로 이동하는 과정에서 이들은 요가 강사로 성장하는 데 중요한 이동성 자본mobility capital(Bell 2013: 24)을 획득하게 된다. 벨은 끊임없이 돌아다니는 음악 연주자들을 라이프스타일 여행자로 분류하면서, 이들이 경제적 부 대신 개인적인 여유 시간을 갖고 직업 선택을 자유롭게 하는 방식으로 이동성 자본을 획득했으며, 이들이 영원히, 혹은 가장 중요하게 닻을 내리는 것은 한 지리적 장소가 아니라 그들의 일이라고 분석한 바 있다. 이들의 이동성은 전문적 수련의 일부이며, 이들이 성공하기 위해서는 필수적이다. 이처럼 이동성이 성공에 중요한 영향을 주는 것은 요가 강사들에게도 마찬가지인데, 요가의 기원지인 인도에서 유명한 스승에게 배웠다는 것은 그 요가 강사의 진정성과 정통성, 그리고 그 결과로서의 지식을 보증하는 상징으로도 기능하기 때문이다.

이렇게 증대된 이동성은 장기여행 이후의 삶에 새로운 변화를 제공한다. 내가 만난 여행자들은 귀국 후 한국이 주 거주지가 되더라도 마음만은 계속 탈조선 상태에 있도록 노력하는 경우가 많았다. 이를 위해 계속 단기여행을 다니는 식으로 높은 이동성을 유지하면서 직업,

인간관계를 이전과는 다르게 조직하기도 했다. 지연의 경우, 귀국 후 외국인과 결혼했고, 요가 강사가 되어 1년에 보통 2~3회씩 일본, 동남 아 등지로 요가 워크숍을 가는 한편, 1~2개월씩은 인도에서 요가를 수련했다.

지연은 "호주나 유럽, 캐나다 같은 곳은 도시여도 자연이 있고 여유 가 있다"고 말하며, "비슷한 가치관을 중요시하는 사람들 속에서 살고 싶은데 한국에선 뭐 하나 충족해주는 게 없는" 현실에 대해 불평했다. 그러면서 "기존 회사를 그만두고 요가만 하는 걸로 결정한 것", "원치 않는 정신적 스트레스, 관계를 최대한 만들지 않는 쪽으로 생활 반경 을 컨트롤하는 것"은 "최대한 이 헬조선의 영향을 받지 않는 생활"을 영위하기 위함이며, "이젠 내가 사는 방식을 바꿔서 내 생활 반경만큼 은 헬조선이 안 되도록 말뚝 박고 공간 확보를 한 것 같다"고 말했다.

자유로운 영혼과 얽매인 몸

지금까지 오늘날 인도를 장기여행하는 청년들을 통해 "헬조선 탈출 여행"이라 할 수 있는 현상을 살펴보았다. 헬조선 탈출 여행의 당사자 인 청년들의 이야기에 귀 기울여보면, 이러한 현상은 미시적으로는 청 년들이 노동시장 진입에서부터 신분상, 사회보장제도에서 사회로부 터 배제되고 있는 현상이 갈수록 심각해지고 있는 한국 사회의 구조 적 현실(박수명 2013)에서 비롯되고, 거시적으로는 전 지구적 이동성의 증가, 관광과 이주의 경계가 흐려지는 추세 등이 맞물려 나타나는 것으로 볼 수 있다. 이처럼 사회구조적 조건이 여행에 막대한 영향을 끼치는 것을 보면, 1990년대에 인도를 여행하는 사람들에게 흔히 "자유로운 영혼"이라는 딱지를 붙였던 것이 얼마나 낭만적인 편견이었는지 알 수 있다.

내가 지금까지 만난 여행자들 중에서 전 세계를 통틀어 가장 "자유로운 영혼"은 요나스라는 독일인이었다. 그는 십수 년째 1년 중 보통 2개월만 일하고 10개월은 여행을 다니고 있다고 했다. 그는 전 세계 최고의 요가 선생들을 찾아가 몇 달씩 스파르타식 수업을 받는 요가 여행으로, 아름다운 풍경을 보며 몇 달씩 걸어가는 트레킹 여행으로, 수천 킬로미터에 달하는 유럽 자전거도로들을 따라가는 자전거 여행 등으로 몸과 마음을 단련하며 살아왔다. 덕분에 그 누구보다 건강했고, 항상 평화롭고 당당했다. 그러나 그는 금수저나 중상류층이 아니었으며, 평범한 고층빌딩 공사 전문 인부일 뿐이었다. 한국에서 공사장 인부가 1년에 10개월씩 해외여행을 다닌다는 것은 상상도 할 수 없는 일이다. 그러나 기술의 가치를 높게 인정하는 임금 시스템과 합리적인 인사 시스템을 가진 독일에서는 가능하다. 그의 부모와 그의 노후까지 책임져주는 독일의 사회복지 시스템 덕분에, 40대 중후반인 요나스는 앞으로도 쭉 그런 라이프스타일을 유지할 계획을 갖고 있다. 결국 자유로운 영혼은 사회가 만드는 결과물이라 할 수 있는데, 내가 인도에서 만난 많은 서구인, 심지어 60대, 70대 노인 중에서도 그런 삶을 사는 사람들이 많다는 것이 이를 뒷받침한다.

한국은 어떠한가? 90년대 이후 증가한 한국의 장기여행자들 중에는 한때 아무리 "자유로운 영혼"이라는 소리를 들었던 사람도 나이가 들면 "얽매인 몸"이 되는 경우가 대부분이다. 부모가 나이 들기 시작하면서 병원비를 부담하느라, 자신의 노후 대책을 마련하느라 당장의 생계유지에 급급한 생활인이 되거나, 심한 경우에는 "사기꾼"으로 전락하는 경우까지 들려온다. 즉, 똑같은 장소를 여행하더라도 그 여행자의 국적, 그 사회의 시스템에 따라 "자유로운 영혼"이 될 수도 있고 "얽매인 몸"이 될 수도 있는 것이다.

그렇다면 90년대보다 형편이 더 나빠진 오늘날은 어떨까? 오늘날 헬조선 탈출로서의 장기여행은 한국에서 직업적 기반이나 경력을 쌓지 못한 청년들의 여행이며, 한국으로 돌아올 마음도, 돌아와서 생계를 유지할 수단도 없는 경우가 많다. 그나마 여행에서 얻은 이동성 자본을 직업으로 전환한 이들은 다행이지만, 전환에 실패한 이들, 한국 사회에 얽매이는 것조차 불가능한 이들의 삶은 어떻게 될까? 점점 더 많은 사회 구성원들이 자살로, 이민으로, 여행으로 이탈해 나가는 한국 사회의 미래는 어떻게 될 것인가?

청년들의 헬조선 탈출 담론과 실천을 철모르는 투정으로 가볍게 넘겨서는 안 되며, 사회적인 성찰이 필요한 이유가 여기에 있다.

참고 문헌

김찬삼. 1962. 『세계일주 무전여행기』. 어문각.

류시화. 2002. 『지구별 여행자』. 김영사.

박수명. 2013. "청년계층의 사회적 배제에 관하여", 『한국정책연구』 13(3): 113–131.

장강명. 2015. 『한국이 싫어서』. 민음사.

홍세화. 1995. 『나는 빠리의 택시운전사』. 창비.

Bell, Claudia. 2013. "Peripatetic Artists: Creative Mobility and Resourceful Displacement," in S. Cohen, T. Duncan, and M. Thulemark, eds., *Lifestyle Mobilities: The Crossroads of Travel, Leisure and Migration*, Farnham: Ashgate Publishing Ltd., pp. 21–34.

Cohen, Scott A. 2011. "Lifestyle Travellers: Backpacking as a Way of Life", *Annals of Tourism Research* 38(4): 1535–1555.

Cohen, Scott A, Tara Duncan, and Maria Thulemark. 2013. "Introducing Lifestyle Mobilities", *Lifestyle Mobilities: Intersections of Travel, Leisure and Migration*, Farnham: Ashgate Publishing Ltd, 1–18.

Korpela, Mari. 2009. "When a Trip to Adulthood Becomes a Lifestyle: Western Lifestyle Migrants in Varanasi, India" *in Lifestyle Migration: Expectations, Aspirations and Experiences*, Farnham: Ashgate Publishing Ltd, 15–30.

O'Reilly, Karen, and Michaela Benson. 2009. "Lifestyle Migration: Escaping to the Good Life?": in *Lifestyle Migration: Expectations, Aspirations and Experiences*, Farnham: Ashgate Publishing Ltd, 1–13.

O'Reilly, Karen. 2003. "When is a Tourist? The Articulation of Tourism and Migration in Spain's Costa del Sol", *Tourist Studies* 3(3): 301–317.

Williams, Allan M., and C. Michael Hall. 2000. "Tourism and Migration: New Relationships between Production and Consumption", *Tourism Geographies* 2(1): 5–27.

언론 및 인터넷 자료

뉴시스. 2016. 1. 18. "성인 남·녀 10명 중 8명 '헬조선 떠나 이민 가고 싶어'". http://www.newsis.com/ar_detail/view.html?ar_id=NISX20160118_0013842838&cID=10201&pID=10200(2016. 7. 8. 접속)

사람인. 2016. 1. 18. "성인남녀 79%, 이민 가고 싶어!". http://www.saramin.co.kr/zf_user/help/live/view?idx=30205(2016. 7. 8. 접속)

헤럴드경제. 2014. 4. 28. "대형참사 후 국적포기자 늘었다". http://news.heraldcorp.com/view.php?ud=20140428000292&md=20140501010056_BL(2016. 7. 8. 접속)

헬조선 www.hellkorea.com(2016. 7. 8. 접속)

The Isaac Brock Society. 2012. 5. 23. "Comparing renunciation rates around the world". http://isaacbrocksociety.ca/2012/05/23/comparingrenunciation-rates-around-the-world(2016. 7. 8. 접속)

글로벌 난민의 삶

2

미국 커뮤니티 칼리지
한국 유학생들의 표류기

김수정

이 글은 2012년 6월부터 2013년 6월까지 시카고 소재 한 공립 커뮤니티 칼리지에서 실시한 현지조사 연구를 바탕으로 하고 있다. 이 글에 등장한 칼리지 이름과 학생들 그리고 커뮤니티 칼리지 이름은 모두 가명임을 밝힌다.

2014년 4월에 있었던 세월호 참사를 다룬 책 『눈먼 자들의 국가』의 표지에는 이 괴기스럽기까지 한 사건을 "국가가 국민을 구조하지 않은 '사건'이다."라고 명시하고 있다(김애란 외 2014). 최근 최순실 국정 농단 사태를 통해, 이제 우리는 시민들을 그들 자신의 특권을 유지하고 극대화하기 위한 도구로 이용해온 비상식적이고 비도적인 정치적, 법적, 경제적 권력집단들의 추악한 민낯을 목격하고 있다.

1997년 IMF 금융위기 이후, 국가가 국민을 삶의 벼랑으로, 영토 밖으로 내몰고 있는 움직임들이 포착되고 있다. 특히 이명박 정부와 박근혜 정부는 기업의 이윤 확대 측면에서 경쟁력이 낮다고 판단되는 대학에 재학 중이거나 대학을 졸업한 청년들을 국외로 방출하려는 정치를 펼쳤다. 이 글에서 다루고자 하는 미국 공립 커뮤니티 칼리지에 재학 중인 한국 유학생 또한 국가에 의해 국외로 유배 보내진 청년 집단이라 할 수 있다.

잘 알려져 있다시피, 미국의 2년제 대학인 커뮤니티 칼리지와 4년제 대학에 재학 중인 유학생들 중에 한국 유학생들은 인도, 중국 유학생들과 더불어 가장 큰 유학생 집단 중 하나다. 미국에서 발표된 통계에 의하면 이들 한국 학부 유학생들 중 절반 정도는 커뮤니티 칼리지에서 유학을 시작하고 있다. 이들은 누구이고, 왜 미국 커뮤니티 칼리지까지 오게 됐으며, 유학을 통해 무엇을 이루길 원하는 걸까? 그들도 최근 학계에서 집중적으로 논의되는 중상류 계층의 유학생들처럼 글로벌 통용어가 된 미국 영어를 익히고, 미국 학위를 얻어 국경을 자유롭게 넘나들 수 있는 글로벌 인재가 되거나 혹은 한국으로 돌아가 외국인

기업이나 대기업 등에서 일하기를 꿈꾸는 걸까? 나는 커뮤니티 칼리지의 한국 유학생들도 4년제 대학 유학생들과 비슷하게 대부분 중상류층 가정 출신일 것이라는 추측을 가지고 시카고의 스테이션 커뮤니티 칼리지에서 한국 유학생에 대한 연구를 시작했다. 스테이션 커뮤니티 칼리지는 한인 이민자 커뮤니티가 제법 탄탄하게 자리를 잡고 있는 시카고의 한 교외 지역에 위치하고 있다. 그러나 한인 유학생들과 이야기를 나누고 학교 안팎에서 이들의 궤적을 좇으면서, 나는 내가 만난 유학생들이 어느 한곳에 닻을 내리는 것조차 허용되지 않는, 정치경제적 난민이 되어가는 여정에 있음을 목격하게 됐다. 내가 만난 유학생들 대부분은 하위 중산층이나 저소득층 가정 출신이었다.

잠재적 해고자, 대국민 통치전략

스테이션 커뮤니티 칼리지에 다니고 있는 한국 유학생들 대부분은 불안한 현실과 암담한 미래로부터 도망치고 싶어 미국행을 결심했다고 했다. 서울 근교의 한 4년제 대학에 입학하자마자 아르바이트를 시작해야 했던 정안은 미국행을 결심하게 된 이유를 다음과 같이 설명했다.

(미국행을 결심한) 그때는 그냥 현실에서 도망치고 싶어서 왔던 것 같아요. (……) 그때 학비가 아마 300이었을 거예요. 300만 원인데 아르바이트를 해서 충당할 수 있는 돈이 아니잖아요. 그때 시급이 2,000원

이었어요. 허허. 그러니까 아르바이트를 해서 충당할 수 있는 돈이 아니에요. (……) 뻔히 보이잖아요. 몇 년 동안 돈 모아서…… 결혼도 일이 잘 풀렸을 때에나 갈 수 있는 거고, (……) 사무직 알바, 내가 할 수 있는 거는 딱 정해져 있고……. 20대 중반 정도면 새로 시작하는 게 거의 없다고 봐야죠, 한국에서는.

대학에 들어간 뒤, 지독하게 가난했던 부모님의 경제적 부담을 덜기 위해 정안은 둘째 언니가 살던 월세방에 합류했다. 정안은 입학하자마자 아르바이트를 시작해 첫 학기를 마치자마자 휴학을 했다. 휴학하는 동안 아르바이트를 하면서 생활비뿐 아니라 등록금을 벌어두고 싶었던 것이다. 결국 정안은 대학을 중퇴하고 저임금 아르바이트 사무직을 전전했다. 하지만 시급 2,000원으로는 기본 생활을 꾸리는 것조차 녹록지 않았고, 미국 버지니아 주에 살고 있던 첫째 언니의 권유를 계기로 스물넷에 미국행을 결심했다.

이제껏 한국을 벗어나기 위한 목적으로 결행한 유학 형태는 "도피 유학"으로 명명돼 왔다. 이들과 보내는 시간이 길어지고 이야기가 깊어질수록, 나는 이들이 실은 한국의 정치·경제 분야의 권력집단으로부터 내몰림을 당한 것이란 생각이 점점 더 또렷해졌다.

주요 경제 권력집단과 야합한 이명박 정부와 박근혜 정부의 삶 정치를 좀 더 깊이 들여다보면 이들 유학생들의 미국행이 IMF 이후 국가가 새롭게 펼치고 있는 대국민 정체성 정치와 밀접한 연관이 있음을 알 수 있다. 1997년 재정위기 이후, 정부의 지지 아래 대기업들이 단행해온 "대량해고"는 이명박, 박근혜 정부로 들어서면서 국가에 의한 대국민 통제 기제로 교묘하게 활용되고 있다. 이것은 곧 정치·경제 등 주요 권력집단의 통치조직인 국가의 존재 양태가 점점 변하고 있음을 나타내는 징후라 볼 수 있다. 즉, 현대화 이행 과정에서는 한국 국가가 나라/국가라는 통합된 형태로 존재했다면, 1997년과 2008년의 재정위기를 틈타 다국적기업이 한국 사회로 급격하게 들어오면서, 한국 정부는 국민의 삶의 질을 염려하기보다는 국내 및 주요 다국적기업의 이익을 대변하는 탈나라 기업국가로 변형되고 있다.

대표적인 예로, 2014년 1월 10일 박근혜 대통령은 외국 비즈니스 대표단과의 모임에서 3년에 걸친 경제개혁을 통해 한국을 세계에서 가장 사업하기 좋은 나라로 만들 것이라고 발표했다(김동관 2014; 김종철 2014). 더 나아가, 박근혜 대통령은 청와대 조찬 모임에서도 모든 규제는 우리 사회를 병들게 하는 암 덩어리라고 지적하면서 "규제들을 척결"할 것이라고 밝혔다(chosun.com 2014). 이는 곧 국내 기업뿐만 아니라 외국 대자본의 이익을 극대화하기 위해 민주주의의 진척을 배제한 신자유주의 방식으로 한국 사회 전체를 기업화하겠다는 의지를 노골적으로 표명한 것이기도 하다(박노자 2014년 5월 13일).

이러한 정치경제적 상황을 바탕으로 정부는 시민권과 관련된 삶 정치의 방향을 급격하게 틀고 있다. 무엇보다도 금융자본의 증식을 가장 중요시하는 신자유주의 체제 아래, 기업하기 가장 좋은 나라가 되기를 추구하면서 시민들을 "잠재적 해고자"로 규정하는 정치를 시행하고 있다. 이 정치는 개개인의 생각과 일상의 삶을 일정 방향으로 몰고

가는 원거리 통치전략의 한 형태로 사람들의 불안감을 가중함으로써 시민들을 신자유주의 체제에 더욱 깊숙이 종속시키는 기제로 작동하고 있다.

요컨대 한국 정부는 사회경제적 지위나 민족성, 학력과 상관없이 모든 시민들을 일률적으로 대량 구조조정의 범주 안에 집어넣고 있다. 대부분의 한국 국민들이 학력이나 직업의 속성, 나이와 관계없이 자신이 언제든지 폐기처분될 수 있는 경제체제의 한 부속품으로 전락할 수 있다는 집단적 불안감에 사로잡혀 있는 것도 이런 통치체제와 무관하지 않다.

EBS가 제작한《우리는 왜 대학에 가는가?》라는 다큐멘터리가 포착한 취업 준비 중인 대학생들의 모습은 이러한 삶 정치를 여실히 드러낸다. 전국 10개 대학을 대상으로 한 조사에서 대학생에게 취직 여부란 사회 구성원이 되기 위한 주요한 준거로 인식되고 있었다(EBS 2014년 1월 27일). 한 지방대 4학년에 재학 중이면서 취업을 준비하는 소희는 "취업 준비를 위해 자발적으로 주변과의 관계를 끊은 자발적 아웃사이더, 즉 '아싸'"로 지내고 있었다. 몇 번 취업 원서를 냈지만 번번이 거절 당했던 그녀는 자신의 경험을 다음과 같이 설명했다.

소속감이 없는 게 많이 외롭지. 왜냐하면 우리는 어렸을 때부터 "어디 중학교 누구입니다.", "어느 고등학교 누구입니다.", "어느 대학교 누구입니다."라고 자기를 소개해왔잖아. 되게 웃기게. 그러니까 이제

"어디 다니는, 어디에서 일하는 누구입니다."라는 게 붙어야 하는데 받아주는 데가 없는 거지. 나를 소개하는 글을 읽고 나를 떨어뜨려. 그 기분이 되게 묘하지.

"나를 받아주는 데가 없다"는 소희의 표현은 청년들을 포함하여 현재 한국에서 사회 구성원으로 인정받지 못하는 대부분의 국민들이 직면하고 있는 위기감을 드러낸다고 할 수 있다. "나를 떨어뜨려."에서 나타난 소희의 당혹감은 구직에 실패하거나 실직을 당한 수많은 국민들이 자신들을 한국 사회 밖으로 무참히 밀어내는 권력집단의 비인간적 형태에 대해 갖게 되는 배척감과 연결된다.

정안은 미국 커뮤니티 칼리지로 유학을 오게 된 이유를 다음과 같이 설명했다.

이 일 저 일 거치면서, 길을 잃은 느낌이었어요. 그래서 도망치고 싶었어요. (……) 방법이 없었어요. 살기가 너무 힘들었어요. 거기(한국)선 아무런 희망도 없다고 생각했어요. 알바 사무원으로 평생 일하다 죽을 거예요. 더 나은 삶이란 없는 거예요. 쥐꼬리만 한 월급으로 다시 대학에 돌아갈 수도 없는 거예요. (……) 벼랑 끝이었어요.

정안은 아르바이트를 전전하는 힘겨웠던 삶을 더 나아질 기미가 보이지 않는 "벼랑 끝의 삶"이라고 표현했고, 이로부터 도망칠 수 있는 방법은 곧 한국 사회를 벗어나는 것이었다고, 그래서 미국행을 선택했다고 설명했다. 현재 한국 사회에서 "정규직이냐, 아니냐"는 수잔 조지(George 1999)가 언급했던 것처럼, "살 권리를 부여받았느냐, 아니냐"라는 신자유주의 체제에서의 실존적 질문과 맞물려 있는 것이다.

해외 인력 모집 대행인 "코글로시안"

이명박, 박근혜 정권에서는 심지어 대학에 재학 중이거나 대학을 졸업한 청년들을 국가 밖으로 방출하는 움직임도 엿보였다. 2011년 이명박 집권 당시 교육과학기술부가 발간한 정책보고서는 청년 실업률을 언급하면서 청년들을 "사회 안정을 위협"하는 잠재적 집단으로 규정하고, 이들을 해외로 보낼 것을 제안했다(이명희 외 2011). 헛헛한 웃음밖에는 나오지 않는 상황이다. 이 보고서는 한국인Korean, 글로벌 시민의식Global Citizenship, 아시아인Asian의 영어를 합성해 만든 "코글로시안Koglosian"이라는 명칭을 소개하며, 한국 고등교육의 입지를 "국내를 중심으로 보는 일국적 사고에서 벗어나, 지구촌을 무대로" 한국 청년들을 진출시키는 좀 더 큰 틀에서 접근해야 한다고 주장하고 있다(이명희 외 2011, p.ix).

보고서 저자들은 대학을 졸업한 청년을 (잠재적) 중급 잉여 인력으로 규정하고, 경제적 발전이 한국에 비해 뒤처져 있는 아프리카나 다른 아시아 국가로 이들을 보내 한국의 긍정적 이미지를 함양함으로써 "국내 제조업 분야가 필요로 하는 중하위의 인력을 해외로부터 유입하는 전략을 강구"할 것을 추천하고 있다. 여기서 "국내 제조업 분야가 필요로" 한다는 의미는 기업의 이윤 극대화를 위해 한국 국적의 노동자보다는 노동 착취가 보다 용이한 해외 인력을 선호한다는 의미인 것은 분명하다.

아프리카의 빈곤국으로 자원봉사활동을 떠나는 청년들을 연구한 글에서 조문영(2014)은 봉사활동의 중심에 대기업이 있고, 한국 사회와 대기업에 대한 이미지를 제고하여 한국으로의 노동이주나 한국의 경제발전을 유도하는 도구로서 해외봉사 프로그램이 활용되고 있음을 지적한 바 있는데, 이는 코글로시안이 제시하는 논리와 비슷하다. 한국 청년들의 애국주의를 조장하여 해외로 방출하려는 다양한 정책과 정치들은 조국의 경제성장이라는 미명 아래 결국은 국내 민주시민 역량을 축소하는 것은 물론, 한국 경제를 지배하고 있는 국내 및 다국적기업의 이윤 확대를 목표로 한다는 점에서 문제가 크다.

"루저"와 "잉여", 비국민 콤플렉스

"코글로시안"이나 조문영(2014)이 논의한 "글로벌 빈곤 퇴마사들"이 정부와 기업 주도하에 만들어진 정책적 담론이라면, "루저"와 "잉여"는 생산성보다 이윤성을 중시하는 한국 정부와 국내 및 다국적기업의 삶 정치가 대중의 담론 형태로 드러난 경우라 할 수 있겠다. 여느 보통 한국 청년들처럼 이 연구에 참여한 한국 유학생들도 자기를 "루저"라고 지칭했다. 흔히 "지잡대(지방에 있는 잡대학)"라고 불리는 한국 지방대에 다니다 중퇴를 했거나, 4년제 대학으로부터 입학 허가를 받지 못했거나, 너무 가난해 아예 대학 진학조차 꿈꾸지 못했거나, 한국에서 자신의 미래가 어두울 것이라 생각하고 일찌감치 유학길에 올랐던 이들은 자조하듯 자신뿐만 아니라 강의실이나 복도에서 만나는 다른 한국 유학생들 또한 "루저"라고 지칭했다.

중학교를 졸업하자마자 한국인이 운영하는 필리핀 소재 국제고등학교에 들어갔던 인종은 "1등을 제외한 모든 사람들은 다 루저"라고 말했다. 정안은 자기가 왜 한국 사회에서 루저일 수밖에 없었는지에 대해 말했다.

사람들이 말하는 것처럼 최종 학력이 고졸인 저는 루저예요. 고졸요, 후후후. 거기다 괜찮은 직장도 잡지 못했고, (……) 결혼할 능력도 없 잖아요. (모든 면에서) 완벽하지 못하면 (한국 사회에서) 루저나 잉여가 되는 거예요.

스테이션 커뮤니티 칼리지에서 내가 만난 학생들은 한국 사회에서 당당한 국민으로 제 기능을 못 하고 있다고 자책함으로써 스스로를 주변화하고 있었다. 이들은 미국 커뮤니티 칼리지에 진학함으로써 자기계발 궤적이라고 이해되는 여정을 계속 이어가는 한편, 부조리한 정치, 사회, 경제구조를 탓하면서도 "루저"일 수밖에 없는 자신을 비난하는 것이다. 다른 한편으로는 타인을 "루저"나 "잉여"로 비하함으로

써 그들을 경쟁에서 낙오시키려는 전략이 의식적, 무의식적으로 활용되기도 했다. 이처럼 "루저" 담론은 너와 내가 국민 노릇을 제대로 해내지 못하고 있다는 "비국민 콤플렉스"의 한 양상으로, 대부분 힘겹게 학업과 아르바이트를 하며 미국에서 삶을 지탱해나가고 있는 이들의 마음을 무겁게 짓누르고 있었다.

고향인 부산에서 고등학교를 졸업한 인후는 서울에 소재한 4년제 대학에서 1년을 다니다 미국에서 2년에 걸친 어학연수를 마친 뒤, 스테이션 커뮤니티 칼리지에 들어왔다. 인터뷰에서 인후는 낙인의 두려움을 언급했다.

> 대학에서 만나 친하게 지냈던 친구들조차도 제가 어떤 한 가지를 못하는 걸 보면, 다른 것도 못하는 것처럼 저를 무시했어요. 그렇게 자연스럽게, 한 가지를 못하면 다른 것도 못하는 것으로 낙인찍히는 거예요. 그게 너무 견디기 힘들었어요.

사소한 일조차 전투에 임하듯 살벌한 경쟁의식으로 무장해야 하는, 일상이 경쟁터가 되어버린 한국 사회(강수돌 2013)에서 벗어나기 위해 인후는 그다음 학기에 한국 대학을 중퇴하고 미국 커뮤니티 칼리지에서 공부를 계속하기로 선택했다.

정안이 루저인 자신을 탓하며 "못난이 병"에 걸렸다고 표현한 것처럼, 스테이션 커뮤니티 칼리지에서 만난 한국 유학생들은 자신을 "열등한 사회적 존재"로, 마치 "루저"라는 바이러스에 감염되기라도 한 것처럼 묘사했다. 칼리지에서 만난 다른 한국 유학생들 또한 자신을 루저라 지칭하며 다른 유학생들과의 교류를 꺼렸다.

상도는 강의실에 한국 학생이 있을 경우, 자신의 신분이 드러나지 않도록 아예 말을 하지 않는다고 했다. "그게, 쪽팔린다고 할까. 왜 한국인 유학생이라면 공부 못해서 여기 오게 된 거잖아요." 그는 자기 영어 억양을 들으면 다른 한국 유학생들과 미국 학생들이 자기가 한국 유학생임을 알아챌 수 있을 거라 덧붙였다. 이들은 아주 친한 친구들 외에 다른 한국 유학생들과 교류하는 것을 한국 사회에서 실패자로 낙인찍힌 자신의 수치스러운 신분을 노출하는 것으로 인식하면서 스스로를 고립시키고 있었다. 내가 만난 대부분의 한국 유학생들은 스테이션 커뮤니티 칼리지에 다니고 있는 것을 "정상적인 삶에서의 이탈"이라고 말했다. 이들에게 유학이란 삶의 정상성을 회복하기 위해 스스로를 격리한 치료 기간이었던 셈이다.

이 기간을 끝내고, 이들은 스테이션 커뮤니티 칼리지를 발판으로 삼아 다시 한국 사회로 돌아가기를 원했다. 커뮤니티 칼리지를 다닌 뒤 종종 "인 서울"로 표현되는 서울의 4년제 대학으로 편입하는 것이 통상 이들의 계획에 포함되어 있었다. 사실 내가 만난 유학생들은 미국 대학보다는 한국의 4년제 대학에 다니는 것에 더 큰 꿈을 가지고 있었다. 이는 곧 유학생들이 성공한 엘리트 계층으로서 화려한 귀국을 원하기보다는 유학을 통해 "루저"라는 사회적 낙인을 지우고 당당한 사회 구성원으로서의 자격을 획득하는 것을 목표로 하고 있음을 보여주는 것이기도 하다.

"현대화 완성" 프로젝트, 반교육적 배제

그러나 한국 유학생들의 희망, 곧 스테이션 커뮤니티 칼리지에서 학사학위를 받은 뒤 한국 혹은 미국 소재 4년제 대학으로 편입하는 것은 많은 난관에 부딪쳤다. 한국 사회에서와 비슷하게 이들은 스테이션 커뮤니티 칼리지의 주변화된 학생 집단으로 소외되어 있었는데, 이러한 배제와 차별은 미국에서 암묵적으로 용인되는 것이었다. 미국이 막강한 영향력을 행사하는 OECD 주도의 "고등교육의 국제화"와 "현대화의 완성" 지배담론은 커뮤니티 칼리지를 "직업훈련소"로 규정하는 미국의 교육정책과 밀접하게 맞닿아 있었다. 자국의 커뮤니티 칼리지를 미국 경제력 향상에 기여할 주요 기관으로 강조하는 가운데 한국 유학생들에 대한 차별은 묵인되고 있었다.

고등교육 국제화 = 미국 고등교육 민영화 모델의 확장

1년에 걸친 연구 기간 동안 나는 스테이션 커뮤니티 칼리지가 한국 유학생들에게는 매우 권위적인 준準시장semi-market과 같은 사회 영역으로 자리 잡았음을 알게 됐다. 스테이션 커뮤니티 칼리지는 국제 고등교육 시장에서 높은 가격이 매겨진 상품으로 변신했고, 한국 유학생들은 이 칼리지의 교육과 서비스를 구매하는 소비자였다. 하지만 이들은 구매 당시 기대했던 수준의 서비스를 받지 못했고, 부당한 거래에 대해 자기 목소리를 낼 채널조차 부여받지 못했다.

공공선을 추구하고 도덕적 책무를 수행해야 할 교육기관인 스테이션 커뮤니티 칼리지가 어떻게 권위적인 시장으로서 공공연하게 그 민낯을 드러낸 것일까? 한국 정부의 주요 기관 부처들이 절대 진리인 양 인용하는 OECD의 고등교육 국제화에 대한 지배담론을 배후로 주목할 필요가 있다.

제숍Jessop과 페어클라우Fairclough는 지배담론이란 특정 전략이 지식의 형태로 변형되는 주요한 영역 중의 하나라고 지적하고 있다(Jessop 2002; Fairclough 2006). 권력집단은 지배담론에 정당성을 부여하고 공인된 지식과 정보로 포장하여 한 국가나 국내외 기관뿐만 아니라 개개인의 선택과 이해, 행동을 특정 방향으로 이끌어내기 위해 그 담론을 지지할 다른 다중의 담론을 개발하고 전파한다(Cousins and Hussain 1984; Fairclough 2006; Hall 2006).

미국 커뮤니티 칼리지가 국제화를 실제적으로 운용하는 방안은 OECD나 IMF 등이 다양한 매체를 통해 전파하고 있는 "국제화"와 "지식경제"라는 지배담론과 밀접한 관련이 있다(Henry, Lingard, Rizvi & Taylor 2001 참조). 특히 이윤을 창출하는 고급 자본으로 대학교육을 통해 획득한 지식과 기술을 규정하는 "지식경제" 지배담론은 고등교육을 국제 무대에서 상품으로 합리화하는 주요 역할을 하고 있다.

이 지식경제 담론은 교육뿐 아니라 정치, 경제 등 여러 분야의 정책 결정에 주요 준거로 인용되고 있지만 적잖은 문제점을 내포하고 있다. 우선, 지식담론에서 지칭하는 "고급 지식과 기술"의 의미는 지극히 모호하다(Gibbs 2010). 다른 역사적, 문화적, 사회적 과정을 통해 축적된 수많은 지식과 기술 중에 특정 지식과 기술만이 "고급"으로 분류된다는 점 역시 문제이다. 특히 고등교육의 국제화라는 담론은 서구 선진 산업국가의 고등교육만을 고급 기술과 지식을 배울 수 있는 주요 기관으로 강조함으로써 다른 국가 및 다른 통로를 통해 연마할 수 있는 지식과 기술을 배제하고 있다.

이러한 지배담론을 세계에 전파하고 있는 중심에 OECD가 있다고 해도 과언은 아닐 것이다. 즉 OECD는 국제 시장이라는 범주 안에서 고등교육을 사고팔 수 있는 비즈니스로 규정하는 데 주도적 역할을 하고 있다. OECD의 교육부 디렉터인 옐랜드(Yelland 2011)는 다음과 같이 기술하고 있다.

당신이 비즈니스를 운영하고 있고 운 좋게도 당신이 운영하는 비즈니스의 브랜드 가치가 시장에서 높게 인정받아 수만 명의 소비자들이 당신의 상품을 구매하기를 원한다고 가정해보자. 그렇다면 당신은 시장에서 독점적인 지위를 확보해서 그 상품의 가격을 인상하고 싶거나 그 상품을 더 생산함으로써 소비자의 구매 욕구를 충족해주고 싶을 것이다.

옐랜드의 진술은 고등교육의 상품화를 추동할 뿐만 아니라, 국제 시장에서 더 높은 등록금과 서비스 비용을 유학생들에게 부과하는 국가 및 대학들을 그만큼 높은 질의 교육과 서비스를 제공하는 것으로 합리화하고 있다.

고등교육을 공공선으로 간주하고 국가가 그 비용의 상당 부분을 지불하는 독일이나 스웨덴과 달리, 미국은 대학교육의 상품화를 대학교육의 설립 초기부터 적용한 대표적인 국가이다. 민영화 모델에 근거한 미국 고등교육은 학부모와 학생들을 대학교육을 구입해야 하는 소비자로 규정한다. 이러한 역사적 배경을 바탕으로 미국 공립대학들은 민영화 모델을 엄격하게 적용해 유학생들과 그의 부모들이 학비 및 학생 서비스 비용을 오롯이 부담하도록 해왔다. 유학생들이 장학금이나 등록금 보조 혜택을 받을 수 있는 기회가 극도로 제한된 현실은 이 같은 파행과 무관치 않다.

물질화된 한국 유학생들: "우리는 현금인출기지!"

이 연구를 진행할 당시 스테이션 커뮤니티 칼리지에서는 전체 학생의 13퍼센트가 유학생이었다. 스테이션 커뮤니티 칼리지의 최근 전략 계획서에서 이들 유학생들은 다른 문화와 언어, 교육적 배경을 지닌 학생 집단으로, 칼리지가 특별한 관심을 가지고 필요한 서비스를 제공해야 하는 학생 구성원으로 명시돼 있다. 그러나 이러한 문자화된 전략과는 정반대로, 한국 유학생들이 겪는 소외감은 심각한 수준이었다. 이들은 아카데믹 어드바이저academic advisor나 유학생 어드바이저international student advisor, 교수나 강사들로부터 필요한 도움을 거의 받지 못하고 있었다.

스테이션 커뮤니티 칼리지가 (한국) 유학생들을 어떻게 관리하는지는 유학생 어드바이저가 일하고 있는 부서의 위치에 잘 드러나 있다. 유학생 어드바이저는 독립된 사무실이 아닌 칸막이로 나뉜 사무공간에서 일을 하고 있었으며, 그 사무공간은 입학처에 자리 잡고 있었다. 입학처의 주 기능 중 하나는 학생들의 등록금을 관리하는 일이다. 스테이션 칼리지의 붉은 벽돌 건물들은 하나의 거대한 건물처럼 서로 연결돼 있고, 입학처는 칼리지의 중앙 현관문을 열고 들어서면 바로 왼편에 위치해 있었다. 복도 쪽의 사무실 벽면은 한국의 은행창구와 비슷하게 자그마한 반원형의 공간이 있는 유리 벽면으로 돼 있었다. 입학처의 유리 벽면이 있는 복도는 평소에는 한가하지만 학기 초에는 등록금을 내려는 학생들로 장사진을 이루곤 했다. 비교적 넓은 입학처 사무실 공간에는 스무 개가 넘는 책상들이 칸막이로 나뉘어 있었다.

이러한 여건 속에서, 한국 유학생들은 유학생 어드바이저와 마음 놓고 상담할 수 있는 공간의 부재를 지적했다. 인후는 다음과 같이 자신의 경험담을 나눴다.

나도 그 (유학생) 어드바이저를 몇 번 만났어요. 그런데 그 어드바이저는 고정된 자리가 없는 것 같았어요. 몇 번 일하는 자리가 바뀌어 있었어요. 한번은 그 어드바이저가, 지금은 내가 쓰고 있는 부스가 없으니까 나가서 이야기하자, 하는 거예요. 어쩔 수 없이 복도에 나가서 이야기했죠. 그런 일이 여러 번 있었어요. (대화를 나누는 내내) 맘이 불편했어요. 우리가 나누는 얘기를 다른 사람이 들을 수 있잖아요.

인후가 지적한 대로 입학처 앞 복도는 유학생 어드바이저가 한국 학생들과 만나는 임시 사무공간이 되기도 했다. 사람들이 자유롭게 오고

가는 복도에서 긴밀한 대화를 나누는 게 쉽지 않은 것은 자명한 일이다. 유학생 어드바이저 부스가 입학처에 있다는 점, 그리고 사적인 사항을 논의할 수 있는 사무공간이 없다는 점은 한국 유학생들이 스테이션 커뮤니티 칼리지의 실제 운영에 있어 대학 재정원의 한 부분으로 취급되는 반면, 필요할 때 칼리지로부터 적극적인 지원을 받는 정규 학생 구성원으로 대우받지 못하고 있음을 단적으로 보여준다.

실제로 유학생 어드바이저의 주요 업무는 유학생들을 돕기보다는 미 정부 이민국이 요구하는 규정들을 제대로 지키고 있는지 감독하는 것이었다. 그 점에 대해 영희는 다음과 같이 설명했다.

현재 어드바이저가 하는 일이라곤 우리가 규정을 잘 지키고 있는지를 감독하는 일인 것 같아. 내가 (미국) 이민국에서 요구하는 서류들을 모두 냈는지, 보험은 들었는지, 한 학기에 적어도 12학점 이상은 듣고 있는지 등등. 나한테 공부하는 것에, 미국에서 학교 다니는 것에 어려움은 없는지 물어본 적이 한 번도 없어. 아예 관심도 없어.

한국 학생들이 낸 서류를 받고 문제는 없는지 확인하는 일만 하고, 대화를 나눌 때 눈도 마주치지 않고, 심지어는 의심스러운 눈초리를 보낼 때도 있다고 유학생들은 지적했다. 이들은 권위적인 유학생 어드바이저 앞에서 스스로 위축될 수밖에 없다고, 자기들이 열등한 외국인 취급을 받는 것 같아 불쾌하다고 했다. 미국 학생들보다 두 배 가까운 등록금을 내지만, 같은 칼리지 학생으로서 동등하게 장학금을 받을 수 있는 기회가 거의 주어지지 않은 채 오히려 관리와 감시의 대상이 된 유학생들의 억눌린 처지가 신제국주의의 측면을 고스란히 보여주는 것 같아 나 또한 씁쓸함을 느꼈다.

여느 커뮤니티 칼리지나 대학들처럼, 스테이션 커뮤니티 칼리지에는 유학생 어드바이저 이외에도 학생들의 학업에 관해 조언을 해주는 아카데믹 어드바이저가 상주해 있었다. 한 학기 수강 신청을 하거나, 자신의 목표를 위해 어떤 과목을 언제 들을지 장기적인 계획을 세우는 것에 조언을 해주고, 4년제 대학으로 편입하거나, 수업을 받는 데 부딪치는 어려움 등에 대해 구체적인 조언을 해주는 게 아카데믹 어드바이저들의 주 업무다. 그러나 스테이션 칼리지에서 한국 유학생들은 그러한 어드바이징 서비스를 거의 받지 못하고 있었다.

10월 어느 오후였다. 나는 어드바이저 사무실 접수처에서 서성이고 있었다. 일주일 전, 난 그 사무실에 찾아가 아카데믹 어드바이저와 인터뷰를 하고 싶다고 했고, 그래서 이 약속을 정한 거였다. 잠시 후, 짧은 커트 머리의 백인 여자 아카데믹 어드바이저가 다가와 왜 만나자고 했는지 내게 물었다. 나는 간단한 소개와 함께 한국 유학생들이 아카데믹 어드바이징 오피스에 어떤 문제들을 논의하기 위해 오는지 알고 싶다고 말했다. 그런데 내 말이 떨어지기가 무섭게 그 어드바이저는 두 손과 머리를 동시에 흔들며 팔을 쭉 뻗어 한 손가락으로 복도 건너편을 가리켰다.

아니, 나는 아니에요. 나는 한국 유학생들에 대해 말할 수 있는 사람이 아니에요. 그렇다면 제인을 만나야 해요. 유학생 어드바이저죠. 그녀는 복도 바로 건너편 입학처 사무실에 있어요. 저기 입학처가 보이죠. 바로 저기에요.

자신은 한국 유학생들을 지원하는 직원이 결코 아니라며 내게 더 이어 갈 틈을 주지 않았다. 강한 몸짓으로 자신이 한국 유학생들과 무관하다고 단정 짓는 그녀를 보며, 그녀가 아카데믹 어드바이저로서 마땅히 도와주어야 할 학생 그룹에 한국 유학생들이 포함되어 있지 않음을 금세 감지할 수 있었다.

그러나 몇 달이 지난 후, 나는 똑같은 어드바이저와 다시 만나게 됐다. 한국 대학교에서 스테이션 커뮤니티 칼리지로 편입할 것을 고려하고 있던 한 여학생이 내게 편입에 관한 정보를 알아봐달라고 부탁한 것이다. 그 여학생은 당시 대학을 휴학한 상태에서 한인이 운영하는 시카고의 한 어학원에 다니고 있었다. 아카데믹 어드바이징 오피스 오픈하우스가 있던 날, 행사에 참석한 학생들과 인사를 나누고 있는 그녀가 눈에 들어왔다. 나는 그녀에게 다가가 한국 여학생 사정을 얘기해주고 편입에 관한 정보를 물었다. 그녀는 내가 예전에 만났던 동일한 사람이라고 믿기지 않을 정도로 매우 친절했다. 그녀는 나를 기억하지 못하는 듯했다. 만남은 20분 넘게 진행됐으며, 좀 더 정확한 학생의 정보를 알기 위해 그 어드바이저는 나에게 그 학생에게 전화해보라고 권하기까지 했다. 건물 안에서 전화 연결이 잘 되지 않아 밖으로 나가 통화를 하고 돌아올 때까지 그녀는 나를 기꺼이 기다려줬다. 한국 유학생들의 등록을 전후해서 어드바이저들의 태도가 완전히 바뀐 것이다.

　한국 유학생들은 스테이션 커뮤니티 칼리지가 자기들이 내는 등록금과 학생회비 말고는 전혀 관심을 기울이지 않는다고 한결같이 지적했다. 미팅 시간이 보통 5분 이내로 제한되어 있는 현실에서 아케데믹 어드바이저들은 한국 유학생들에게 자세한 서비스를 제공하기보다는 관련 웹 주소를 알려주고 직접 정보를 찾으라고 하거나 자기들도 잘 모르겠으니 스스로 찾아볼 것을 권고하는 게 대부분이었다. 무성의한 태도를 접한 한국 유학생들은 어드바이저들을 만나는 것은 "시간 낭비"라고 일축했고, 서류를 처리할 때 외에는 더는 그들을 만나지 않았다.

　이런 현실 속에서, 이들 유학생들은 단도직입적으로 자신들이 스테이션 칼리지에게 "봉"이면서 "현금인출기" 취급을 받고 있다고 말했다. 영희는 그러한 정황을 간단명료하게 설명했다.

　내 생각에 우리(한국 유학생들)는 현금인출기야! 우리는 칼리지에 현
　금을 제공하는 역할을 하는 거고, 칼리지는 등록금을 낼 때만 우리
　에게 주의를 기울여. 그때를 제외하곤 전혀 신경 쓰지 않지.

영희의 표현대로, 캠퍼스 한구석에 서서 평소에는 존재조차 알 수 없는 현금인출기처럼, 한국 유학생들은 평소에는 잊힌 존재로 취급을 받다가 돈을 지불해야 하는 시기에는 갑작스러운 주목을 받았다. 또한 현금인출기가 현금을 지불하지 못할 때 폐기처분되는 것처럼 한국 유학생들 또한 등록금을 지불하지 못했을 때는 어떠한 교육적, 도의적

고려 없이 칼리지로부터 퇴출을 당해야 하는 처지였다. 다문화교육 및 캠퍼스 문화를 성공적으로 이루어나간 고등교육 기관으로 인정되어 여러 번 상을 수상한 스테이션 커뮤니티 칼리지가 비정한 사채업자처럼 한국 유학생들 앞에 버티고 서 있었다.

"근대화 완성 프로젝트"와 한국 유학생 차별에 대한 암묵적인 승인

앞에서 언급했듯, 오바마 행정부의 진두지휘 아래 진행된 커뮤니티 칼리지 교육정책은 제국주의적, 경제적 욕망에 바탕을 둔 것이라고 볼 수 있다. 이러한 정책 기류 또한 스테이션 커뮤니티 칼리지가 한국 유학생들을 소외시키는 관리 방식에 큰 영향을 미치고 있었다. 현재 지속되고 있는 경기침체를 "경제위기"로 언급하고 국제화는 곧 "경제전쟁"임을 강조하면서, 오바마 행정부는 공립 커뮤니티 칼리지에게 "직업훈련소job training center"로 기능할 것을 강력하게 요구해왔다(White House: Office of Press Secretary 2010, October 5). 커뮤니티 칼리지는 국제화에 맞서 미국 경제발전을 위한 노동력을 교육·훈련하는 주요 기관으로 조명되고 있으며, 기업가들은 다양한 채널을 통해 경제 분야뿐만 아니라 공교육, 특히 고등교육의 정책 및 커리큘럼 재조정에까지 점점 더 큰 영향을 미치고 있다.

　기든스Giddens는 그의 저서 『현대화의 결과들The Consequences of Modernity』(1990)에서 후기 근대화 시기에도 여전히 전체주의 가능성이 있음을 지적했다. 그는 포스트모던 시대에 접어들면서 보다 집중된 정치적, 군사적 그리고 이데올로기적 권력을 근간으로 전체주의적 통치의 가능성이 훨씬 더 커졌다고 강조했다. 기든스가 논의한 대로, 신자유주의 단계에 들어선 미국의 경우 국민들을 향한 전체주의적 지배는 여전히 지속되고 있으며, 이에 대한 여파로 시장논리가 정부 정책 시행에서부터 개인의 일상생활까지 막대한 영향을 미치는 통치기제로 작용하고 있다.

현실 사회주의의 붕괴와 함께 이데올로기적 냉전시대가 막을 내리자, 부시와 클린턴 정부는 국민 통제를 위해 "악의 축"이라는 헤게모니 담론을 구축하고 유포해왔다. 뒤이은 오바마 행정부는 앞에서 언급했듯이 "경제위기"를 운운하는 동시에 "국제화"를 "경제전쟁"이라는 담론과 연결하면서 미국 국민들의 불안감을 지속시키고 있다. "경제"와 "전쟁"이라는 담론을 결합해 전 국민을 "경제적 보병"으로 새롭게 군사화하고 있는 것이다. 나는 이 결합이야말로 고등교육에서 민주주의를 배제하고 제국주의 강화에 대한 미국 내 비판을 잠재우는 새로운 전략이라고 본다. 실제 오바마는 한 공식석상에서 새로운 형태의 "전쟁war", 곧 경제 "전쟁"을 언급했으며, 미국 대학생들을 이 전쟁을 수행해야 할 "군인"들로 비유했다(White House: Office of Press Secretary 2010).

> 우리는 현재 미래를 위한 전쟁을 치르고 있습니다. 그 전쟁의 승패는 교육에 달려 있습니다. (……) (인도나 중국에 비해) 대학생 수가 800만 명이나 적다는 것은, 혹은 대학생 수가 감소하고 커뮤니티 칼리지에 대한 헌신이 줄어든다는 것은 곧 최전방에 있는 우리 군인들our troops

이 무장 해제된 것과 같습니다.

오바마의 연설은 역사적으로 대외 군사적, 경제적 활동이 서로 밀접하게 연결되어 있었던 미국 제국주의의 틀을 환기하면서, 이전까지는 군사와 경제가 "표면상" 분리되었으나 신자유주의 체제에서는 경제와 군사가 불가분의 유착관계에 있음을 노골적으로 드러낸 것이기도 하다.

페어클라우(Fairclough 2006)는 신자유주의 체제에서 국가는 주요 기업체가 경쟁에서 우위를 차지할 수 있도록 기업 활동을 더욱 활성화할 수 있는 분야에 자원을 투자하고 있다고 지적한다. 오바마의 연설에서 뚜렷하게 드러나듯이, 신자유주의 체제 아래 진행되고 있는 커뮤니티 칼리지 교육정책에서, 커뮤니티 칼리지 학생들은 냉전 체제에서 신자유주의 체제로 전환되며 새로운 국면에 접어든 국제 전쟁에서 주요 권력집단의 이윤 창출을 위해 싸울 새로운 "경제보병"으로 주목받고 있다. 같은 연설에서 오바마는 "이것(커뮤니티 칼리지가 경제적 보병을 생산해내는 업무)은 이처럼 중대한 시기에 커뮤니티 칼리지가 현대화되는 것을 돕는 것입니다."라고 강조했다(White House: Office of Press Secretary 2010). 즉, 커뮤니티 칼리지의 현대화란 곧 경제보병 생산을 증대하는 것으로 연결된다. 이것은 특히 이윤 증대에 참여하지 못했던 민족적, 문화적, 경제적 소외계층의 학생들을 "목표물"로 했음을 주목할 필요가 있다.

오바마의 주요 교육정책을 반영하듯, 스테이션 커뮤니티 칼리지가 2007년에 수립한 미래 전략 계획서를 보면, 칼리지는 2017년까지 지역 비즈니스의 요구에 부응하도록 칼리지 내 노동력 개발위원회를 강화할 것임을 명시하고 있다. 그리고 2012년 가을학기, 학생들이 제작하는 칼리지 신문 제1면에는 "스테이션의 현대화 완성"이라는 헤드라인의 긴 기사가 실렸다. 당시 진행 중이던 과학 및 건강 커리어 센터 건축 상황을 다룬 기사로, 미 정부로부터 70억 가까운 보조금을 받아 진행되던 프로젝트였다. 새 빌딩의 완공을 계기로 엔지니어링과 건강과학 관련 프로그램이 커뮤니티 칼리지의 핵심 분야로 자리 잡게 된 변화에 대해 그 기사는 스테이션 커뮤니티 칼리지가 한층 더 현대화되는 획기적인 계기라고 서술했다.

미국의 "경제보병" 범주 안에 들지 않는 한국 유학생들의 배제와 차별은 문제적 상황으로 검토되지 않았을 뿐 아니라 오히려 간접적으로 조장되기까지 했다. 칼리지의 반교육적 무관심과 시장논리에 의해 합리화된 차별은 미국 정부 및 커뮤니티 칼리지의 정책을 결정하는 주요 경제·정치 권력집단이 암묵적으로 승인한 것이나 다름없다. 다른 한편에서 한국 유학생들이 내는 등록금과 학생회비가 미국의 신자유주의 경제 프로젝트에 간접적으로 이용되고 있는 상황은 또 다른 형태의 제국주의로 이해될 수 있을 것이다. 한국 유학생들이 내는 등록금과 학생회비의 일부는 결국 미국 신자유주의 주요 프로젝트 중 하나인 노동력 생산에 직간접적으로 활용되고 있는 것이기도 하다. 이것은 곧 미국 고등교육의 국제화가 신자유주의 경제발전 전략과 맞물려 있음을 의미하기도 한다.

커뮤니티 칼리지 본관

새로 완공한 건강과학, 엔지니어링 빌딩

커뮤니티 칼리지에서 길을 잃다

재숙이 교실에서 선생님이나 다른 미국 학생들로부터 "유령" 취급을 받고 있다고 언급했을 때 나는 내 귀를 의심했다. "유령"이라는 말이 조금은 과장된 것 같다는 느낌에 내가 "투명인간요?"라고 다시 물었을 때, 그녀는 반박했다. "아니요! 유령이오." 유령. 다른 이들이 그 존재에 대해 뭔가 음산함을 느끼며 함께 있기를 꺼리는, 온전히 드러나지도 환영받지도 못하는 존재. 내가 만난 한국 유학생들은 어드바이저들이 그랬듯 강사뿐만 아니라 미국 학생들까지 자신들을 그다지 환영하지 않는다는 것을 알고 있었다. 이들은 교실에서 다른 학생들과 간단한 인사조차 나누지 않고, 고립된 섬처럼 어색하게 앉아 있다고 말했다. "지난 학기에는 강의실에서 진짜 입을 (한 번도) 열어본 적이 없어요." 현준의 담담한 고백이 놀라웠다. 어떻게 한 학기 동안 단 한 마디도 안 할 수 있었을까?

다빈의 경우는 수업 중 같은 프로젝트 그룹에 있었던 다른 미국 학생들로부터 왕따를 당했던 경험을 얘기했다.

그룹 미팅을 정하는데 제 의견은 완전히 무시하고 자기들끼리 날짜를 정하는 거예요. 아르바이트 시간이랑 겹쳐서 안 된다고 했는데도 완전 무시하는 거예요. 저는 차가 없어서 학교 캠퍼스 아니면 만나기가 어렵다고 했는데도 장소를 캠퍼스 밖으로 잡고요. 저한테는 프로젝트가 어떻게 진행되고 있는지 잘 알려주지도 않았어요. 프로젝트

프레젠테이션을 끝내고 그룹 멤버들을 평가하는 게 있었는데, 한 게 아무것도 없다며 저에게 0점을 준 거예요.

내가 만난 한국 유학생들은 스테이션 칼리지에 다니기 전에 토플이나 ESL 공부를 했다. 1, 2년 정도 미국, 캐나다, 뉴질랜드로 영어 연수를 다녀오는 중산층 학생들과 달리, 하위 중산층이나 저소득 가정 출신 인 유학생들은 미국에 온 뒤 한국인이 운영하는 어학원이나 다른 커뮤니티 칼리지에서 짧게는 1년, 길게는 3년 이상 토플이나 ESL 공부를 한 경우가 대부분이었다. 그럼에도 불구하고 이들은 칼리지를 다닌 기간과 관계없이 강의 내용을 잘 이해하지 못했고, 수업 시간에 이루어지는 토론에도 거의 참여하지 못한다고 했다. 첫 학기를 시작한 학생들은 강의를 녹음했지만, 반복해서 들어도 이해가 되지 않아 더는 녹음을 하지 않았다. 학업 수행에 큰 어려움을 겪고 있었지만 해당 강의를 가르치는 강사나 교수로부터 도움을 받지도, 기대하지도 않았다.

그 배경에는 여러 가지 이유가 복잡하게 얽혀 있었다. 특히 수업을 가르치는 계약직 강사들의 열악한 근무조건이 가장 큰 요인 중의 하나였다. 2009년의 경우, 미국 커뮤니티 칼리지에서 강의를 하고 있는 강사 중 80퍼센트 이상이 일반적으로 한 학기 단위로 계약이 이루어지는 계약직으로 고용되어 있는 상황이었다. 이들에게는 학생들과 면담 등을 할 수 있는 연구실이 배당되어 있지 않음은 물론 칼리지 내에서 복사기 등의 편의시설을 사용할 권한이 제한돼 있었다. 이 보고서에 의하면, 이런 불안정한 고용 상태에 놓인 상당수의 강사들이 빈곤계층에 속해 있으며, 다른 일을 병행하거나 몇 개의 커뮤니티 칼리지에서 학생들을 가르치고 있었기 때문에 한 칼리지에서 강의 전후로 캠퍼스에 머물면서 학업에 어려움을 겪는 학생들을 만나 면담할 수 있는 여건이 되지 못했다(American Federation of Teachers Higher Education 2010). 이처럼 강사들은 한국 유학생들을 전반적으로 무관심하게 대했고, 더불어 일부 교수들은 유학생들을 자국 학생들과 차별하지 않는다는 명목으로 이들 유학생에게 부차적인 배려나 도움을 전혀 제공하지 않았다.

실제로 한국 유학생들 대부분은 낮은 학점으로 인해 같은 수업을 두세 번 반복해서 듣고 있었고, 이로 인해 그들이 예상했던 것보다 훨씬 더 긴 기간 동안 커뮤니티 칼리지에 매여 있었다. 특히 칼리지 수준 강의를 받기 전, 내외국인 모두 영어 읽기, 쓰기, 수학 과목 배치고사를 통과해야 하는데, 유학생들 대부분 이 시험에 실패해서 고등학교 과정 영어나 수학 보충수업을 받았다. 그들은 일단 들어가면 통과하기까지 몇 학기가 걸린다는 의미에서 이 보충 과정을 "무덤"이라 불렀다.

사실 이들 한국 유학생들에게는 보충교육 과정뿐만 아니라 커뮤니티 칼리지 과정 자체가 무덤이었고, 칼리지에서 이들은 좀비와 같은 존재였다. 커뮤니티 칼리지 안에서, 그 이후의 여정에 대해 어느 정도의 의지와 계획이 있었지만, 그들의 삶은 그 의지와 계획대로 진행되지 않았다. 이들은 때로 캠퍼스에서 운신하는 것조차 자유롭지 못했다. 교실에서, 카페테리아에서 이들은 언저리에 자리해 있었다. 미국 학생들과 강사, 직원들이 그어놓은 보이지 않는 경계선을 유학생들은 선뜻 넘어서지 못하고 있었다. 한국 유학생들은 매일 캠퍼스에서 대면하는 미국 교수들과 학생들이 자신들을 위협적인 존재로 여기지는 않지만, 낯선 옷차림과 몸짓을 하고 서툰 영어를 구사하는 자신들을 대체로 불쾌해하거나 불편해한다는 것을 알고 있었다.

표류하는 유학생들

나와 처음 만났을 때 대부분의 유학생들은 스테이션 커뮤니티 칼리지에서 학사학위를 딴 뒤 서울에 소재한 대학으로 다시 편입하거나 대학을 졸업한 뒤 한국에서 일하면서 살고 싶다고 했지만, 시간이 흐르면서 이들은 점차 미국에 있는 한인 커뮤니티에서 살기를 희망했다. 무엇보다도 이들은 미국 대학과 정부 당국이 각종 재정 지원 및 장학금 제도에서 유학생들을 배제하고 철저하게 자국 학생들에게 우선권을 주는 현실에 부딪치면서, 도대체 한국 정부는 자신들을 위해서 무엇을 하고 있는지 심각하게 질문했다. 또한 미국에 진출한 한국 대기업들이 현지 한국인보다 미국인 채용을 더 선호한다는 것을 알게 되면서 한국 기업에 대해서도 동일한 배신감을 느끼고 있었다.

이들은 또한 국제화를 "미국이 세계를 완전 지배하는 것" 혹은 "전 세계가 미국화되는 것"으로 이해하고 있었다. IMF 이후 한국 사회 전체가 요동치고 개인의 삶이 황폐화되는 것을 직간접적으로 목격했던 이들의 절망을 들으며 불안정하게 흔들리는 원판의 모습을 떠올렸다.

이들의 이야기에 비추어 보면 미국은 다소 안정적인 원판의 중심에 위치해 있고, 한국은 원판 끝자락에 불안하게 매달려 있었다. 이 청년들은 원판의 중심인 미국에서 삶을 꾸려나가는 것이 보다 안정적이라고 생각하는지도 모르겠다. "미국은 자국민이 물에 빠지면 헬기를 보내잖아요. 그런데 한국 정부는 별 신경 안 쓸걸요."라고 말하면서, 우상은 한국이라는 국가가 국제화라는 거센 폭풍 속에서 국민을 구조할 능력도 없고, 구조하려는 노력도 하지 않는 것 같다고 지적했다. 세월호가 무참히 우리 눈앞에서 서서히 침몰해가는 모습이 그의 비유와 어쩔 수 없이 겹쳐졌다.

이 청년들은 커뮤니티 칼리지에서 학업 어려움과 재정적인 어려움을 동시에 감당해야 하는 상황에 처해 있었다. 그래서 이들*은 한국 사회로부터 명예로운 시민권을 회복하는 게 현실적으로 어렵다는 것을 차츰 깨닫고 있었다. 루저나 잉여라는 이름으로 사회적 비난을 받는 것보다는, 커뮤니티 칼리지에서 유령으로 취급받는 것이 오히려 견딜 만하다고 말하기까지 했다. 미국 사회의 한인 커뮤니티 칼리지에서 오

● 스테이션 커뮤니티 칼리지에 다니는 한국 유학생들의 경우, 한 학기에 어림잡아 5,500달러 정도를 등록금과 학생회비 명목으로 지불한다. 미국 국내 학생의 경우, 일리노이 주 거주민으로 분류되고 한 학기 12학점을 받을 경우 약 1,200달러 정도를 지불한다. 그러나 저소득층이어서 각종 장학금과 재정 지원을 받을 경우, 실제 미국 학생들이 내는 액수는 이보다 적다. 미 정부가 인정하는 저소득층은 4인 가족 기준, 매월 벌어들이는 총수입이 6,000달러 이하일 경우다. 이 연구에 참여한 유학생 중 두 명을 제외하고는 앞에서 언급했던 것처럼 대부분 하위 중산층이거나 저소득층 배경을 가진 학생들이었다. 하위 중산층 학생들의 경우에는 장남이거나 장녀인 경우가 많았고, 형제 중 유일하게 미국에서 유학을 하고 있는 경우가 대부분이었다. 하위 중산층 가정 학생들의 경우에는 부모로부터 학비의 절반 남짓만 지원을 받고 있었고, 저소득층 학생들은 학비와 생활비를 직접 조달하고 있었다. 이들 모두 한인이 운영하는 음식점에서 웨이터나 웨이트리스로 일하면서 시간당 10달러 정도를 벌고 있었다.

히려 드러나지 않는 존재로 사는 것을 사회적 비난과 왕따를 피할 수 있는 대안으로 생각했다. 한인이 운영하는 음식점에서 웨이터나 웨이트리스로 일하며 무시당하는 것은 지역적 차원에서의 차별에 그치는 것이고, 한국에서 경험했던 전 사회적인 무시와 폭력에 비하면 훨씬 견딜 만하다고 언급했다. 최저임금이 한국보다 많은 것도 미국에서 살고 싶은 이유 중 하나였다. 요컨대, 대부분의 가난한 한국 유학생들은 미국의 한인 커뮤니티에서 존재가 잘 드러나지 않는 소수자로 살기를 더 원했다.

그런데 앞에서 언급했듯이, 부유하지 못한 가정에서 자란 이들은 한국이나 미국의 4년제 대학으로 편입하지 못한 채 커뮤니티 칼리지에 붙박여 있었다. 연구가 1년이 지난 시점에 커뮤니티 칼리지를 떠난 학생은 총 다섯 명이었다. 중산층 가정 출신인 임호는 시카고대학을 졸업한 1.5세 이민자에게 과외를 받아 중서부에 위치한 4년제 대학으로 편입을 할 수 있었다. 반면 재정적 어려움을 겪는 상태에서 4년 만에 커뮤니티 칼리지를 졸업한 영희와 7년 만에 졸업한 정안은 외국인 학부생들에게는 재정적인 지원을 제공하지 않는 정책적 차별 때문에 결국 4년제 대학으로의 편입을 포기해야 했다. 3년 동안 칼리지에 다녔던 다빈은 낮은 성적 때문에 준학사학위를 받지도, 편입도 못 한 상황에서 대학 학자금 지원을 받기 위해 미국 군대를 지원했다. 하지만 이마저 받아들여지지 않자 한국 군대에 입대했다. 재훈은 중간에 공부를 접고 다시 한국으로 돌아갔다. 그의 여자 친구로부터, 재훈은 이전에 다녔던 신학대학교에 복학을 할지 고민 중이라고 전해 들었다.

마치며

스테이션 커뮤니티 칼리지에서 내가 만난 한국 유학생들은 한국에서는 국외자로 추방된 상황이었다. 이들은 이윤 창출 측면에서 경쟁력이 낮았을 뿐 아니라 기존 사회질서에 도전할 수 있는 잠재적 위협집단으로 규정되기까지 했다. 설상가상으로, 미국 정부와 커뮤니티 칼리지는 이들 유학생들을 미국 경제를 더욱 활성화하는 교육 소비자이면서 커뮤니티 칼리지의 부족한 재정을 보완해줄 수 있는 재원으로 물질화하고 있었다. 이러한 차별과 물질화 과정을 거치면서, 학생들은 유학을 통해 사회적 인정을 회복하려 했던 계획을 변경하고, 스스로 비가시적 사회 구성원으로 남는 여정을 선택했다. 어쩌면 이것이야말로 전체주의적 신자유주의 통치와 맞닥뜨리면서 자신의 존재가치를 지키기 위한 대안일지도 모르겠다.

국민을 배반하는 한국 정부를 질타하면서 영희는 "자신이 한국"이라고 말했다. 영희의 말대로, 나는 이국에서 표류하고 있는 이 청년들의 소외된 삶이야말로 한국이라는 나라가 현재 처해 있는 현실이라고 생각한다. 국가가 경제적 이윤을 기준으로 한반도 안팎에서 국외자와 국내자를 경계 짓는 상황에서 나는 이 나라가 지금 어떠한 처지에 있는지, 어디를 향해 가고 있는지 묻고 싶다. 한국 정부와 대학 당국이 미국 정부와 커뮤니티 칼리지와 사실상 공모하면서 이들 청년들을 "국제적 난민"으로 전락시키는 현실을 언제까지 청년들의 해외 진출로 미화할 것인가?

참고 문헌

강수돌. 2013. 『팔꿈치 사회: 경쟁은 어떻게 내면화되는가』. 갈라파고스.

김애란, 김행숙, 김연수, 박민규, 진은영, 황정은, 배명훈, 황종연, 김홍중, 전규찬, 김서영, 홍철기.
    2014. 『눈먼 자들의 국가』. 문학동네.

이명희, 박준언, 여현덕, 장상현, 이용훈. 2011. "2020년까지의 글로벌 교육비전 수립을 위한
    정책지원방안 연구: 인력양성 및 취업교육의 국제분업체제 구축". 교육과학부: 정책연구
    (2011-) 최종보고서. 교육과학부. p.ix.

조문영. 2014. "글로벌 빈곤의 퇴마사들: 국가, 자본, 그리고 여기 가난한 청년들". 김예림, 김원,
    김항, 김홍중, 소영현, 심보선, 정승화, 조문영. 『정치의 임계, 공공성의 모험』. 파주: 혜안.

American Federation of Teachers Higher Education. 2010. *A national survey of part-time/
    adjunct faculty. American Academia*, 2. A Union of Professionals: AFT Higher Education.

Cousins, Mark., & Hussain, Athar. 1984. *Michael Foucault*. London: Macmillan.

Fairclough, Narman. 2006. *Language and globalization*. London & New York: Routledge.

Gibbs, Paul. 2010. "The Commoditization and Standardization of Higher Education."
    In Foskett, Nicholas., & Maringe Felix. (Eds.), *Globalization and Internationalization in
    Hhigher Education: Theoretical, Strategic and Management Perspective*, London: continnum.

Henry, Miriam., Lingard, Bob., Rizvi, Fazal., Sandra, Taylor. 2001. *The OECD,
    globalization, and education policy*. Wauk: Emerald.

Jessop, Bob. 2002. Liberalism, neoliberalism, and urban governance: A state-theoretical
    perspective. *Antipode*, 34(3), 452-472.

언론 및 인터넷 자료

김동관. 2014. "경제학자들 경제개혁 3개년 계획, 앞뒤가 안 맞네: 주택시장 정상화가 소비촉
    진? 가계부채에도 분명히 적신호." ohmynews, 1월 14일. http://www.ohmynews.com/
    NWS_Web/View/at_pg.aspx?CNTN_CD=A0001948340

김종철. 2014. "'기업하기 좋은 나라'의 비극". 경향신문, 4월 30일. http://news.khan.co.kr/
　　kh_news/khan_art_view.html?artid=201404302105325&code=990100 on October
　　31, 2014.

박노자. 2014. "기업국가를 해체하라". 한겨레, 5월 13일.

Chosun.com. 2014. 3. 10. "박대통령, 규제는 원수이자 암덩어리… 확 척결해야". http://news.
　　chosun.com/site/data/html_dir/2014/03/10/2014031003651.html?Dep0=twitter

EBS. 2014. 1. 27.《우리는 왜 대학에 가는가?》.

George, Susan. 1999. "A short history of neo-liberalism: Twenty years of elite economics
　　and emerging opportunities for structural change". Conference on Economic
　　Sovereignty in Globalizing World(March 24~26). http://www.globalexchange.org/
　　campaigns/econol01/neoliberalism.htnil.pf (2004. 4. 24. 접속)

White House: Office of Press Secretary. 2010. *Remarks by the President and Dr. Jill Biden at*
　　White House Summit on Community Colleges. 10월 5일. Washington D.C.: White house.
　　http://www.whitehouse.gov/the-press-office/2010/10/05/remarks-president-and-
　　dr-jill-biden-white-house-summit-community-college.

Yelland, Richard. 2011. The globalization of higher education. *OECD Observer*, 287(4).
　　http://www.oecdobserver.org/news/fullstory.php/aid/3731/The_globalisation_of_
　　higher_education.htmlsthash.BZaAk4Ow.dpuf(2014. 10. 29. 접속)

"글로벌"을 살아가는 청년들

3

아일랜드로의 "임시 이주"와
글로벌 이동

우승현

이 글은 필자의 석사학위 논문 "한국 청년의 임시 이주와 글로벌 이동 경험: 아일랜드에서의 워킹홀리데이와 어학연수 사례를 중심으로"(연세대학교, 2015)를 밑절미 삼아, 수정 및 보완하여 에세이로 구성한 것이다. 이 글에 인용되는 이름은 모두 가명이다.

한국을 떠나는 청년들

27인치의 커다란 여행용 가방은 무리해서 짐을 넣어 터질 듯하다. 그보다 조금 작은 가방에는 당장 필요한 옷가지 몇 벌과 간단한 세면도구 따위가 들어 있다. 등에 멘 가방에는 노트북과 각종 충전기가 들어 있고 책 몇 권이 한쪽을 차지하고 있다. 가장 깊숙한 곳에는 아마도 몇 달을 모았을 목돈 1,000유로에서 2,000유로 정도의 현금이 몇 개의 봉투와 지갑에 나뉘어 숨겨져 있다. 약간은 긴장한 듯한, 그러면서도 설레는 듯한 표정의 스물대여섯 살 정도 되어 보이는 청년이 인천공항에서 탑승수속을 기다린다. 수속을 마친 그는 가족과 친구들과 작별의 인사를 나누고 여권을 꼭 쥔 채 탑승구에 들어선다.

여행용 가방 두 개와 배낭 하나를 보면 단순히 배낭여행을 떠나는 것 같지는 않다. 유학을 떠난다고 하기에는 너무 젊어 보이고, 으레 출장을 오가는 사람이라고 보기에는 공항이 익숙해 보이지 않는다. 어학연수나 워킹홀리데이를 떠나는 모습임에 틀림없다. 한국에서 배운 영어로는 제대로 외국인과 대화를 나누거나 소통할 수 없기 때문에 영어를 배운다고 해외로 떠나는 것이다. 어쩌면 토익 성적이 필요한데 한국에서는 높은 성적을 낼 수 없다고, 마지막 수단인 양 어학연수를 떠나는 것일 수도 있다. 일도 해보고, 여행까지 하면서 외국에서의 경험을 쌓고 싶다며 워킹홀리데이를 떠나는 것은 아닐까. 아니면 단지 이력서에 쓸 한 문장이 필요해서인지도 모르겠다. 무난히 "남들 하는 대로" 대학을 졸업하고 취업을 준비하려다 보니 결국 "남들"과 다를 게 없는 그들, "남들이 떠나니까" 나도 한번 떠나야겠다는 생각인지도 모른다.

그렇지만 탑승구에 들어선 그들의 표정은 그렇게 단순해 보이지 않는다. 확신이나 단호함은 찾아볼 수 없다. 망설임과 해방감이 기묘하게 섞여 있는 얼굴이다. 그들에게 필요한 건 영어 성적도, 다양한 경험도 아닐지 모른다. 잠깐 쉬어가는 시간이 필요한데, 한국을 잠시 떠나고 싶은데 어학연수를 가야겠다고 이야기했을 수 있다. 그것도 아니라면 색다른 일이 생길 것이라는 아주 가벼운 예측과 기대를 하며 비행기를 기다리고 있을지도.

짧으면 몇 개월, 길면 몇 년 뒤에 이들은 다시 이 공항 입국장으로 들어올 것이다. 어떤 생활을 하고 돌아올까? 돌아오고 싶었을까? 그들에게 어떤 변화가 있을까? 애초에 왜 떠난 것일까? 돌아온 뒤에는 어떤 고민을 하고 또 어떻게 살아갈까?

선택이 아닌 필수로서 해외 경험

2013년 3월 2일 나는 저 자리에 서 있었다. 대학교에 입학하자마자 내리 4년 학부를 졸업하고 바로 대학원에 진학해 1년을 보낸 때였다. 여기저기서 부탁하는 "의미"는 있지만 "돈"은 되지 않는 일들이 나를 짓누르던 때였다. 불현듯 '조금은 쉬어야 할 때가 되었다'는 생각이 들었다. 단순히 휴학을 하거나 일들을 거절하면서 뿌리칠 수 있는 "압박"

이 아니었기 때문에, 물리적 거리를 두고자 한국을 떠날 계획을 세웠다. "병역 미필의 25세 남성"이 갈 수 있으면서도 큰돈이 들지 않는 곳을 찾았고, 아일랜드가 바로 그곳이었다. 2012년 12월 워킹홀리데이비자를 추가 합격으로 받았고, 이듬해 인천공항을 떠나 2014년 2월까지 아일랜드에 살며 여러 나라를 돌아다녔다.

해외로 떠나는 수많은 청년 중 하나라는 점에서 나의 이야기는 그다지 특별하지 않을 수도 있다. 한국은 1988년 서울 올림픽을 기점으로 더는 세계 속의 외딴섬이 아니게 되었다. 해외여행이 자율화되면서 1989년부터는 누구나 여행을 준비해 해외로 떠날 수 있었다(임은순·송수섭 1992: 209). 그 후 25년 가까이 해외로 향하는 청년들이 줄을 이었다. 가방 하나 메고 유럽으로 떠나는 대학생의 모습은 1990년대 전형적인 청년의 모습이기도 했다. 애초 배낭여행으로 상징되는 해외 경험은 청년이라서 할 수 있는, 청년으로서 할 수 있는 경험으로 여겨져왔다(Goss·Lindquist 1995). 청년들의 이동은 합리적이거나 이성적이지 않아도 가능했다. 무언가 배울 수 있고 삶의 자양분을 얻을 수 있다는 추상적인 기대만으로 떠날 수 있었다.

이후에 유행처럼 찾아온 조기유학과 어학연수도 낯설지 않다. 이를 통해 좀 더 오랜 기간 해외에서 체류한 경험을 가진 청년들이 등장했다. 1998년경 불어닥친 동아시아 경제위기는 해외 이동을 주춤하게했지만, 곧 한국 정부가 청년 실업률을 줄이기 위한 방안으로 이주제도를 활용하기 시작하면서 한국을 떠나는 청년의 숫자는 반등했다. 또 경제위기 이후 해외 경험은 고학력의 엘리트 청년들이 체제를 탈출하기 위해 삶의 방식을 전환하는 장이기도 했다(엄기호·조혜정 1999: 119). 당시까지만 해도 해외 경험은 남들이 많이 해보지 못한 특별한 경험이었다. 장기간 해외에 체류한 특정한 청년들은 차별화된 경험으로 사회문화적 자본을 축적할 수 있었고, 한국 사회에서 경쟁력 있는 인적자원이 될 수 있었다.

그렇지만 2000년대 중반을 넘어서면서 한국 청년에게 해외 경험은 선택이 아닌 필수가 되었다. 취직을 위한 "5대 스펙"(학점, 학벌, 토익 점수, 자격증, 어학연수) 중 하나가 어학연수이다. 영어 실력을 늘리기 위해 해외에 나간다는 이야기가 너무나 자연스러운 시대가 되었다. 더욱이 다국적기업이 후원하는 봉사활동, 글로벌 NGO의 인턴십, 나아가 종교단체의 해외 단기 선교까지 해외 경험의 기회가 다변화되었다. 이러한 흐름은 해외로 나갈 수 있는 기회와 방식이 다양해진 모습을 보여주지만, 다른 한편으로는 청년들에게 해외 경험을 의무화하는 결과를 낳기도 했다. 이제 해외 경험은 더는 모험도 아니고 소수만 누릴 수 있는 특별한 경험도 아니다.

아일랜드로 떠나는 "임시 이주": 스펙 쌓기? 탈한국?

이와 동시에 한국 청년을 묘사할 때 "스펙 쌓기"와 같은 말을 자주 쓰기 시작했다. 지금 청년 세대는 1990년대 후반 경제위기 이후 한국 사회의 변화를 직간접적으로 경험하며 자랐다. 직장에서 잘려 나간 부모와 친인척을 보면서 배운 것은 동료와 연대하는 법이 아니라 라이벌과 경쟁하는 법, 그리고 그 경쟁에서 뒤처지지 않기 위해 끊임없이 달려야 한다는 사회의 요청이었다. 경제위기를 극복한다는 명목으로 이루어진 신자유주의적 전환●은 단순히 경제구조의 변화에 머물지 않고 그에 따른 문화적 실천 양식의 변화를 이끌었다. 승자독식과 무한경쟁은 이 시대 청년들에게 너무나 당연한 삶의 태도로 자리매김된 것처럼 보인다. 이를 통해 청년들은 자기 경쟁력을 가지기 위해 "스펙"을 쌓는 모습으로 설명되거나, 그 역량이 모자라 경쟁에서 밀린 "잉여"로 구분되기 시작했다.

아일랜드로 떠나던 나도 비슷한 생각에 빠져 있었다. 그렇지만 그곳에서 만난 한국 친구들의 모습은 상상 속 이미지와 굉장히 달랐다. 그들이 언제나 마음만 먹으면 외국으로 나갈 수 있을 만큼 돈이 많거나, 부족한 영어 실력, 스펙을 쌓기 위해 아일랜드로 왔을 것이라는 예상은 큰 착각이었다. 마치 나에게 "잠시 쉴 시간"이 너무나 절실했던 것처럼 이들에게는 아일랜드로 떠나오기로 한, 떠나올 수밖에 없었던 각자의 사정과 고민이 있었다. 내가 그들을 알아가며 볼 수 있었던 면면은 지금까지 한국에서 보아온 스펙을 쌓는 데 절절매거나, 그게 불가능해 잉여의 나락에 떨어진 모습이 아니었다. 그들은 각기 나름의 다양한 고민을 가지고 치열하게 살아가는 중이었다. 이렇게 한국에서 쉽

● 한국 사회의 "신자유주의적 전환"은 1990년대 후반 동아시아 경제위기에 따른 IMF 구제금융으로 일어난 신자유주의적 구조조정이 시발점이라고 볼 수 있다. 이는 단순히 경제구조의 변화뿐 아니라 일상의 실천을 비롯한 문화 전반에 변화를 낳았다(데이비드 하비 2007; 조한혜정 2009).

게 재현되어 온 청년들과 전혀 다른 우리를 보면서, 이 시대에 저항하는 주체로서 청년을 발굴할 수 있을 거라고 기대했다. 그렇지만 이 또한 지나친 일반화에 기댄 고정관념이었다.

"스펙"과 "잉여"의 양분을 바탕으로 한 청년 담론이 여전히 지배적인 와중에 "나는 아니다"•로 시작되는 이야기들이 등장했다. 이는 지금의 담론이 끊임없이 누군가를 배제하고 있으며, 나아가 한국의 청년을 충분히 대변하지 못한다는 걸 의미한다. 곧, 한국 사회에서 청년 담론은 전환되어야 하며, 이를 위해 그들을 삶을 보다 면밀히 살펴보아야 할 필요성이 있다.

한국을 떠나온 청년들을 수개월에서 수년간 만나며 알게 된 것은 이들이 "임시 이주지" 아일랜드에서 더 크고 더 치밀한 전 지구적 자본주의 체제와 맞닥뜨리며, 이 체제가 만들어내는 착취 구조를 직간접으로 인지하고 경험하면서 나름의 "줄다리기"를 하며 살아간다는 점이었다. 임시 이주지에서 벌어지는 이런 착취 구조의 생산과 재생산 그리고 그에 대응하는 청년들의 협상과 전략은 매우 복잡다단하여 단순히 체제 내 "포섭" 또는 체제로부터 "배제"라는 양극단으로만 설명할 수가 없었다. 이 글은 여기에 주목하여, 이 시대를 살아가는 청년들 그리고 그들이 경험하는 글로벌에 대한 해석이 결국 무한경쟁으로 회귀되는 "신자유주의적 문화 실천"에 대한 포섭 또는 배제로 양분되어 너무나 평면적으로 이뤄지고 있는 상황에 문제를 제기한다.

● 대표적으로, 정상근, 「나는 이 세상에 없는 청춘이다: 대한민국 청춘의 생태 복원을 위한 보고서」, 시대의창, 2011.

이 글에서는 워킹홀리데이와 어학연수라는 개념 대신 "임시 이주"라는 개념을 사용한다. 왜냐하면 실제로 한국 청년들이 각자의 방식대로 이주 기간을 조정하고 사회적 위치를 만들어가고 있기 때문이다. 임시 이주는 학생 비자의 "학생"이나 워킹홀리데이의 "노동자" 같은 범주를 비켜나 노동과 학습 그리고 여행 등을 유기적으로 연결한다. 한 개인으로서 선택한 아일랜드 이주는 분명 각자의 삶에 특별한 흔적을 남길 만한 기억일 것이다. 따라서 한국 청년들이 아일랜드 이주를 준비하는 시기부터 아일랜드에서 살아가는 기간, 한국으로 귀환한 이후의 모습까지 좇으며 최대한 구체적으로 그들의 삶을 살펴보고자 한다. 이 과정을 통해 한국 사회에서 청년의 위치, 글로벌 경험이 이들에게 주는 함의가 무엇인지 좀 더 분명히 드러날 것이다.

잠시 숨 쉴 수 있는 공간을 찾아서

심재천의 소설 『나의 토익 만점 수기』(2012)와 장강명의 소설 『한국이 싫어서』(2015)는 이 시대 청년들이 어떤 마음을 가지고 해외로 떠나는지 내면의 목소리를 보여준다. 두 소설은 가장 유명한 워킹홀리데이 행선지인 호주를 배경으로 하고 있지만, 아일랜드로 떠나고자 하는 청년의 내면을 훔쳐보기에 충분하다.

'지원자격: 토익 800점 이상'이라는 문구에서 나는 이런 목소리를 들었다.

"넌 꺼져."

그래서 난 꺼지기로 했다. 뉴욕으로, 런던으로, 토론토로 꺼지고 싶었지만, 비행기 삯이 너무 비싸서 그곳들은 포기했다.

나는 비교적 가까운 호주를 골랐다. 호주는 날씨가 따뜻한 데다 황량한 땅이 많아 마음에 들었다. 노숙하기 딱 좋다고 생각했다. 수중에 돈이 없으므로 어학연수 중에 국제 부랑자가 될 가능성이 아주 높았다.

노숙하기에 좋은 나라인가.

이것이 내 어학연수행의 첫째 조건이었다. 나는 브리즈번으로 가는 티켓을 끊었다. 티켓값은 이삿짐 센터에서 두 달간 일해서 마련했다.

그렇게 나는 한국을 떠났다. 내가 한국을 떠난 건지, 한국이 날 밀어낸 건지 구분이 가지 않는다. 하긴, 똑같은 말이다.

—심재천, 『나의 토익 만점 수기』, 18~19쪽

대학을 졸업하고 취업을 준비하는 한 청년에게 한국 사회가 던진 말은 이 사회에서 "꺼져"였다. 어째서 "꺼져"야 하는지에 대한 어떤 설명도 없다. 주인공은 취업을 하기 위해 필요한 최저 토익 점수를 따지 못했고, 그러니 토익 만점을 만들어 오면 "꺼져"야 하는 상황에서 벗어날 수 있지 않을까 하는 믿음을 가지고 호주로 떠난다. "넌 꺼져."는 비단 이 소설의 주인공에게만 들리는 목소리가 아니다. 때로는 냉정한 명령으로, 때로는 연민 어린 권유로 한국의 많은 청년들 역시 똑같은 소리를 듣는다. 해외로 떠나는 청년들은 더는 외국에 대한 기대나 동경을 품지 못한다. 그보다 한국에서 잠시나마 떠나야겠다는 욕망과 필요성을 느낄 뿐이다.

그 느낌을 가지고 떠나는 청년들이 하는 말은 한결같다. "영어를 못해서." 어떻게 아일랜드에 어학연수나 워킹홀리데이를 오게 되었느냐고 물으면 반사적으로 대답하는 말이다. 앞서 말했듯이 어학연수나 워킹홀리데이는 학점, 학벌, 토익 점수, 자격증에 이어 이른바 "5대 스펙"이 되었기 때문이다.

굳이 소설을 인용한 것은 청년들이 "진짜로" 한국을 떠나고자 하는 이유는 그들이 은연중에 내뱉는 단어에서만 추측할 수 있어서다. "여행", "현실도피", "쉼" 같은 단어들이 바로 그것이다. 영어는 해외로 떠나고자 하는 결정을 확고히 하는 데 훌륭한 핑곗거리다. 그러나 결코 청년들 욕망의 본질이라고 볼 수는 없다. 이는 해외로 나가는 것을 손쉽게 정당화해주는 부차적인 요소일 뿐이다.

솔직히 집에서 반대는 했죠. 왜냐하면 여자 나이가 제한이 있잖아요, 취직을 하기에는. 그래서 빨리 취직하는 게 낫지 않느냐고 했지만 설득을 했죠. 영어를 배우고 세상을 좀 더 알아보고 싶다고. (……) 진짜 계획표를 이만큼 짜서 갔어요. (……) 이러이러한 목적 때문에 가고 싶다, 비행기 값은 내가 마련하겠다, 대신 이런 건 부담해달라, 다녀와서 다 갚겠다. 다녀와서는 이런 걸 하고 싶고 취직을 하겠다……(진

아. 2014년 8월 18일 인터뷰).

아직 대학을 졸업하지 않은 상태에서 아일랜드행을 결심한 진아는 영어를 빌미로 가족에게 지원을 받으려고 했다. 이때 영어는 단순히 영어 실력을 키우는 문제가 아니었다. 경험 축적과 자기 발전, 취직 등 다방면에서 유효한 자원으로 적극 활용하겠다는 의지로 포장되었다. 이런 전략은 부모를 설득하는 데 큰 효과를 발휘했고 결국 진아는 아일랜드로 떠날 수 있었다. 이런 전략이 통할 수 있었던 것은 20대 청년에게 요구되는 삶의 방향이 한국에서는 매우 비슷하기 때문이다. 청소년기를 거쳐 대학 진학, 취업, 결혼으로 나아가는 과정은 한국 사회에서 "정상"적인 청년의 삶으로 그려진다. 이를 위해 필요한 것, 바로 "취직을 위한 영어 점수"에 대한 욕망은 한국 사회에서 쉽게 간과될 수 없다. 이어진 대화에서 그녀는 "취직하기 전에 왕창 놀고 싶었다"며 고백하듯 이야기했다. 그러나 이 동기는 가족과 벌이는 협상의 장에 절대 오르지 못하는, 공개적으로 말할 수 없는 것이었다.

"영어를 너무 못하기 때문에" 아일랜드로 어학연수를 떠나기로 마음먹었다는 수정은 지금까지 "혼자만의 시간이 너무 없었다"며 해외에서 잠시 휴식을 취하면서 유예기간을 가지고 "자존감을 회복"하려는 목적으로 떠났다고 했다. 여진과 민수를 비롯한 많은 이들은 다만 여행을 떠나고 싶었다든가 현실에서 도피하고 싶었다고 더 직접적으로 털어놓았다. 다소 두루뭉술한 표현이지만 그럼에도 한국에서 잠시나마 벗어나고픈 욕망이 이들을 해외로 눈을 돌리게 한 결정적 동기로 작용했다는 점은 분명하다.

『나의 토익 만점 수기』에서 주인공이 이주지를 고르는 방식은 조금 아이러니하다. 토익 만점이라는 목표를 계속 환기하지만 "수중에 돈이 없었기" 때문에 전통적인 어학연수지로 갈 수 없다. 이때 그에게 가장 중요한 기준은 "추위에 움츠려 죽지 않을 만한 곳"이다. 아일랜드는 영어 학습을 위한 어학연수, 경제적 자원을 획득하기 위한 워킹홀리데이라는 조건을 놓고 볼 때 두 가지 모두에서 적절한 이주지가 되지 못한다. 영미식 영어와 다른 특유의 발음과 습관으로 아일랜드는 한국에서 추구하는 "완벽한" 영어를 배울 수 있는 곳이 아니다. 더구나 2007년 유럽발 경제위기 이후 실업률이 치솟으면서 워킹홀리데이로 생활비와 용돈을 벌 만한 일자리를 구할 수 있을지도 장담할 수 없다.•

어디로 갈지 고민했어요. 근데 미국은 학비가 너무 비싸요(수정. 2014년 8월 9일 인터뷰).

목표는 "돈을 좀 아끼자."였어요. 워킹홀리데이를 하면 조금이라도 벌 수 있으니까 아낄 수 있다고 생각했죠(재현. 2014년 9월 1일 인터뷰).

"뉴욕으로, 런던으로, 토론토로 꺼지고 싶었지만 비행기 삯이 너무 비

• 2008년까지 5퍼센트를 밑돌던 아일랜드의 실업률은 14퍼센트로 급증했고, 서비스직 노동 분야에 있어서 고용률은 2007년 50퍼센트에서 2012년 30퍼센트로 급락했다(OECD. 2014. Reviews on Local Job Creation Employment and Skills Strategies in Ireland. 14pp ; 38pp). (우승현. 2015. "한국 청년의 임시 이주와 글로벌 이동 경험: 아일랜드에서의 워킹홀리데이와 어학연수 사례를 중심으로". pp. 41~42 참조.)

싸 포기했다"는 이야기는 결코 특별한 것이 아니었다. 한국 청년들이 아일랜드를 선택하는 과정은 일종의 "쇼핑"이었다. 이주에 수반되는 어학원 등록비, 생활비, 비행기 삯을 모두 고려해 어떤 "물건"을 구입할지 고민하는 절차를 거쳐 행선지를 결정한다. 이주를 기획하면서 막연히 전통적 어학연수지인 미국을 떠올렸던 수정은 경제적 여건 때문에 미국을 선택할 수 없었다. 이때 아일랜드는 상대적으로 저렴한 이주지를 찾는 수정과 같은 이주자에게 매력적인 곳이었다.●

이와 동시에 최악의 이주지를 배제해나가는 방식으로 행선지 선택을 최종 마무리했다. 지원은 자신을 "분위기에 잘 흐려지는 사람"이라고 생각했다. 그래서 한국 사람끼리만 모여 생활하는 "어학연수가 가장 낭비"라고 판단했다. 영어권 국가에서 장기체류를 하기 위해 워킹홀리데이 비자를 선택했고, 한국인이 적다는 점 때문에 아일랜드를 골랐다. 이주지에 덧씌워진 소문 또한 이 과정에서 주요한 기준이 되었다. 예컨대 혜정은 워킹홀리데이 행선지를 고르다가 "결혼정보회사에서 호주로 어학연수나 워킹홀리데이를 다녀온 경우 가입을 받아주지 않는다"는 이야기를 들었다. 이것은 여성혐오에서 기인한 악의 어린 소문이지만 혜정은 만에 하나 걱정에 다른 국가를 찾았다. 한국인이 별

● 호주 어학연수, 뉴질랜드 워킹홀리데이 경험이 있는 은정은 각 나라를 비교하면서 아일랜드 이주 비용이 다른 나라에 비해 굉장히 저렴한 편이라고 했다. 흔히 호주는 돈을 많이 벌 수 있는 곳으로 알려져 있으나, 은정은 "돈 벌러 호주에 간다"는 명제에 반대하며 다음과 같이 이야기했다. "근데 호주가 초기 자금이 많이 들어. 지금 호주 비자 비용이 50만 원인가 40몇만 원이야. (……) 거기 방값이 얼만 줄 알아? 내가 살 때 일주일에 15만 원이었어. 그 당시(2000년대 중반)에. 그리고 대신에 그 비용에 사람이 얼마나 사는 줄 알아? (……) 만약 저 방(더블 사이즈 침대 하나가 있는 방 크기) 정도잖아? 그럼 네 명은 살아. (……) 거실 세어도 하고. 모든 면이 여기(아일랜드)가 나아."(2013년 8월 4일 인터뷰)

로 없으면서 의도치 않은 부작용이 없는 곳, 나아가 경제적으로나 시기적으로 접근 가능한 곳이 바로 아일랜드였다.

아일랜드에 대한 이런저런 상징과 이미지도 결정을 부추기는 요소였다. 가톨릭 신자인 혜정은 아일랜드에 가톨릭의 영향력이 크다는 데 매력을 느꼈고, 다른 이들은 여유로운 분위기, 친절한 사람들, 맥주, 영화 《원스》와 《P. S. 아이 러브 유》에서 보았던 자연 같은 것들에 매력을 느꼈다. 이런 아일랜드 이미지는 "여행", "현실도피", "쉼"을 은연중에 외치고 있는 청년들에게 충분히 매력적인 행선지로 다가왔다.

앞서 이야기한 것처럼, 그저 어학연수나 워킹홀리데이를 떠나기 위해 아일랜드에 온 청년의 목적과 나의 목적이 다르다는 것은 큰 착각이었다. 한국에서 살아가는 데 지쳐버리는 바람에 "잠시 쉴 시간"이 필요해서 아일랜드로 왔다는 나의 동기는 아일랜드에서 만난 많은 친구들이 각자의 맥락으로 너무나 쉽게 공감할 수 있는 것이었다. "임시 이주"는 한국 사회가 자신들에게 요구하고 있는 게 무엇인지 지금까지의 경험으로 체득한 청년들이 스스로 발굴한 삶의 회로이기도 하다.

호주가 배경인 소설과 아일랜드로 떠난 청년들의 이야기 모두 한국에서 벗어나는 데 방점이 찍혀 있다. "이들(신자유주의 세대의 청년들)이 고시에 통과할 확률이 그리 높지 않다는 것을 이미 알고 있거나, 애초부터 고시 공부할 생각 없이 잠시나마 숨 쉴 공간을 찾는다"(조혜정 2010: 96)는 통찰은 중요하다. 여기서 "고시"는 신자유주의 한국 사회에서 보아온 안정적인 미래를 추구하며 끊임없이 경쟁할 수밖에 없는 청년의 삶을 의미한다. 청년들은 일단 이를 따르는 "척"하지만 이미 그

더블린 전경

아일랜드 국립공원에서의 여유로운 한때

길이 허황되다는 사실을 잘 알고 있다. 따라서 영어를 배우기 위해 해외로 나간다는, 그들이 내세우는 명분을 곧이곧대로 믿기는 힘들다. "잠시나마 숨 쉴 수 있는 공간을 찾는" 것, 숨 쉴 수 없는 한국 사회에서 탈주하는 것. 이것이 한국 청년들이 가진 실제 목적이다.

> 어쨌거나 대학 졸업하고 바로 취직을 하게 돼 한숨 돌렸지. 거기 아니라 다른 데 붙었더라도 아무 데나 갔을 거 같아. 그러면 또 인생이 어떻게 바뀌었을지 모르지. 나의 장기적인 커리어를 생각해본 적은 한번도 없어. 그냥 백수가 되지 않고 다달이 월급을 받는 게 중요했어.
>
> —장강명, 『한국이 싫어서』, 17~18쪽

『한국이 싫어서』에 나오는 계나는 한국에서는 경쟁력이 없고 비전을 찾을 수 없다는 등 끊임없이 왜 호주로 떠났는지 되뇐다. 그러면서 한국에서는 "장기적인 커리어"를 생각해본 적이 없다고 말한다. 이 이야기는 아일랜드에서 만난 청년들의 입을 통해 "남들이 하는 만큼만 해왔"고(수정), "남들 하는 대로 대학에 가고, 남들 쉴 때 돈을 벌었다"고(여진) 반복된다. 이는 한국 청년들이 지금까지 사회에서 요구하는 대로 비슷한 삶을 살아왔다는 걸 의미한다. "내가 뭘 하고 있나, 전공도 적성에 맞는지 모르겠다"(민수)고 말하며, 이런 삶이 무척 괴로웠으며 그 과정을 훌륭하게 수행하지 못했다는 것을, 아니 할 수 없었다는 것을 드러내 보인다.

전상진과 정주훈(2006: 261~285)은 "후기 청소년"이라는 개념을 바탕으로 현대에 이르러 성장의 조건이 바뀌어 경제적, 사회적 자립에 투여되는 시기가 생겨났다고 분석하며, 오찬호(2010: 109)는 이렇게 사회진출을 유예하는 과도기, 준비기가 점점 길어진다고 지적했다. 이는 한국 사회에 청년들이 비집고 들어갈 틈이 없다는 것을 의미한다. 아일랜드로 떠난 한국 청년들은 사회가 요구하는 대로 따라왔다. 그런데 그 과정이 편안하거나 자연스럽지 못하자 위기를 느낀다. 이런 느낌은 취직을 비롯한 장기 커리어를 고민하는 과정에서 확신으로 바뀌어 한국을 탈주하고자 하는 욕망을 자극한다. 김현경은『사람, 장소, 환대』(2015)에서 사람으로 인정되는 것은 곧 그를 사람으로 인정하는 공간에 있는 것, 그를 통해 "사회적 성원권membership"을 인정받는 것이라고 분석하며 사람의 개념이 장소 의존적이라고 지적한다. 청년들이 사회로 비집고 들어갈 틈을 도저히 발견할 수 없는 상황, 따라서 진입을 미룰 수밖에 없는 상황은 한국 사회에 청년들에게 할당될 만한 자리가 없다는 것을 의미한다. 사회적 성원권조차 제대로 가질 수 없는 상황인 것이다. 일시적인 탈주는 어쩌면 이런 청년에게 주어진 유일한 선택지일지도 모른다. 아일랜드는 한국에 설 자리가 없는 청년들에게 잠시나마 그 상황을 벗어날 수 있게 해주는 탈주지였다.

불안정한 곳에서 나타나는 새로운 움직임

아일랜드 임시 이주는 시민권이 있고 다양한 사회자본이 존재하는 공간에서 "아무것도 없는 상태"로 전환된다는 것을 의미한다. 사회의 일원으로 느낄 수 있는 안정감과 위험에 처했을 때 의지할 수 있는 친구 그리고 물적으로 도움을 받을 수 있는 가족이 있다는 점은 한국에서 살아가는 청년들이 최소한의 사회적 안전망을 유지할 수 있는 기반이다. 한국 청년이 아일랜드로 간다는 것은 이와 같은 것들을 포기한다는 것이다. 재현은 아일랜드에 도착한 자신의 상태를 "아기"에 빗대었다.

처음 도착했을 때 홈스테이 집에서 공항으로 픽업을 나왔는데, 직접 알아보고 결정한 곳이라 그냥 차를 타고 집으로 갔어요. 도착해서 짐을 푸니까 얼떨떨했죠. 영어로 뭘 물어보는데 들리지도 않고. 그냥 창밖만 내다봤어요.

 다시 아기가 된 기분이었어요. 처음 한 2주 넘게는? (……) 아무것도 모르잖아요. 말도 안 통하고. 버스 타는 것도 무섭고……. 한번은 버스를 타는데 동전만 넣어야 하는지 모르고 지폐를 넣었다가 엄청 혼났죠. 다행히 기사 아저씨가 좋은 분이셔서 다른 사람들 잔돈을 받아서 거슬러줬어요. 모든 걸 처음부터 다시 시작해야 하는 그런 기분이었어요(2014년 9월 1일 인터뷰).

의사소통이 자유롭지 못해 버스 타는 것조차 제대로 못 하는 상태는, 사회의 문화와 규율 그리고 언어를 처음부터 배워야 하는 "아기"와 다를 바 없다. 아일랜드라는 낯선 곳에 들어서는 과정은 날씨처럼 사람의 힘으로 어떻게 할 수 없는 부분에 적응하는 것에서부터 인적 네트워크를 만들어 사회적 안전망을 새롭게 구축하는 데 이르기까지 다양한 영역에서 이루어졌다.

이때 가장 먼저 수행하는 과정은 아일랜드가 비자 제도를 통해 부여하는 권리로 최소한의 성원권을 취득하는 것이다. 이 과정은 곧 아일랜드 "정착"* 단계다. 비자 제도는 한국과 아일랜드 사이의 접합 지점을 만들어주는 최초의 수단이다. 워킹홀리데이 비자와 학생 비자는 한국 청년에게 임시 이주자로서 조건과 의무를 제시했고 이에 순응하는 이들에게는 아일랜드에서의 권리를 일부 보장했다.

임시 이주자로서 한국 청년은 아일랜드 비자 제도 아래서 잠재적으로 방어, 통제되어야 할 대상이다(Quinn 2011: 9). 이주자로서 최소한의 성원권을 취득하기 위해서는 이주자 스스로 아일랜드 행정체제 내에 자신을 위치시키기 위한 과정을 밟아나가야 한다. 한국에서 진행되는 비자 신청, 아일랜드 입국심사관의 면접, 장기체류 비자로 연장하는 과정, 금융권에 접근하는 문제 등 끊임없이 각종 증빙서류를 준비하는 과정은 이주자들이 아일랜드 사회에 해가 되지 않을 안전한 존재이며, 주어진 기간이 끝나면 아일랜드를 떠나겠다는 것을 공문서로 인증하는 과정이자, 아일랜드로 들어서는 과정이다.

복잡한 과정을 통해 당도한 낯선 국가에서 한국 청년의 사회적 위치는 하향 평준화되어 있다. 아일랜드 사회에서 이들이 읽히는 방식은

● 여기서 "정착"은 영구적인 정주를 전제로 하는 이민의 과정과는 다르다. 그렇지만 학생이나 노동자로서 일부 권리를 취득하거나 휴대폰을 개통하고 집을 구하고 은행계좌를 개설하는 등 아일랜드에서 살아가기 위해 필요한 낯선 사회로의 "적응"은 현지에서 일상을 꾸려간다는 차원에서 "정착"으로 인지, 재현되었다.

사회 기층부 서비스 노동을 담당하는 하급 노동자 혹은 교육 및 관광 분야의 적극적인 소비자 같은 정체성뿐이다. 외국인이자 임시 노동자에게 할당되는 노동의 영역은 특별한 기술을 요구하지 않는 단순노동의 범주에 속한다. 워킹홀리데이나 학생 비자 제도에는 단순노동만 가능하다고 명시되어 있다. 실제로 아일랜드에서 만난 청년들은 배달 음식을 포장하는 패커packer, 설거지와 잡일을 담당하는 키친 포터kitchen porter, 식당 홀에서 일하는 서버server나 캐셔cashier로 일하는 경우가 대부분이었다.

한국에서 아르바이트나 직장 경험이 있는 청년들에게 이와 같은 종류의 노동은 이미 익숙한 것이다. 그렇지만 아일랜드에서는 일자리를 구하는 것 자체가 쉬운 일이 아니다. 유럽발 경제위기 이후 아일랜드 또한 일자리가 부족해졌기 때문이다. 아일랜드의 높은 시급(2013~2014년 기준으로 시간당 8.65유로, 한화로 1만 2,000원 정도)으로 경제상황이 좋지 않은 동유럽이나 남유럽 나라의 인구가 유입되면서 상황은 더욱 악화되었다. 한국 청년들이 그나마 가장 쉽게 일할 수 있는 곳은 한국인이 운영하는 상점이나 중국인 같은 다른 아시아인이 운영하는 상점이었다.◆

그런데 이 상점들이 문제가 되는 것은 서비스 노동직 중에서도 가장

◆ 설병수(2001)는 호주의 사례에서 한인과 임시 이주자 사이에 벌어지는 착취와 생존의 관계를 통해 종족 자원(ethnic resources)이 광범위하게 동원되는 모습을 분석했다. 이들이 형성하는 종족 시장(ethnic market)은 임시 이주자가 가장 먼저 유입되는 공간이다. 아일랜드의 경우에는 한인 사회의 규모가 크지 않기 때문에 일종의 유사 종족 시장으로서 중국인 등 다른 아시아인이 운영하는 사업장에 청년들이 접근하게 되는 경우가 많다.

착취가 심하기 때문이다. 업주들은 이들이 임시 이주자로서 한정된 시간 안에 일자리를 빨리 구해야 한다는 점, 온당한 대우를 받지 못하더라도 그에 대응할 충분한 시간이 없다는 점을 잘 알고 있다. 그래서 청년들은 손쉽게 착취의 대상이 되고 있었다. 주당 40시간 이상 과잉 노동을 요구받는 경우, "온콜On-call"● 방식으로 시도 때도 없이 노동을 요구받는 경우, "캐시잡Cash-job"◆ 형태로 탈세에 동원되는 경우가 구체적 사례다.

타지에서 겪는 청년들의 위기는 일상에서도 계속된다. 집에서 쫓겨나거나 사기를 당하는 일, 소매치기의 대상이 되거나 인종차별을 당하는 일이 빈번하다. 비자를 취득하며 끊임없이 서류를 증빙하여 최저임금과 같은 한정된 권리를 이미 보장받긴 했지만 하향 평준화된 상태에 내몰렸을 때 그 권리는 명목으로만 머물며 실질적으로 행사되지 못한다. 이는 다시 한 번 이들을 더욱 열악한 환경으로 내몬다.

그럼에도 불구하고 청년들은 이런 어려움을 권리의 상실이나 박탈로 인식하기보다 사적 "고난"으로 기억했으며, 아주 개인적인 방식으로 해소했다. 이 고난의 서사는 서서히 동조집단을 만들어나갈 필요

● "온콜" 방식은 짧게는 수 시간 전에서 길어 봤자 전날 밤에 전화나 문자 메시지 등으로 노동 일정을 일방적으로 고시하는 것을 의미한다. 이는 노동의 종류가 누구나 할 수 있는 경우에 나타나며, 가장 유연화된 방식으로 노동자를 고용하는 방식이기도 하다. 온콜 업무는 노동자가 상시 대기를 하도록 하며, 연락에 응대하지 않을 경우 해고 사유가 된다는 점에서 착취적 요소로 작용한다.

◆ "캐시잡"은 현금으로 임금을 받는 형태를 의미한다. 아일랜드 내에서 노동을 할 때는 사업장에서 의무적으로 노동자의 PPSN(Personal Public Service Number)번호를 등록하게 되어 있다. 번호를 등록하면 노동자에게 급여 명세표를 통해 임금을 지급해야 하며 노동 기록, 휴일, 초과 근무에 대한 내용이 기록된다. 따라서 최저임금, 유급 휴가, 추가 수당, 퇴직금 등의 노동자 권리에 대한 보장을 피하고자 할 때 캐시잡 형태의 고용이 이루어진다.

성을 느끼게 했으며 이주자들끼리 공감대를 형성하는 계기가 되었다.

> 아이리시 애들하고 많이 친해졌거든요. 일 끝나고 같이 술도 먹으러
> 가고. 가면 맨날 하는 게 그거예요. 매니저 욕하는 거. 또 책에서 배
> 운 거나 궁금한 거 있으면 생각해뒀다가 물어보는 거예요. 이런 표현
> 이 맞느냐고요(지원. 2013년 8월 3일 인터뷰).

대학교에서 영어영문학을 전공해 일상에서 충분히 의사소통이 가능
한 지원은 워킹홀리데이 선례들을 접하면서 많은 한국 청년들이 한인
사업장 혹은 아시아 계열 사업장에서 착취받아 왔다는 점을 알게 되
었다. 지원은 "아시아 레스토랑에서는 절대 일을 안 하겠다"고 다짐했
다. 그러나 아일랜드의 열악한 노동시장에서 결국 중국계 뷔페 레스토
랑에서 일을 할 수밖에 없었다. 비록 "캐시잡"이었지만 최저임금이 보
장된다는 최소한의 조건만으로 어느 정도 만족스러운 일자리였다. 그
렇지만 주당 노동시간이 40시간이 넘는 데다 초과분에 대한 수당은
지급되지 않았다. 개인 수익이 되는 팁조차 매니저가 관리하면서 빼앗
아 갔다. 이런 상황을 견디지 못하고 짧게는 며칠 만에 그만두는 동료
들을 종종 목격했다. 물론 노동조건에 대해 항의를 하면 곧바로 해고
로 이어졌다. 게다가 지원이 이 매장에서 최저임금 수준의 수입을 보장
받는 건 자신뿐이라는 사실을 알게 된 건 나중 일이었다.

결국 일터에 남는 사람은 열악한 환경을 견딜 수밖에 없는 사람들,
취직할 수 있는 기술이나 역량이 없는 사람들, 또는 세계 각지에서 온

임시 이주자들뿐이었다. 이런 유연화된 노동력이 오가는 과정을 지켜본 동료들, 최하층부에서 일한 경험을 공유한 동료들과의 관계는 그나마 열악한 노동환경과 적절히 타협해 계속 일할 수 있도록 하는 최소한의 힘이었다. 그야말로 "살아남은 자"들끼리 연대가 구축된 것이다. 그렇다 하더라도 이 연대가 할 수 있는 것은 사적 차원에서 불평을 표출하는 정도였다.

지원과 살아남은 동료들은 노동시간 외에는 친구로서 서로를 대할 수 있었다. 지원은 동료집단을 적극적으로 사적 친구로 전환했고, 학습에 대한 조언을 얻는 등 이들을 또 다른 자원으로 활용하는 모습을 보여주었다. "아무것도 없는 상태"로 시작하는 이주자들은 일상을 예측할 수 없는 경우가 많다. 따라서 그때그때 다가오는 일을 처리하며 살아가게 된다. 청년 이주자는 소비자, 여행자, 노동자, 학생 등의 다양한 정체성을 적재적소에 적용하며 일상을 구성한다. 여기서 관찰할 수 있는 이들의 모습은 일종의 "기획자"와 같다. 임시적이기 때문에 불안정하고 예측 불가능한 위치는 도리어 유연하게 일상에 대처할 수 있는 기획의 가능성으로 전유되었다.

이렇게 유동적인 위치를 기반으로 청년들은 이주 기간의 목표를 확대하거나, 축소하며 재설정해나간다. 이를 통해 일상적인 위기를 겪고 착취를 당하는 상황에서도 아일랜드에서의 시간을 유의미한 기억으로 남길 수 있었다. 특히 임시적인 이주자로서 아일랜드 사회에서의 불안정한 위치를 오히려 자신을 시시때때로 비가시화 할 수 있는 가능성으로 활용했다. 이를 바탕으로 일종의 기획자처럼 자신을 만들어나가면서 일면의 "해방"을 기획했을 때의 기억이 청년들에게 가장 강렬하게 남아 있었다.

> 한국에서 일할 때 만난 언니랑 친구 빼고는 내가 담배 피는 거 아무도 몰라요. 그런데 여기 사람들은 다 알잖아요. 그런 면에서 여기서 만난 사람들이 좀 편한 건 있어요. 처음부터 내 모든 걸 보여주고 만난 사람 같다는 느낌? 뭔가 꾸밈없이 만난 거잖아요(혜정. 2013년 7월 27일 인터뷰).

한국에서는 공공장소에서 흡연하는 여성에 대한 편견이 여전히 존재한다. 반면 아일랜드에는 그런 편견이 상대적으로 덜하다. 혜정은 아일랜드에서 만난 사람들의 생각이 한국과 다르다는 걸 알게 되면서 흡연에 대한 태도를 바꿀 수 있었다. 새로운 사람을 만나는 과정에서 아일랜드의 기준을 따른 것이다. 아일랜드에서 한국 사람들을 만난다 해도 굳이 자신의 한국에서의 모습을 밝힐 필요가 없기 때문에 자신을 충분히 숨기거나 반대로 꾸밈없이 드러낼 수 있었다.

열심히 구직활동을 하거나 어학원에 다니지 않았던 여진은 아일랜드 생활을 "열정적으로 놀았던" 것으로 기억한다. 애초 학업, 노동, 여행 같은 여러 목표가 있었지만 여행을 통해 경험을 쌓는 게 좋겠다는 목표로 축소되었다. 실현하기 어려운 목표를 수정하자 일상에서 여유를 찾을 수 있었다. 그 시간은 지금까지 살면서 가장 열심히, 즐겁게 "논" 시간으로 남아 있다. 여진은 이 시간을 한국의 경쟁적이고 분주했던 삶과 비교하며 "무척 편안한 시기"였지만 그저 긍정적으로 볼 수는 없다고 했다. 그럼에도 스스로 자기 삶을 구상하고 실천한 일상은 "기획자"로서의 값진 경험이었다. 이때 느낄 수 있었던 해방감은 다른 사람에게 쉽게 밝힐 수 있는 것은 아니지만 여진을 비롯해 한국 청년들에게는 이주 과정을 버틸 수 있게 도와주는 하나의 원동력이었다.

나의 경우에도 아일랜드에 도착해서 휴대폰 개통, 은행계좌 개설, 비자 연장을 비롯해 임시 거주할 방을 구하는 등 여기에서 살기 위한 최소한의 조건을 만드는 데 약 한 달여의 시간을 소요했다. 그러면서 구직활동을 이어나갔다. 처음 목표는 최저임금 이상을 보장받을 수 있는 바리스타와 같은 서비스직이었다. 더블린 시내의 웬만한 지리는 다 외울 수 있을 만큼 이력서를 돌리고 몇 차례 인터뷰 기회도 있었지만, 그들에게 나는 혹시나 사람이 모자랄 때 채워 넣고자 하는 예비 인력이었으며, 내게 언제 일자리가 보장될지는 전혀 알 수 없었다. 이후에는 직종을 가리지 않고, 심지어 한국에서 나를 지치게 했던 사무직 일들을 포함해 일자리를 구하기 시작했지만 상황은 나아지지 않았다. 결국 한국으로 돌아가는 비행기 일정을 조율하던 중 거의 반년 만에 일자리를 구하게 되었다. 이 일자리는 파트타임 인턴십이었고 약 60만 원 정도의 기본급이 보장되었다. 나는 이 일자리를 가지고 나머지 반년을 채워 아일랜드에서 1년을 머물렀다. 내가 한국으로 돌아가지 않겠다고 마음을 먹은 이유는 간명했다. 서울에서 한 달 생활을 하는 데 소요되는 비용이 더블린에서와 크게 다르지 않았고, 서울로 돌아간다 한들 내 상황에서 한 달에 벌 수 있는 돈이 60만 원이 넘지 않을 것이라는 전망이 있었기 때문이다. 이런 의미에서 내게 서울살이와 아일랜드살이는 크게 다르지 않은 선택지였기 때문에, 그럴 바에는 쉬는 시간을 갖자는 애초의 목적에 따라서 더블린에 남은 것이다.

가이 스탠딩Guy Standing은 『프레카리아트 *The Precariat: The New Dangerous Class*』(2011)에서 전 지구적 착취 구조를 바탕으로 새롭게 형성되고 있는 계급인 "프레카리아트precariat"●의 등장을 언급했다. 프레카리아트는 불안정성을 속성으로 갖는 일군의 범주를 의미한다. 그들이 담당하는 노동은 축적되지 않고 쉽게 휘발되는 유연화된 종류뿐이다. 따라서 장기적인 미래를 상상하는 것도, 그를 위해 커리어를 쌓는 것도 불가능하다. 스탠딩의 논리를 따르자면 아일랜드로 간 한국 청년은 두 가지 측면에서 프레카리아트로 해석될 수 있다. 청년은 졸업 이후 고용을 보장받지 못하며 불안정성이 지속된다는 점에서, 이주자는 시민권을 잃어가고 있다는 점에서 청년과 이주자를 프레카리아트의 유력한 후보군으로 꼽는다.

한국 청년들의 임시 이주는 본국에서 탈주하고자 하는 욕망을 기반으로 형성된 흐름이다. 이때 탈주는 신자유주의적 문화 실천 양식에서 벗어나고자 하는 시도다. 그렇지만 아일랜드에서 한국 청년들의 위치는 다양한 문화를 접한다거나 영어를 배운다거나 여행을 즐길 수 있는 이점을 가질 수 없다. 오히려 그들이 한국을 벗어난 시기는 전 지구적 글로벌 노동 유연화라는 흐름 속으로 흡수되는 과정이라 볼 수 있

● 프레카리아트(Precariat)는 불안정한 상태를 의미하는 단어 프리케리어스(precarious)와 프롤레타리아(proletariat)를 합성한 조어이다.

다. 다시 말해 이들이 이주 과정에서 겪는 적응의 어려움이나 착취 구조는 청년 프레카리아트로서의 경험이기도 한 것이다.

청년들이 이주 과정에서 포착한 것은 그 어디에서도 지속 가능한 상태를 취할 수 없다는, 청년이 가질 수밖에 없는 불안정한 위치다. 아일랜드에서 경험한 노동은 청년 시절 겪을 법한 경험이자 모험으로 생각할 수도 있겠지만, 엄밀히 말하자면 결국 인적자원으로서 수행하는 기층 영역의 것일 뿐이다. 청년들은 단발적인 과업을 유지하는 방식으로 이주의 삶을 꾸릴 수밖에 없고, 이 모습은 곧 프레카리아트의 모습과도 같다. 그렇다 해도 한국 청년들이 아일랜드에서 보낸 시간을 평가 절하할 수는 없다. 이 시간은 한국 청년들이 다양한 삶의 방식을 경험하고 잠시나마 해방의 시간을 맛보면서 한국에서 요구하는 삶의 방식에 동의하지 않아도 된다는 것을, 실제로 그에 조응할 수 없다는 것을, 나아가 사회에 자신들의 자리가 없다는 점을 깨닫는 기회가 될 수 있었다.

"냉정하게 보면 실패했지만 후회는 없어요."

아일랜드 임시 이주는 한국에서 이주를 준비하는 과정에서부터 시작해 다시 한국으로 돌아오는 것으로 마무리된다. 한국으로 오는 과정은 단순히 "원래 있어야 할 곳"으로 돌아오는 것처럼 자연스럽지 않다. 아일랜드에 적응하려 노력했던 것처럼 한국에서도 다시 적응해야 하는 노력이 수반된다. 아일랜드로 떠날 때는 짧게는 몇 주, 길게는 몇 개월이라는 준비기간을 거치지만 한국으로 돌아올 때는 익숙한 곳이라 생각해 별다른 준비를 하지 않는다. 그렇기 때문에 오히려 한국에서 적응하는 과정이 아일랜드에 갈 때보다 훨씬 더 예측하기 어려울 수 있다.

한국 생활에 적응하는 것이 쉬울 거라는 예측은 이주하기 전이나 이주 후의 자신이 모두 동일한 사고를 가지고 있다는 전제 아래 성립된다. 그러나 한국에 적응하는 과정은 아일랜드에서 끊임없이 고민하던 기준을 다시 한국 상황에 맞게 조정해야 한다는 것을 뜻한다. 한국으로 돌아온 청년들은 아일랜드의 경험을 삶에 녹여내려 하고 이를 통해 단기 또는 장기적으로 삶을 계획해나가기도 한다. 이들은 한국으로 돌아온 뒤 해석의 과정을 겪게 된다.

경은: 냉정하게 보면 실패했다고 할 수도 있는데 후회는 없어요.
연구자: 어떤 기준으로 실패했다는 거야?
경은: 1년 동안 아일랜드에 있었다고 하면 보통 영어도 좀 잘할 것 같고 외국 친구도 많을 거라 기대하더라고요. 그런데 사실 그렇지는 않거든요. 후회하지 않는다는 건 여행을 많이 다녔고, 자립심도 키울수 있었기 때문이에요. 사람 많이 만난 것도 좋고요. 이렇게 인터뷰하는 것도 새로운 경험이잖아요(2014년 8월 18일 인터뷰).

냉정하게 봤을 때 자신의 아일랜드 이주가 "실패"했지만 "후회는 없다"는 경은의 발언은 한국으로 돌아온 이후 벌어지는 해석의 과정이 매끄럽지 않다는 것을 보여준다. 사회가 평가하는 임시 이주 경험과 당사자가 체감한 경험 사이의 인식 차이가 단적으로 나타난다.

아일랜드에서의 경험이 "실패"로 해석되는 순간은 "한국 청년"이 겪는 삶의 방식을 피해 일시적 탈주를 했지만 다시 "한국 청년"이라는 삶의 방식을 접해야 할 때였다. 예측 불가능한 귀환 과정에서 가장 먼저 맞닥뜨리는 것이 바로 기존 삶의 방식으로 돌아오라는 사회적 요청이었다. 이를 가장 직관적으로 보여주는 것은 바로 몸의 변화에 대한 요청이었다. 한국으로 돌아올 때, 특히 여성들은 아일랜드에서 "살이 찐 몸"이 큰 고민이었다고 이야기했다.

그중에서도 수정은 몸무게 때문에 극단적으로 스트레스를 받은 경우였다. 수정은 아일랜드에서 불어난 몸무게를 한국의 친구나 가족에게 보여줄 수 없다고 생각해 곧 한국으로 돌아갈 예정임에도 이를 알리지 않았다. 아일랜드에서 학생이면서도 여행자라는 정체성을 가지고 생활했던 수정에게 구체적으로 따라야 할 문화적 규칙은 없었다. 따라서 아일랜드에서는 몸무게가 불어났음에도 자신감을 가지고 생활할 수 있었다. 그렇지만 한국 사회로 돌아오면서 언제든 취업할 수 있는 인적자원으로서 자격을 갖춰야 했다. 고용시장에 부합할 만한 가치기준 가운데 하나가 구직자의 몸 관리이기도 하기 때문이다. 수정은 "사실 아무도 (내 몸에) 신경 쓰지 않는다"고 말했지만 "정상적인 몸"●

● 수전 보르도(Susan Bordo)는 특히 여성의 몸이 "정상화"가 요구하는 것에 따르는지 여부를 가늠하는 척도가 된다고 분석한다(수전 보르도, 1993, 「참을 수 없는 몸의 무거움」, 252pp). 여성의 날씬한 몸은 한국적 맥락에서 그 정상화의 척도가 된다고 볼 수 있다.

이라는 보이지 않는 사회적 규정은 그것을 따라야 한다고 압박한다. 수정은 시공간의 변화 그리고 한국에서 요구하는 가치체계를 인식하지 않을 수 없었던 것이다.

아일랜드에서 접한 여러 가치기준과는 다른 한국 사회의 가치기준은 청년들에게 "상실감"을 준다. 지원은 귀국 이후 급격하게 "우울증"을 앓았다고 말했다. 이 우울감은 이주지에서 쌓은 관계와 감정들, 인식과 사고가 갑자기 변화하면서 나타난 것이다. 아일랜드에서의 경험을 내면으로 소화할 만한 시간을 갖지 못하고 일단 숨길 수밖에 없기 때문이다. 아일랜드의 기억은 단지 추억으로 남겨둬야 하는 것이다.

자기 몸을 "정상"으로 되돌려야 하는 것처럼 아일랜드에서의 다양한 경험은 한국 사회에서 의미화가 가능한 것과 불가능한 것으로 나눠야 했다. 장원은 임시 이주 경험이 곧바로 일상에 변화를 이끌어내지는 못할 것이라고 이야기했다. 그렇지만 아일랜드 교외에 살면서 현지 사회에 스며들고자 노력했던 경험과 구직 과정을 자기소개서에 활용했다. 여기서 의미화가 가능한 경험은 "영어 실력"을 비롯해 "스펙"에 활용 가능한 것으로 한정된다. 예를 들어 사회가 요구하는 영어 점수를 받아 인턴으로라도 취업을 했을 때 이주 경험은 삶에 도움이 되었다고 말할 수 있다.

임시 이주가 실패했다고 보는 것은 한국 시각에서 바라봤기 때문이다. 경은은 1년 동안 있었다고 하면 영어도 잘하고 외국인 친구도 많을 것이라는 편견을 가지고 대한다고 말했다. 특히 취직을 앞두고 있는 인적자원으로서 말이다. 그러나 경은은 다른 서사를 전한다. 다른 문화를 경험한다는 것 자체가 한국의 가치체계와 자기 삶을 진지하게 고민해볼 수 있는 기회가 된다는 것이다. 한편으로는 전 세계 어딜 가든 자본주의 체제에서 쉽게 벗어날 수 없다는 것을 깨닫는 계기가 되기도 했다. 이와 같은 복합적인 층위에서 고민이 계속되기 때문에 귀국 후 청년들의 이야기는 너무나도 차분하다. 아일랜드에서의 경험을 손쉽게 단편적으로 정의하거나 평가하지 않는다.

얼핏 청년들이 아일랜드에서 겪었던 생활이나 행동 방식이 단지 "추억" 따위의 차원으로 한정되는 듯 보인다. 그러나 이는 아일랜드를 경험한 이후 한국 청년이 갖는 사회에 대한 통찰 과정을 과소평가한 데서 나타나는 착각이다. 청년들이 체득한 감각은 거창한 데서 드러나는 게 아니라 일상의 사소한 곳에서 실천으로 드러나고 있다. 귀국 이후 개인이 운영하는 카페에서 일하다가 글로벌 프랜차이즈 카페로 직장을 옮긴 혜정의 사례가 이를 반증한다.

만약 아일랜드에서 카페 주인이 자기 친구들과 저녁에 파티를 열어요. 그건 개인적인 일이니까 카페에서 일하는 수당 말고 개인적으로 (추가) 수당을 준단 말이에요. 그런데 한국에서는 개인 파티가 있으면 음식 준비부터 자잘한 것까지 수당 없이 시키는 거예요. 이해가 안 되는 거예요. 내가 아일랜드에서 그런 경험을 하지 않았으면 이런 게 당연하다고 생각했을 거예요. 그런데 그런 게 당연한 건 아니잖아요. 왜냐하면 내가 카페 일을 하러 온 거지 개인 일을 도와주러 온 게 아니니까요(2014년 8월 13일 인터뷰).

혜정은 아일랜드 이주 전후로 다양한 아르바이트를 했기 때문에 소규모 카페에서 간단한 식음료를 만드는 일은 익숙한 노동이었다. 게다가 혜정이 일하는 곳은 다른 카페에서 팔지 않는 특정 국가의 특색 있는 먹거리를 취급했기에 소규모 카페여도 직장으로서 매력적이었다. 이런 상황에서 글로벌 프랜차이즈 카페로 직장을 옮기는 것은 "더 좋은 직장"을 갈구하는 흔히 목격할 수 있는 한국 청년의 모습처럼 보이기도 할 것이다. 그렇지만 혜정의 이직은 그 원인이 다른 데 있었다. 바로 업주가 노동자를 대하는 방식 때문이었다.

아일랜드에서 유사한 직종에서 일했던 경험은 한국에서 같은 직종에서 일할 때 무엇이 문제인지 알게 해주었다. 계약 당시 혜정의 업무는 "카페" 업무에 한정되어 있었다. 그런데 시간이 지나면서 상사의 사적인 업무가 추가된 것이다. 혜정은 이 경험을 노동착취로 해석했다. 이때 매뉴얼에 따라 확실한 업무 시간과 내용이 보장되는 글로벌 프랜차이즈가 더 매력적으로 다가온 것이다. 다시 말해 아일랜드에서의 경험으로 혜정은 노동환경에 대해 고민해볼 수 있었고 결국 이직까지 결정한 것이다.

이를 계기로 혜정은 아일랜드 사회와 한국 사회를 보다 직접적으로 비교할 수 있었다. 그리고 그것은 삶의 준거에 대한 고민으로까지 이어졌다. 예를 들어 한국에서는 서른 살 정도면 나이가 많은 축에 속하지만 아일랜드에서는 자유분방하고 현재를 즐기는 나이로 인식된다면서 나이가 그 사람을 판단하는 기준이 되지 않는다는 점을 체득한 것이다. 이처럼 귀국 이후 일상에서 일어나는 사소한 일들 속에서 문득 이주지에서 겪었던 일들이 떠오르곤 한다. 이주지에서의 경험은 자신이 겪고 있는 일들을 다른 시각에서 바라볼 수 있게 해준다.

어학원에서 일하며 한국과 아일랜드를 오갔던 지혜의 사례에서는 조금 더 직접적으로 한국과 아일랜드의 가치기준에 대한 비교와 경험이 들어 있다.

나는 여기 다시 와야겠다는 생각이 굉장히 명확했어. 여기 있는 동안은 돈이 없어도 행복했으니까. 그런데 한국에 가니까 '내가 현실을 외면하고 있나?' 이런 생각이 드는 거야. 남들 기준에서 벗어나 있으니까. (……) 나도 엄청 늘어져. 그 사람들은 한국어를 알아듣지 못하니까 내가 개인적으로 통화하거나 딴짓도 많이 하는데도 내가 열심히 일하는 줄 알아. 그리고 내가 늦게 출근하는 걸로 유명하거든. 아무도 터치하지 않아. 내가 출근하면서 "Good morning." 하면 "No, good afternoon."이라고 한다니까(2013년 9월 15일 인터뷰).

아일랜드 어학원은 한국의 직장과 확연히 비교되었다. 정해진 출퇴근 시간이 없을뿐더러 관례적인 업무 시간을 지키지 않더라도 정해진 일만 수행하면 된다. 즉 자신의 상황에 따라 적극적으로 조율이 가능한 직장생활을 경험한 것이다. 그런데 이와 같은 일상이 한국에서는 "기준에서 어긋난" "방황"으로 읽힌다. 지혜는 이 과정을 통해 전혀 다른 가치기준도 존재한다는 것을 깨닫게 되었다.

김현미는 『글로벌 시대의 문화번역』(2005)에서 "문화번역"을 "타자의 언어, 행동 양식, 가치관 등에 내재된 문화적 의미를 파악하여 '맥락'에 맞게 의미를 만들어가는 행위"로 정의했다. 한국 청년이 글로벌 이동을 통해 서로 다른 문화를 경험하고 그 양상을 파악하여 다양한 삶의 계획을 세워나가는 모습은 "문화번역자"로서의 작업이라고 볼 수 있다. 청년들의 이주 경험이 "스펙 쌓기"처럼 단순하게 설명되는 사회적 담론 속에서, 이와 같이 번역자로서 벌이는 행위들은 간과될 수밖에 없다.

그렇지만 아무리 글로벌 이동 경험이 이들 삶에 지대한 영향을 끼친다 하더라도 삶을 전복하거나 전환하는 방식으로 나타나지는 않는다. 오히려 한국 사회가 글로벌 경험을 한 청년들에게 요구하는 것과 청년 자신의 실제 경험 사이의 간극을 포착해나가면서, 그에 따라 나름의 가치기준이나 준거 틀에 대해 고민하는 태도에서 이들의 삶을 추적할 수 있을 것이다. 새로운 사회와 문화를 접하고 새로운 가치체계를 만들어간다 할지라도 한국 사회에서 내면화한 습관까지 쉽게 바뀌지는 않는다. 앞서 이야기한 것처럼 한국 청년들이 보여주는 차분한 태도는 이들이 여전히 경험의 과정 중에 있다는 걸 의미한다. 아직 그들의 입으로 발화되지 못하고 있는 이야기들을 보다 적극적으로 추적해야 할 것이며, 여기에서 문화번역자로서 보여줄 수 있는 삶에 대한 간파의 역량을 발굴해야 할 것이다.

"글로벌"과 "청년"을 다시 생각하기

"나는 아니다"라는 이야기가 쏟아진 지 꽤 시간이 흘렀지만 해외에서 생활을 하고 돌아온 이들에게 들려오는 목소리는 이전과 크게 달라지지 않은 것 같다. 2015년 봄 박근혜 전 대통령은 과거에 비해 중동에 한국 사람이 없다면서 청년들에게 "대한민국에 청년이 텅텅 빌 정도로 다 중동에 가라"고 발언해 비판을 받았다. 그 비판은 청년실업 문제 해결에 대해 시의성 없이 과거와 단순히 비교했다는 데에 초점이 맞추어졌다. 한국 정부가 여러 제도를 통해 청년을 해외로 내몰아 국내 실업률을 낮추려는 시도는 이미 오래전부터 진행되어 왔다. MBC에서 제작한《행복 찾아 3만 리》라는 다큐멘터리를 비롯해 미디어에서는 해외에서 한국보다 더 나은 삶을 사는 모습을 여전히 반복적으로 보여주고 있다. 이러한 상황은 마치 해외에서 일자리를 구하면 한국에서 청년들이 겪는 문제가 단번에 해결되는 것처럼 인식한다는 점에서 문제가 있으며, 글로벌 영역으로서 "중동"을 비롯한 "해외"를 한국과 온전히 분리할 수 있는 대체재로 상정하는 데서 기인한다.

2014년 2월 한국에 돌아와서 2년여의 시간이 흘렀다. 이 시간 동안 아일랜드에서 만난 한국 청년 친구들은 각자 나름의 방식대로 살아갈 길을 찾아가고 있다. 재현은 다시 한국을 떠나 태국에서 일자리를 구했고, 혜정은 승무원을 하겠다며 다시 취업전선에 뛰어들었다. 경은은 고향을 떠나 경기도 파주로 "이주"해 일을 하고 있다. 워킹홀리데이 이후에 비자를 연장해 계속 아일랜드에서 일하던 지혜는 얼마 전 일을 그만두고 한국으로 귀국했고, 민수는 건축공학과로 편입을 해 새로운 학업을 이어나가고 있다. 종철은 한국과 아일랜드, 유럽 등지에서 프리랜서 사진작가로 일했던 경험을 살려 멕시코로 넘어가 사업을 시작했다. 이들 삶에서 아일랜드의 경험이 뚜렷하게 보이는 것 같지는 않다.

아일랜드를 경험하고 살아가는 한국 청년의 이야기에서 볼 수 있는 것처럼 "글로벌"과 "로컬"은 명확히 구분될 수 없으며, 오히려 더 복합적으로 엮여 있다. 글로벌 경험은 한국의 "자리 없음"을 역으로 인지하는 기제가 되었다. 동시에 더 큰 범주에서 벌어지고 있는 글로벌 노동 유연화와 착취 구조를 체험할 수 있는 기회였다. 청년들에게 아일랜드 임시 이주는 단순히 물리적 공간 이동만을 의미하지 않는다. 삶의 조건이자 지형으로서 "글로벌"을 마주한 것이다.

이 글에서는 글로벌 이동 문제의 복잡다단한 모습을 조금이나마 살펴보았다. 더불어 신자유주의 환경에서 적절히 협상하는 전략가로서, 젊은이로서, 삶을 만들어가는 기획자로서, 노동자로서, 적극적인 소비자이자 여행자로서 한국 청년의 다양한 모습을 살펴보았다. 백욱인 (2013: 15)은 "잉여"를 "속물"과 비교하면서 "경쟁체제를 스스로 먼저 거부하는 자들이 아니라 경쟁의 결과물들로서"의 잉여는 "미래를 예측하여 경쟁의 틀로 다시 들어갈 시기를 유예하면서도 '체제의 부속품'이 되기를 단호하게 거부한다"고 분석했다. 표면적으로 드러나는 청년의 모습은 그 자체로 여느 속물과 다름없어 보인다. 그렇지만 이들의 삶에서 드러나는 분투는 비록 "유예"에 그칠지언정 경쟁체제에 대한 동의나 경쟁이 만연한 삶으로 회귀하는 것을 전제하지 않는다.

스탠딩(2011: 8-9)은 이와 같이 전 지구적 영역에서 불안정한 삶을 사는 자들을 프레카리아트라는 새로운 계급으로 묶으면서도 이들이 단순히 "하층계급"이나 "하급의 노동계급"이 아니라고 강조했다. 나아가 형성 중인 계급, 즉 아직 구체적으로 논증이 불가능한 이들이 전 지구적 신자유주의 일변도에 어떠한 긍정적 변화를 만들어낼 수 있다고 예측했다. 아일랜드로 임시 이주를 떠난 청년들의 경험을 프레카리아트로서의 경험으로 해석한다면, 이들이 스스로 서사화하지 못하는 경험들에서 그 가능성을 찾아볼 수 있지 않을까?

이를 위해서 "청년"의 곁에서 드러나는 제한된 서사, 특히 신자유주의 한국 사회에 대한 포섭과 배제의 양분된 틀 사이에 존재하는 내면의 세세한 장면들을 발굴해내야 하는 과제가 남는다. 예컨대, 승무원 준비를 하기 전에 글로벌 프랜차이즈 카페에서 매니저까지 하면서 세계 어디서든 살아남을 준비를 한 혜정의 이야기, 스무 해를 넘게 꼬박 살아온 고향을 떠나 직업을 구한 경은의 이야기, 아일랜드에서 만난 목수 친구의 경험을 보고 건축을 배워야겠다고 결심한 민수의 이야기, 기술을 가지고 국경을 넘나든 종철의 이야기는 그저 삶의 한 시기에 있는 일화로만 남지는 않을 것이다. 이처럼 한국에서 탈주하고자 하는 욕망을 가진 청년들, 그들이 임시 이주를 다녀와 벌이는 경합과 협상의 구체적인 실천들을 면밀히 살펴볼 필요가 있다. 이때 한국 청년은 신자유주의를 비롯한 거대 체제에 대한 일방적인 피해자 또는 공모자로서 수동적인 존재가 아니다. 한국 청년은 이 체제를 "간파"해낼 수 있는 문화번역자로서 잠재력을 충분히 가지고 있다.

참고 문헌

김현경. 2015. 『사람, 장소, 환대』. 문학과지성사.

김현미. 2005. 『글로벌 시대의 문화번역』. 또하나의문화.

데이비드 하비. 2007. 『신자유주의: 간략한 역사』. 한울아카데미.

마이클 새머스. 2013. 『이주 Migration』. 푸른길.

백욱인. 2013. "속물 정치와 잉여 문화 사이에서". 『속물과 잉여: 논문선1』. 지식공작소.

설병수. 2001. "해외 이민의 명암: 호주 내 한인들의 이민 동기와 실제 생활". 『在外韓人研究』. 11(1): 57-98.

_____. 2002. "호주 내 한인들의 소규모 사업과 종족 자원의 두 얼굴". 『한국문화인류학』. 35(2): 275-301.

수전 보르도. 1993. 『참을 수 없는 몸의 무거움』. 또하나의문화.

심재천. 2012. 『나의 토익 만점 수기』. 웅진지식하우스.

엄기호·조혜정. 1999. "IMF 이후 라이프스타일 변화에 대한 연구: 고학력 청년 세대들의 '체제 탈출'을 중심으로". 『사회발전연구』. 5: 75-124.

오찬호. 2010. "88만원 세대를 읽어내는 딜레마: 세대 '내' 경쟁에서 패배한 이들의 목소리를 들을 수 없는 이유". 『문화과학』. 63: 107-123.

우승현. 2015. "한국 청년의 임시 이주와 글로벌 이동 경험: 아일랜드에서의 워킹홀리데이와 어학연수 사례를 중심으로". 연세대학교 문화학협동과정 석사학위 논문.

임은순·송수섭. 1992. "해외여행자율화의 국제비교: 한국과 일본". 『관광학연구』. 16: 209-218.

장강명. 2015. 『한국이 싫어서』. 민음사.

전상진·정주훈. 2006. "한국 후기 청소년 세대의 발달 경로와 성장유형: 서울지역 대학생을 중심으로". 『한국 사회학』. 40(6): 261-285.

정상근. 2011. 『나는 이 세상에 없는 청춘이다: 대한민국 청춘의 생태 복원을 위한 보고서』. 시대의창.

조혜정. 2010. "후기 근대 세대 간 갈등과 공생의 전망: 1990~2000년대 한국 사례의 교훈". 『人文科學』. 92: 87-117.

조한혜정. 2009. 『교실이 돌아왔다』. 또하나의문화.

Goss, Jon and Bruce Lindquist. 1995. "Conceptualizing International Labor Migration: A Structuration Perspective". *International Migration Review.* 29(2). 317-351.

OECD. 2014. *Reviews on Local Job Creation Employment and Skills Strategies in Ireland.*

Standing, Guy. 2011. *The Precariat: The New Dangerous Class.* Blumsbury.

Quinn, Emma. 2011. *Visa Policy as Migration Channel: Ireland. EMN: European Migration Network.*

기타 자료

MBC. 2015.11.2. MBC 다큐스페셜《행복 찾아 3만 리》.

"대한사람 대한으로"

4

피할 수 없는 영주권자 "자원" 입영   최희정

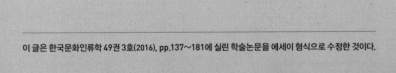

이 글은 한국문화인류학 49권 3호(2016), pp.137~181에 실린 학술논문을 에세이 형식으로 수정한 것이다.

영주권자의 군 복무: "글로벌"과 "내셔널"의 사이에서

2016년 5월 9일 논산 육군훈련소에서는 "외국 영주권 입영병사 환영 간담회"가 열렸다. 이날 간담회에는 19개 나라에서 모두 44명의 영주권 병사들이 참석했다고 한다(청춘예찬 병무청 공식 블로그). 해외 영주권을 소유한 청년들이 어떠한 이유로 한국에서 군 복무를 하기로 결심했을까? 이들은 해외에서 어떤 삶을 살았고, 왜 그들의 "글로벌" 삶의 여정에 한국에서의 군 복무를 포함하게 되었을까? 이 글은 해외 영주권을 소유하고 한국에서 병역을 마친 청년들의 이야기이다. 2011년부터 2013년까지 유학생들의 병역문제에 대해 현지조사를 하면서, 나는 유학생들 중에는 해외 영주권을 소지하고 있어서 꼭 한국에서 병역을 이행하지 않아도 합법적으로 입대 연령 제한으로 병역이 소멸하는 만 37세까지 병역이 연기되는 사람들이 있다는 사실을 알게 되었다. 그리고 합법적으로 병역을 이행하지 않을 수 있는 선택의 여지가 있음에도 불구하고, 영주권을 가진 적지 않은 청년들이 한국에서 병역을 이행한다는 사실에 또 한 번 놀랐다.[*] 이 글에서는 상영, 영민, 희웅 세 청년의 이야기를 소개하면서, 해외에서 오랜 기간 교육받고 생활한 이 청년들이 해외에서 영주권을 취득하고도 어떠한 이유로 한국에서 2년이라는 시간 동안 군 복무를 하기로 결심하게 되었는지를 이야기해보려 한다.

병무청 자료나 주요 언론에서 이들을 조국을 위해 봉사하고자 입대

---

[*] 2015년 한 해 동안 입대한 외국 영주권자와 복수국적자는 604명이었다. 청춘예찬 병무청 공식 블로그 참조.

한 글로벌 인재나 "글로벌 애국자"로 묘사하는 것과 달리, 이 글에서 소개하는 청년들은 각각 해외에서 다양한 법적, 문화적, 감정적 한계와 소속감의 부재 등을 경험하고 한국에서의 삶이 중요한 선택지가 되었기에 군 복무를 하게 되었다고 이야기했다. 해외 영주권자 중에는 한국에서 병역을 이행하는 이들보다 병역을 연기하고 해외에서 자신의 삶을 모색하는 이들이 더 많기에, 이 글이 해외 영주권자 청년들의 이야기를 대표한다고는 생각하지 않는다. 다만, 여기서 소개하는 청년들의 이야기가 많은 수의 영주권 병사들과 공유하고 있는 부분이 있고, 특히 그들의 병역과 정체성, 앞으로의 계획에 대한 이야기를 통해 영주권 병사들이 왜 한국 군에 입대할 수밖에 없었는지에 관한 서사를 보여줄 수 있다고 생각한다. 동시에 이들의 각기 다른 이야기를 통해 "글로벌 애국자" 담론으로 충분히 설명할 수 없는 개개인의 다양한 삶의 측면들을 세세히 보려 한다. 이 글에서 세 청년이 어떻게 해외 영주권으로 대표되는 "글로벌"과 한국 군 복무로 대표되는 "내셔널"을 경험하고 살아가는지 소개하면서, 그 구체적인 삶의 이야기가 한국 사회가 이 청년들에게 기대하고 투사하는 "글로벌 애국자"라는 지배담론에 균열을 낳을 수 있다는 점을 보여주고 싶다. 글로벌 인재로 형상화되는 이 청년들이 해외에서 실제로 어떤 경험을 하는지, 조국을 위해 봉사하러 자원한 군 입대의 모범사례로 이해되는 이들이 실제로는 왜 군 복무를 하게 되었는지를 들으며 한국 청년들의 삶에서 "글로벌"과 "내셔널"이 어떤 의미인지 세세하게 들여다보고자 한다.

영주권자의 병역: 법적 현실

영주권자 자원입대로 군 복무를 마친 청년들의 이야기를 소개하기 전에 먼저 영주권자의 병역이 법적으로 어떻게 규정되어 있는지부터 설명하려 한다. 현행 병역법에 따르면 해외 영주권을 소지하고 해외에서 거주하고 있는 경우, 군 복무 연령 제한으로 병역이 해소되는 만 37세까지 병역이 연기된다. 하지만 만 37세가 되기 전에 1년에 6개월 이상 한국에 체류하거나 한국에서 영리활동을 할 경우에는 해외 영주권이 있더라도 병역의 의무가 발생하게 된다. 사람들의 해외 이동이 잦아지고, 특히 한국 사회 엘리트 계층이 외국 국적이나 해외 영주권을 병역 기피 수단으로 사용하는 일이 빈번하게 드러나고 사회문제가 되면서 1990년대 후반 이후 영주권자의 병역의무는 법적으로 강화되어 왔다. 2005년 병역법 개정 전에는 해외 영주권자는 병역이 면제될 수 있었지만, 2005년 개정법은 해외 영주권자도 병역의 의무가 있고 대신 계속 해외에서 거주할 경우 만 37세까지 연기할 수 있도록 명시하고 있다. 병역법 시행령 개정으로 해외 영주권자의 병역이 해소되는 연령도 계속 높아져 왔다. 1999년 만들어진 시행령에서는 만 31세였던 해외 영주권자 군 복무 상한 연령이 2010년 개정된 시행령에서는 만 37세로 상향 조정되었다. 이러한 법 개정으로 병역의무를 다하지 않고는 해외 영주권자가 한국에 정착하고 삶을 모색하는 일이 더욱 어려워졌다.

영주권자 등 입영희망원 출원제도

내가 만났던 해외 영주권을 소지하고 한국에서 병역을 이행한 청년들은 모두 영주권자를 대상으로 운영하는 특별한 입영 프로그램을 통해 군 복무를 했다. "영주권자 등 입영희망원 출원제도"라는 이름으로 병무청은 2004년부터 해외 병역자원 관리의 일환으로 해외 영주권을 소지한 이들의 병역 이행을 용이하게 하고 오랜 해외 생활 뒤에 군 적응을 돕기 위해 영주권 병사 자원입영제도를 시행하고 있다. 2010년부터는 복수국적자까지 포함하여 제도를 확대 실시하고 있다. 병무청에서는 "영주권 취득 사유로 병역면제 또는 연기를 받은 사람이 자진하여 병역을 이행할 경우 군 복무 기간 중 영주권이 취소되지 않고 안심하고 병역의무를 이행할 수 있도록 하여 조국애를 고취시키고 병역의무의 자진이행 풍토를 조성하기 위한 제도"라고 취지를 설명하고 있다(병무청 홈페이지).

실제로 영주권 병사는 군 복무 중 영주권 유지를 위해 영주권 국가로 출국할 수 있고, 정기 휴가 기간 동안 영주권 국가로 출국하는 경우 왕복 항공권을 국가가 지급하고 있다. 현역으로 군 복무를 마치고 출신국으로 돌아가는 경우 항공권도 국가가 제공한다. 또한 원하는 시기에 징병검사와 입영이 가능하고, 영주권 병사들과의 인터뷰에 따르면 복무지도 선호 지역 세 곳을 적어내고 그중 한 군데로 자대배치를 받는다고 한다. 영주권자 입영자들이 오랜 해외 생활로 군 적응에 어려움을 겪을 것을 대비해 1년에 네 번 정해진 날짜에 입영하면 훈련소 입소 후 일주일간 다른 영주권자 병사들과 함께 군 적응 프로그램을 받으며 언어, 군 시설 사용, 병영 생활의 이해 등을 배우고, 독립기념관이나 현충원 같은 곳에 체험을 가서 한국을 알게 되는 시간을 갖기도 한다. 병무청 발표에 따르면, 2004년 38명으로 시작해서 2015년 1분기(3월 말까지)까지 입영한 총 영주권 병사 수는 2,433명이다. 자원입대하는 영주권 병사 수는 해마다 늘어 2014년 한 해 동안 입영한 영주권자 등 자원입대 병사는 456명이었고, 2015년에는 604명에 달했다(청춘예찬; 《미주 중앙일보》 2015년 4월 13일자와 2015년 5월 1일자). 이렇게 늘어나고 있는 영주권자 자원입대는 한국 사회에서 어떻게 이해되고 있을까? 해마다 더 많은 영주권자 청년들은 왜 한국에서 군 복무를 택하고 있는 것일까?

글로벌 애국자: 의무가 아닌 의지로 자원입대

병역기피, 특히나 돈 많고 힘 있는 계층의 병역기피가 사회적 문제로 대두되는 가운데, 영주권자 등 자원입대 병사 수가 증가하고 있는 것에 병무청과 언론은 매우 고무적이다. 해외에 영주권을 갖고 거주하고 있기에 꼭 한국에서 병역을 이행해야 할 의무가 없으면서도 자진해서 입영하는 이들의 이야기가 병무청 홍보 자료나 주요 언론에서 어떻게 묘사되는지를 살펴보면, 한국 사회가 이 "글로벌 한국인" 청년들에게 어떤 것을 기대하고 요구하는지 이해할 수 있다. 그들은 주로 해외에서 좋은 대학교를 다니고 명망 있는 직업을 택할 수 있는 기회를 잠시 미루고 조국을 위해 봉사하기 위해 찾아온 글로벌 인재이자, 동시에 한국에 강한 애국심을 갖고 있는 한국 남성으로 그려진다.

　매년 병무청이 발간하고 있는 수기집『대한사람 대한으로』에서 강조하고 있는 내용도 마찬가지다. 책 제목이 시사하듯, 해외에 살고 있지만 강한 조국애를 가진 한국 남성이 한국에서 군 복무를 하면서 진짜 사나이가 되고, 조국에 대해 더 잘 아는 성숙한 어른으로 성장한다는 것이다. 2013년 발행된『대한사람 대한으로』의 발간사에서 당시 병무청장이던 김일생은 영주권자 자원입대자들을 "세계 유수의 대학에서 촉망받는 인재로 자신의 꿈을 펼칠 수 있는 미래가 보장되어 있음에도 '내 안의 또 다른 나를 찾아' 병역의무를 선택"한 이들로 서술하고 있다. 또한 당시 국방부장관 김관진은 같은 책 축사에 영주권자 자원입대의 가장 "결정적인 동인은 그들의 가슴속 깊이 자리 잡고 있는 뜨거운 조국애"라고 생각한다고 적으면서 이들의 군 복무를 엘리트 계층의 조국을 위한 봉사, 즉 "노블레스 오블리주"로 표현하기도 했다. 같은 책 격려사에서 당시 국회 국방위원장이었던 유승민은 영주권자 자원입대자들을 "진정 용기와 애국심을 가진 젊은이들"로 표현하며, "외국에서 성장하고 생활기반이 국내가 아니기 때문에 일정 나이만 넘기면 굳이 병역의무를 이행하지 않아도 되는 해외 거주 젊은이들이 대한민국의 국민으로서 의무를 다하기 위해 자원하여 병역의무에 동참하고 있다."라고 칭찬했다. 그리고 이들을 통해 "병역의무가 자랑스러운 사회풍토"가 조성되기를 바란다고 덧붙였다. 매년 발간되고 있는『대한사람 대한으로』의 발간사, 축사, 격려사는 위의 예와 크게 다르지 않은 내용을 반복하며 영주권자 등 자원입대 병사를 강한 애국심으로 조국을 위해 "자진"해 봉사하는 해외 인재의 "노블레스 오블리주"로 홍보해오고 있다.

2008년 건군 60주년 기념으로 MBC에서 방송한 다큐멘터리《무이 옴브레(진짜 사나이)》에서도 마찬가지 서사가 반복된다. 해외에서 성장해 한국말도 서투르고 김치도 먹을 줄 모르는 한국 청년들이 조국이라는 이유 하나로 한국 군에 입대해서 한국 남성으로 성장해가는 과정을 영주권자 자원입대 병사들의 5주간의 논산 훈련소 생활을 통해 보여주고 있다. 또한 2012년 국군의 날 특집 KBS 다큐멘터리《육군훈련소 51인의 외인소대》역시 영주권자 자원입대자들이 논산 훈련소에서 함께 훈련받는 모습을 담았다. 이 다큐멘터리도 영주권자들이 의무가 아니라 본인의 의지로 정체성을 찾기 위해, 조국을 위해 입영했다는 점을 부각했고, 더불어 해외 생활로 인해 남들과 다른 언어와 문화 등을 소개했다. 특히나 다큐멘터리는 이들이 영어로 훈련 설명을 듣는 모습, 영어로 한국의 군 용어를 공부하는 모습, 영주권자들이 다른 병사들에게 영어를 가르치는 모습 등을 보여주며 그들을 군 안에서 글로벌라이제이션을 이끄는 인재로 소개하고 있다. 이들을 다양한 국가에서 온 다양한 언어와 문화적 배경을 가진 이들로 표현하기보다는 영어를 잘하는 "글로벌" 인재로 묘사하고 있는 것이다(Park and Abelmann 2004).

지배담론에 담긴 그들의 모습은 해외에서의 성공적인 삶을 잠시 미루고 한국인으로 당당하기 위해, 조국을 사랑하는 마음으로 다른 누군가는 어떻게 해서라도 피하고 싶은 병역의 의무를 다하기 위해 "자원"입영한 것으로 그려진다. 이는 세계화에 따른 국민의 민족 구성 변화(한국으로부터 그리고 한국으로의 이주의 증가)에도 불구하고 순혈 민족주의와 애국심을 바탕으로 한 "신성한" 국민의 의무로서의 병역 이해에 기반을 두고 있는 것으로 보인다(김청강 2016; Moon 2005). 실제로 영주권자 자원입영 프로그램을 통해 군 복무를 마친 청년들과 이야기를 나누며, 나는 그 지배담론 속 모습과는 결이 다른 이야기들을 만났다. 아래에서 나는 그중 세 청년(상영, 영민, 희웅)*의 이야기를 소개한다.

세 청년의 이야기: 영주권자 한국 군으로

상영의 이야기: 파나마 영주권자 미국 유학생의 군 복무와 한국에서의 미래

상영은 한국에서 태어나서 자라다가 중학교 2학년 때 대기업에 다니던 아버지가 파나마로 발령을 받으면서 가족과 함께 파나마로 이주하게 되었다. 파나마에서는 외국인학교를 다니며 영어로 교육을 받았고, 파나마에서 5년간 거주하면서 가족 모두 파나마 영주권을 취득했다. 당시 고등학교를 마친 상영의 형은 성적이 좋지 않아 한국에서는 갈

---

* 이들의 이름은 모두 가명이다. 상영, 영민, 희웅의 이야기를 중심으로 글을 전개하는 이유는 이 세 청년의 이야기가 내가 만났던 영주권자로 군 복무를 마친 청년들의 이야기를 관통하는 공통점을 어느 정도 대표하면서도, 동시에 개개인의 삶의 다양성을 부각해줄 수 있기 때문이다.

수 있는 대학교가 별로 없었기에 파나마에 있는 대학으로 진학을 해 파나마에서 계속 살 계획이었다. 또 상영의 경우에는 혹시라도 나중에 병역문제 해결에 도움이 될까 싶어서 상영의 부모님은 파나마에 5년 간 체류하는 동안 영주권을 취득했다. 2012년 여름, 내가 상영과 서울에서 인터뷰를 할 당시, 상영의 부모님은 파나마 임기가 끝나고 한국에 들어왔다가 다시 다른 국가로 발령이 나서 해외 체류 중이었다. 상영의 형은 파나마에서 대학을 졸업하고 취업해서 파나마에 정착했고, 상영은 미국의 한 명문 대학에 재학 중이었다.

상영의 형은 한국에서 성적이 좋지 않아 대학 진학이 어렵던 중에 파나마로 이주해서 파나마 대학을 가고 그곳에서 정착하는 "이민"의 길을 택했지만, 상영에게 파나마에서의 미래는 전혀 고려 대상이 아니었다. 상영은 파나마에서 외국인 고등학교를 졸업하고 한국 대학과 미국 대학 진학 사이에서 고민하다가, 스페인어 국가에서 영어로 교육받다가 한국의 수능을 준비하는 것이 어려울 것 같아서 SAT를 공부하고 미국으로 진학했다고 한다. 그렇게 파나마에서 외국인 고등학교를 졸업하고 미국에서 대학을 다니고 있는 상영은 영주권자 자원입영 병사들의 친목을 도모하던 한 인터넷 카페를 통해 내가 그를 서울에서 만났을 때 이미 영주권자 자원입영 프로그램을 통해 군 복무를 마치고 제대한 상태였다. 2012년 여름에는 서울에 있는 한 대학에서 주로 유학생들을 대상으로 영어로 진행하는 서머스쿨 수업을 듣고 있었다.

보통 서울의 대학에서 서머스쿨 수업을 듣는 미국 학부 유학생들은 가족과 함께 여름방학을 보내러 한국에 온 김에 미국보다 저렴한 학비로 상대적으로 쉽게 계절학기 학점을 취득하려는 경우가 많았다. 때문에 부모님은 남미 국가에, 형은 파나마에 있는 상영이 왜 서울에서 여름을 보내고 있는지 문득 궁금증이 들었다. 내 질문에 상영은 12월 미국 대학교 졸업을 앞두고 한국에서 취업할 계획을 가지고 있다고 말했다. 취업 스터디 같은 것도 알아보면서 취업 준비를 할 겸해서 왔다는 것이다.

> 주변 친구들(미국 대학에서 함께 공부하는 한국 유학생들)도 그렇고 저도 그렇고 처음에는 미국에서 취업하고 싶어 해요. 대부분이……. 그런데 졸업할 때가 되고 취업 준비하는 단계에서 알게 된 건데 미국 기업들이 외국인 유학생들은 잘 안 뽑으려고 하거든요. 비자 문제 때문에. 운이 좋아서, 만약에 개인이 노력해서 네트워크를 구축해 들어간다고 해도 개인적인 생각으로는 의사전달에 있어서도 문제가 좀 있고. (……) 그래서 한국 기업에 들어가고 싶더라고요. 그러고 나서 경력을 쌓고 MBA를 미국에서 따서 경력직으로 외국 기업에 다시 취업을 하든…… 그거는 이제 나중에 생각해볼 문제고……(2012년 5월 12일 인터뷰).

중학교 2학년 이후부터 대학교까지 외국에서 성장하고 교육받은 상영에게 미국에서의 대학 졸업 후 한국에서의 취업은 다시 가능하고도 괜찮은 선택지가 된 것이다. 영주권을 가지고 있는 파나마는 위계질서가 뚜렷한 "글로벌" 공간에서 상영이 바라는 "글로벌" 열망을 채워주는 곳이 아니었다. 상영은 파나마에서 대학에 진학하거나 취업할 생각이 애초에 전혀 없었고, 인터뷰 중간중간 형이 한국이나 다른 곳에 정착하지 못하고 파나마에 살게 된 것을 안타깝게 이야기했다. 상영은 미국에서 취업을 하고 경험을 쌓고 싶다는 마음도 있었지만 법적, 문화적 제약으로 원하는 삶을 모색하는 데 어려움을 느꼈다. 그래서 그는 영어 실력, 미국 대학 졸업장, "글로벌" 경험을 살려 (법적으로, 동시에 민족적으로) "한국인" 남성으로 좋은 회사에 취업을 시도할 수 있는 한국에서의 미래를 택했다. 제대 후 잠시 서울에서 인턴을 하며 만났던 여자 친구가 한국에 살고 있다는 점도 한국에서 취업을 하기로 결심하는 데 힘을 실어주었다.

앞에서 설명했듯이, 영주권자가 계속 해외에 거주할 경우에는 병역이 만 37세까지 자동 연기되지만, 한국에서 1년에 6개월 이상 머무르거나 영리활동을 하기 위해서는 군 복무를 해야만 한다. 상영의 경우에도 한국 취업을 하기 위해서는 병역문제 해결이 필수적이었다. 중학교 2학년 때 파나마로 떠난 뒤 군 입대 전까지 상영이 한국에 머물렀던 시간은 여름방학 때 두세 번 할머니 댁을 방문했던 총 네 달여. 오랫동안 한국을 떠나 살았고 파나마 영주권이 있어서 합법적으로 병역 연기가 가능했기에 상영은 입대 전까지도 군대에 갈까 말까 많이 망설였다고 한다. 어떻게든 안 가려고 하는 사람들도 많은데 영주권이 있어서 안 가도 되는 군대를 왜 가려고 마음먹게 되었느냐는 나의 질문에 상영은 이렇게 대답했다.

그게 개인적인 것이랑 가족적인 것도 있고 여러 가지가 문제가 있었어요. 우선 가장 현실적으로는 당시 환율 위기가 터지니까 어차피 갈 거면 지금 가자 그런 생각이 들었고, 제 주변에 영주권 가지고 있는 친구들도 다들 그때 군에 갔고, 아버지도 환율이 너무 치솟으니까 지금 입대를 하는 것은 어떻겠느냐고 물어보셨고. 그리고 저희 형하고도 관련이 있어요. 저희 형은 군대를 안 갔다 왔으니까 왠지……. 저는 재수 같은 것도 안 했고 (그만큼 나이가 많지 않고 여유가 있으니까) 군대 갔다 와도 괜찮을 것 같아서……. 갔다 오면 이제 한국에서 취업할 수도 있고 미국에서도 할 수 있고 선택권이 이렇게 커지니까, 그래서라도 입대하자 생각했죠. 그리고 그런 것도 있었어요. 뭔가 안 갔다 오면 평생 걸림돌 같을 것 같더라고요. 뭔가 숙제 안 한 기분? 그런 거 있잖아요. 떳떳하고 싶은데……(2016년 5월 12일 인터뷰).

상영에게 군대는 한국에서의 취업이라는 선택지를 갖기 위해 필수적인 법적 필요조건이면서, 동시에 떳떳하게 살기 위해서 해야 하는 "숙제" 같은 것이자, 형도 못 갔는데 동생인 자신이라도 가야 할 것 같은 의미를 가지고 있었다. 또한 환율 위기로 미국 대학 학비가 상대적으로 더 부담스럽게 느껴졌던 예상치 못했던 금융 상황 또한 상영의 군입대 결정에 큰 영향을 주었다.

미국 대학 졸업을 한 학기 앞둔 2012년, 상영은 자신의 정체성과 소속감에 대해 이렇게 말했다.

섞여 있어요. 이도 저도 아니고……. 그렇게 소속감이 들지는 않는데 굳이 따지자면 한국인데……. 친구들도 한국 친구들도 많지만 다른 외국인 친구들도 많고, 음식도 제일 좋아하는 것은 탕수육인데 한 달 내내 빵만 먹으라면 먹을 수 있고, 쌀 안 먹어도 되고 김치 안 먹어도 되고……. 한 달 내내 김치에 밥 한 공기 먹으라고 해도 상관없고 (2016년 5월 12일 인터뷰).

그런 그의 말에 내가 어디서나 적응을 잘하겠다고 추임새를 넣자, 상영은 이렇게 덧붙였다.

제 친구들 중 남미에서 온 애들이 되게 많아요. 한국인인데 스페인어 환경에서 자라고 대학교도 미국으로 갔잖아요. 그러다 보니까 저도 한국어도 완벽하지 않고 스페인어도 완벽하지 않고 영어도 완벽하지 않아요. 그러다 보니까 생각을 밖으로 표현해내는 데 어려움을 되게 많이 겪고……. 그래서 보통 대부분이 답답해해요. 자기가 살아가는 데 그 생각을 100프로 표현을 못 하니까, 되게 불편하고 억울하고. 한국에 와서도 그렇고 미국에 가서도 그렇고, 파나마면 파나마에서도……(2016년 5월 12일 인터뷰).

친구도 음식도 소속감도 언어도 다 섞여 있다는 상영의 말에 "글로벌 감수성"을 가지고 세계 어디에서나 잘 적응할 수 있겠다고 이야기하니 그는 오히려 언어 이야기를 하며 세계 어디에서나 어느 정도 불편할 수도 있다고 대답했다.

　원래는 영어가 가장 편했다는 상영은 군대에 다녀온 후로 한국어
가 더 편해졌다고 한다. 그에 더해, 군대에 다녀오면서 그는 군필 대한
민국 남성으로 영어 실력과 미국 대학 학위를 가지고 한국에서 취업할
기회를 얻었고, 은퇴 후 부모님이 돌아오실 한국, 현재 사귀고 있는 여
자 친구가 살고 있는 한국에서 미래의 삶을 모색해볼 수 있게 되었다.
나중에 다시 미국에서 MBA를 하게 될지, 외국의 회사에 취업을 하게
될지는 모르지만, 일단 파나마에서의 5년, 미국에서의 4년(중간에 2년
은 한국에서 군 복무)으로 이어지던 그의 "글로벌"한 삶은 다음 목적지
로 한국을 택했다. 그리고 그 "글로벌" 이동에는 군 복무라는 비용을
필수적으로 지불해야 했다.

영민의 이야기: 군 복무를 통한 한국 이반 사회로의 소속

영민은 한국에서 태어났지만 사업을 하는 부모님을 따라 유치원도 가
기 전에 동남아시아의 한 국가*로 이주해서 고등학교 때까지 쭉 그곳
에서 자랐다. 국제학교를 다니며 영어로 교육을 받았고, 좁은 한인 이
민사회에서 한인교회 활동을 많이 했다고 이야기했다. 그는 한인교회
활동을 통해 "참고 인내하는 것"을 배운 것 같다고 했다. 그에게 있어
한국은 부모님으로, 그리고 한인교회와 좁은 이민사회로 대표되는 보
수적이고 "참고 인내해야 하는" 답답한 느낌이었기에, 자라면서 한국

● 　영민의 성 정체성과 영주권 국가를 같이 공개할 경우, 영민의 익명성을 보장하기 어려울 것 같아 이 글에
　서는 구체적인 출신 국가명을 밝히지 않기로 한다.

에 별다른 호감이 없었다. 영민이 자란 곳의 이민사회 학생들은 보통 한국에서 대학교를 다니거나 미국으로 유학을 가는데, 영민은 미국 대학교로 진학하기로 결심했다.

영민이 들려준 미국 생활은 영민이 동남아시아 국가의 한인 이민사회 안에서 생활했던 것과는 크게 달랐다. 내가 만났던 대부분의 한인 유학생들과 달리 영민은 미국 대학에서 한인 친구는 거의 사귀지 않았고, 한국 음식도 먹지 않았고, 부모님과 전화할 때를 빼고는 한국말도 거의 쓰지 않아서, 졸업하고 한국에서 군대 갈 때쯤에는 한국어가 서툰 느낌이었다고 했다. 그는 미국에서 대학을 다닐 때부터 교회를 다니지 않았고, 유학생들은 대부분 잘 하지 않는, 혹은 하지 못하는 미국 남학생들의 사교 클럽Greek Club과 아카펠라 동아리 활동을 하면서 "현지화"를 하려고 노력했다. 영민은 대학을 졸업하고 미국에서 취업을 시도했지만, OPTOptional Practical Training◆ 기간이 끝날 때까지 만족할 만한 성과를 거두지 못하고 다시 부모님이 계신 영주권 국가로 돌아갔다. 그는 5년여의 미국 생활로 너무나 많이 바뀌었기 때문에 부모님도 "우리 아들이 정말 많이 달라졌구나." 하실 정도였으며, 그의 부모님은 그가 너무 많이 변해서 다시는 한국에 정착해서 적응하고 살기 힘들겠다고 생각하셨다고 한다.

영민의 이야기를 들으며 다른 유학생들과는 사뭇 다른 미국 대학생활을 했다고 생각할 무렵, 영민이 갑자기 물었다. "이거 리서치니까 솔

◆ 미국 대학 졸업 후, 합법적으로 구직활동을 하면서 미국에서 체류할 수 있는 기간.

직히 이야기해도 되죠?" 그러고는 본인이 게이라고 털어놓았다. 그제야 나는 동남아시아의 영주권 국가 이민사회에서 한인교회 활동을 하며 영민이 무엇을 참고 인내해야 했는지, 그리고 미국에서 자유롭게 대학생활을 하며 어떠한 변화를 겪은 것인지 더 구체적으로 이해가 되었다. 영주권 국가의 좁고 보수적인 이민사회에서 게이로 사는 것은 영민에게 불가능에 가까운 일이었고, 대학교를 졸업한 미국에서는 비자가 만료될 때까지 취업을 할 수 없었기에 영민은 답답한 마음으로 지내던 중 한국을 방문하게 되었다.

그 전까지는 한국에 2년에 한 번 정도 오더라도 2주 정도의 짧은 일정으로 주로 친지를 방문했기에 혼자 한국을 경험할 시간이 없었는데, 미국 생활을 정리한 후 아버지 치료차 세 달 정도 서울에서 생활하면서 처음으로 혼자 서울 이곳저곳을 다녀볼 기회가 생겼다. 이때 영민은 한국이 자신이 생각했던 것과는 매우 다르다고 느꼈다. 이민사회에서 갖게 된 답답하고 참고 인내해야 하고, 보수적이고 획일적인 한국의 이미지와 달리 그가 대학을 졸업하고 경험한 한국은 훨씬 더 자유롭고 다양성이 있는 곳이었고, 그는 한국에서 취업을 하고 게이로 살아갈 수 있겠다는 새로운 가능성을 발견했다.

영민은 한국에서 살아보기로 결심했고, 그 말은 즉 군대에 가야 한다는 뜻이었다. 앞서 설명했듯이, 해외 영주권이 있더라도 한국에 취업을 하고 정착하기 위해서는 군 복무가 필수조건이었다. 사람들은 다 "대단한 결심을 했다", "용기가 대단하다"고 말했는데 그때 영민은 별로 그런 생각을 하지 않았다. 다만 한국에 살아보고 싶었고, 그러기 위해 군 입대가 필요하니까 '그냥 갔다 오지 뭐.'라고 생각했다.

입대 전 신체검사 당시 심리검사에서 게이임을 밝혔더니 의사가 불러 군 생활 동안 정신병원에 다니고 싶으냐고 물었다고 한다. 그래서 영민은 "그럼 그냥 아니라고 할게요."라고 말하고 심리검사 문항을 다시 수정해서 게이가 아닌 것처럼 썼다. 그리고 그는 신체검사 1급을 받고 현역입대를 했다. 자대에서는 "다행히 그때는 정신을 차려서" 게이임을 밝히지 않고 무난하게 군 생활을 했다.

내가 영민을 2012년에 만났을 때, 영민은 군 복무를 마치고 서울에서 직장생활을 하고 있었다. 한 기업에서 영어 에디터로 일하고 있다고 했다. 한국 국적을 가지고는 있지만, 기억이 없는 어릴 때를 제외하면 군 복무를 시작으로 처음 한국에 살아보는 셈이었다. 그런 영민은 한국 생활을 즐기고 있는 것 같았다. 미국에 있는 대학원에 진학할지, 계속 서울에 있을지, 아직 미래에 어디에 정착할지는 모르지만 영민은 이제 "한국에 안 올 수는 없을 것 같아요."라며 한국이 이제 "내 나라"라는 느낌이 있다고 했다. 인터뷰 도중 몇 번이나 "한국 생활이 편해지고 있다"고 이야기했고, 또 한국어가 영어보다 더 편하게 느껴질 때도 있다고 했다. 처음에는 영민의 군 입대 결정에 부모님도 크게 반대하셨다고 한다. 게이라는 성 정체성을 가지고 한 번도 살아본 적 없는 한국에서, 더군다나 군대에서 적응을 할리 만무하다 생각했던 것이다. 하지만 부모님 역시 이제는 아들 중에 한 명이라도 한국에 살고 있다는 것*을 위안으로 삼았고, 언젠가는 한국에 돌아와 거주할 계획을 갖고 자주 한국을 방문하신다고 했다.

영민의 서울 생활에서 그에게 즐거움과 소속감을 주는 공간은 다양한 게이 커뮤니티, 한국의 이반異班 사회였다. 그는 매주 일요일 이반 배구 동호회에 참여해서 배구를 했고, 자주 어울리는 대부분의 친구들은 이반 모임에서 만난 게이 친구들이라고 했다. 한국에 "안 올 수는 없을 것 같고" 이제 "내 나라"로 느껴진다는 영민의 소속감은 주로 이반 모임을 통해 얻어지는 것 같았다. 또 영민은 어떻게든 미래에 한국의 이반 사회에 공헌을 하고 싶다고 꿈을 이야기했다.

영민의 이야기를 들으며 "글로벌"에 대해서, 또 한국의 "병역"에 대해서 여러 겹의 아이러니가 느껴졌다. 그는 동남아시아의 한 국가에서 자랐지만 좁고 보수적인 이민사회에서 게이로 살 수 없기에 영주권을 가진 그곳에 정착할 생각이 없었고, 또한 대학을 나온 미국에서는 OPT 비자가 만료될 때까지 취업을 하지 못했기에 떠나야만 했다. 국제학교에서 영어로 교육을 받고, 해외 영주권을 가지고 있고, 또 미국에서 대학교를 나왔다는 "글로벌" 자산은 영민에게 해외에서 "글로벌"한 삶을 보장해주지는 못했다. 대신 그의 "글로벌" 자산은 한국에서 "자산"으로 인정받았다. 그러한 글로벌 자산이 있었기에, 영민은 영주권 병사로 여러 혜택을 받으며 군 입대를 했고, 또한 영주권이 있는데도 자진입대를 했기에 여기저기에서 칭찬을 받고 인정을 받았으며, 그의 영어 실력과 미국 학위 덕분에 현재 다니고 있는 기업에도 취업이 가능했다. 이처럼 영민의 영어 실력, 미국 대학, 해외 영주권 등 특정한

● 영민의 형은 미국 대학교 졸업 후 미국에서 취업하고 2012년 당시 미국 영주권을 얻기 위한 절차를 밟고 있었다.

글로벌 자산은 군 복무 이후 한국에서 비로소 가장 "글로벌"하다고 인정받을 수 있었다.

동시에 그가 한국에서 2년간 군 복무를 하며 속하고자 했던 공간, 그리고 앞으로 공헌하고자 하는 공간은 구체적으로 한국 안의 이반 사회였다. 군대는 자신이 게이라는 말에 군 생활 동안 정신병원에 다니고 싶으냐고 물으며 그의 성 정체성을 인정해주지 않았지만, 그는 군 복무를 통해 한국의 이반 커뮤니티의 일원으로 살아가는 미래를 모색해보려 했다. 영민은 군 복무를 통해 그리고 제대 후 한국에서의 삶을 통해 한국, 더 구체적으로 한국의 이반 사회에 소속감을 느끼고 그 안에서의 삶을 모색해볼 기회를 얻었다. 영민의 이야기는 "글로벌 애국자" 담론에서 강한 조국애로 조국을 위해 봉사하겠다는 일념으로 군에 자원입대하는 논리와는 다른 방향을 보여주며, 오히려 국가나 군이 인정해주지 않는 공간으로의 소속을 위해 병역에 임할 수도 있다는 것을 시사한다.

희웅의 이야기: 모국수학과 자원입대

희웅은 한국에서 태어나 100일도 채 안 되었을 때 스페인으로 이주해서 자랐고, 스페인 영주권 소지자였다. 희웅은 네 살 때까지 스페인에서 살다가 미국으로 이주해서 초등학교를 마치고, 다시 스페인에 돌아가 중고등학교를 마쳤다. 스페인에서 중학교 2년은 국제학교를 다녔고, 나머지 기간은 다른 스페인 학생들과 함께 스페인 국립학교를 다녔다. 2012년 내가 희웅을 만났을 당시, 희웅은 서울의 한 명문대에 재학 중이었고, 영주권자 자원입영 프로그램을 통해 군 복무를 마친 상태였다. 부모님은 여전히 스페인에서 사업을 하고 계셨고, 희웅의 형은 "아예 스페인 사람"으로 스페인에서 대학을 나오고 스페인 국적을 취득해 지인의 소개로 미국에 있는 호텔에서 근무하고 있었다.

가족은 여전히 해외에 살고 있고, 희웅도 대학교에 진학하기 전 평생을 해외에서 살았기에 나는 그가 어떠한 이유로 한국에서 대학교육을 받기로 결심하고, 또 어떤 계기로 군 복무를 하게 되었는지 궁금했다. 희웅은 중학교 3학년 때 처음으로 한국을 방문했는데, 그때 한국에서 대학을 가기로 결심했다고 한다. 당시 희웅은 영어도 잘하고 스페인어도 잘하고 스페인 음식도 좋아하고 스페인 영주권도 있지만 항상 특별한 외국인으로만 받아들여지는 스페인 생활에서 자신의 정체성이 무엇인지 많이 혼란스럽던 상황이었다. 학교 친구들에게 중국인이라고 놀림을 받고, 아무리 스페인어를 잘해도 공항에서 한국 여권을 내면 입국심사관이 스페인어가 아닌 영어로 이야기했다. 그가 유창한 스페인어로 대답하면 사람들이 놀라는 상황을 겪으며 '아, 나는 스페인 사람이 아니구나.' 하는 생각이 계속 들었다고 한다. 2002년 월드컵 때 스페인과 한국이 경기를 했던 것도 희웅이 이런 생각을 하게 된 계기가 되었다. 스페인과 한국의 경기가 확정되고 희웅은 일주일 동안 스페인을 응원해야 할까 한국을 응원해야 할까 고민했는데, 경기가 시작하고 나니까 자연스레 스페인이 아니라 한국을 응원하게 되는 자신을 보며 '아, 나는 한국 사람이구나.' 하고 생각하게 되었다고 한다.

이렇게 스페인에서 자라면서 스페인 사람으로서의 정체성을 확실히 갖지 못해서 소속감의 부재를 느끼고 혼란스러워하던 희웅에게 중학교 3학년 때 한국을 방문한 것은 획기적인 일이었다. 한국에 들어오자 희웅은 거리에 다니는 "사람들이랑 다 똑같은" 사람이었고 그래서 '아, 한국이 좋구나.' 하는 생각이 들었다. 거기다가 영어랑 스페인어를 유창하게 하니까 한국에 와서 대학교를 졸업하면 스페인에서 "인종차별을 느끼면서 낮은 클래스에서 일하는 것보다 한국에서는 훨씬 더 길이 많겠다"고 생각했다. 그래서 중학교 3학년 이후 계속 한국 대학교에 갈 생각을 하고 준비를 했다. 그때 이후 여름마다 한국에 와서 해외 특례 전문 학원을 다니며 특례 입학시험 공부를 했고, 스페인에서 고등학교를 졸업한 뒤 서울의 한 명문대에 입학하게 되었다. 희웅은 한국에서 군대에 가기 전 2년 동안 좋은 친구들을 많이 만났고, 술자리나 학교생활에서 본인의 독특한 성장배경을 신기해하고 호기심을 갖고 다가오는 사람들이 많아서 정말 행복하게 보냈다고 했다. 한국에서 2년간의 대학생활이 끝날 무렵, 영주권자 자원입영 프로그램을 통한 군 입대를 결심하게 되었다.

실제로 희웅처럼 해외 영주권을 소지하고 해외에서 자란 청년들 중에 한국으로 대학 진학을 택하는 일이 드문 일은 아닌 것 같았다. 앞서 소개했던 영민의 동남아 국가 한인 이민사회 친구들도 한국으로 대학 진학을 많이 했고, 인터뷰했던 다른 청년들 중에도 오랜 해외 생활 끝에 한국 대학을 택한 경우가 있었다. 특히나 미국이나 캐나다 등 한국인들이 글로벌 위계질서에서 높이 평가하는 영어권 국가의 영주권자들보다는, 비영어권 국가 영주권자들이 한국에서의 대학교육을 선택하는 빈도가 높은 것 같았다.

앞서 설명했듯, 해외 영주권자는 만 37세까지 병역 연기가 되기 때문에 군 복무가 필수가 아니지만, 1년에 6개월 이상 한국에 거주할 경우 병역의 의무가 생긴다. 병무청에서는 병역의 의무에 대한 부담 없이 "모국에서 배울 수 있는 기회를 부여함으로써 조국애를 함양하고 민족의 동질성을 제고하고자" 외국에서 영주권, 시민권을 얻어 37세까지 병역을 연기받은 사람이 국내 교육기관에서 공부하는 경우 병역 의무 없이 장기간 국내 체류를 허가하는 모국수학제도를 운영하고 있다. 다만 국내 교육기관을 졸업, 수료, 휴학, 퇴학한 경우, 모국수학 중에 영리활동을 하는 경우, 수학 기간 중에 부모 또는 처가 1년에 6개월 이상 국내에 체류하는 경우에는 병역의 의무가 발생한다(병무청 홈페이지).

희웅의 경우에는 한국의 대학교에 재학 중이었고, 부모님은 스페인에 계셨기 때문에 모국수학제도를 통해 병역의무 없이 한국에 체류할 수 있는 상황이었다. 그런데 희웅은 국방부에 전화해서 영주권 병사 담당자와 통화하며 군대에 자진 입영하겠다는 뜻을 밝히고, 영주권 사본을 제출하고 입대 날짜를 정해서 다른 많은 대학 동기들이 군 입대를 하던 대학교 2학년을 마친 후 입대했다. 처음에 한국으로 대학교 진학을 할 때부터 군대를 가야겠다고 100퍼센트 결심을 한 것은 아니었다. 처음에는 50 대 50이었다고 한다. 한국에서 2년간 대학생활을 하며 '가야 할까, 가지 말아야 할까?' 이런 생각을 많이 하다가 가는 편이 더 좋겠다고 생각하고 영주권자 자원입대를 하게 되었다. 일단 중학교 3학년 때부터 한국에서 대학을 나오면 길이 많겠다고 생각했고, 생각한 대로 졸업 후 한국에서 미래를 모색하기 위해서는 법적으로 군 복무가 필수였다. 또 희웅은 한국에서 수능도 안 보고 해외 특례 입학 전형으로 명문대에 입학했기 때문에 '애는 쉽게 쉽게 가는 경우구나.' 하고 생각하는 사람들이 많았는데, '남들이 피하는 군대를 내가 한번 그냥 참고 다녀오면 사람들이 나를 보는 시각도 달라지겠구나.' 하는 생각이 입대를 결심하는 데 크게 작용했다고 한다.

꼭 가지 않아도 될 군에 "자원"해서 입대한다는 희웅의 결정에 주변 사람들은 많이 놀랐다. 함께 대학에 다니던 친구들은 "그냥 미쳤다고. 안 가도 되는데, 다른 애들은 공익으로 빠지려고 난리인데……. 안 가도 되는데 먼저 국방부에 전화해서 가겠다고 한 게 이해가 안 된다."라고 말하며 희웅이 군에 가는 이유를 납득하지 못했다. 스페인에 계셨던 어머니도 "굳이 안 가도 되니까 가지 말라"면서 많이 말리셨다. 형은 희웅이 스페인 대학교에 진학하고 스페인 국적을 취득하면 군대에 안 가도 되는데 "왜 이렇게 힘들게 사느냐"고 말했다. 한편 항상 한국을 그리워하고 한국 남자는 군대를 갔다 와야 한다고 생각하셨던 아버지는 장남이었던 형이 스페인 국적을 택하고 군대를 안 가겠다고 했을 때 실망을 많이 하셨는데 희웅의 군 입대 결정에 많이 좋아하셨다고 한다.

2012년 봄, 희웅은 졸업을 앞두고 한국에서 취업을 준비하고 있었다. 영어 실력, 스페인어 실력을 겸비하고, 소위 말하는 "글로벌" 스펙과 한국 명문대 졸업장을 가진 인재로, 한국의 대기업에 취업하는 것이 목표였다. 하지만 한국에서 대학을 졸업하고 한국 기업에 취업하는 것이 희웅에게 한국에 영원히 정착하는 것을 의미하지는 않았다. 오히려 희웅은 미래에 생길 본인의 아이들을 한국에서 키우고 싶지 않았고, 너무 각박하고 치열한 한국 생활을 평생 하고 싶지는 않았기에, 해외에서 일하고 살 수 있는 기회가 있을 만한 회사를 알아보고 있었다.

희웅은 본인의 문화적 정체성이 한국 70, 스페인 30쯤 되는 것 같다며, 한국이 "좋긴 좋은데" 여전히 스페인을 많이 그리워한다고 했다. 그는 새벽 3시든 4시든 여전히 스페인의 레알 마드리드 프로 축구 경기를 다 챙겨 본다며, 아마 한국 생활에서 "안정, 평온한" 어떤 것을 찾지 못하기 때문에 새벽에 레알 마드리드 경기를 보며 스페인을 그리워하는 것 같다고 설명했다. 그리고 덧붙이기를, 어릴 때부터 엄청난 사교육에 시달려야 하고 "주말에는 시내에 있는 분수 옆 더러운 물에서" 노는 한국 아이들을 보며, 자신은 미래에 아이들을 그렇게 키우고 싶지 않고, 나중에는 더 좋은 환경이 있는 외국에서 살고 싶다고 했다. 꼭 영주권 국가인 스페인일 필요도 없고, 좋은 기회가 있고 여유롭게 아이들을 키울 수 있는 곳이면 좋을 것 같다는 말과 함께.

"글로벌 인재"가 되기 위해 피할 수 없는 "자원"입대

한국인으로서의 정체성과 긍지, 뜨거운 조국애를 가지고 영주권자 병사들이 입대를 결심한다는 "글로벌 애국자" 담론에서 강조하는 것은 그들의 병역 이행이 의무가 아니라 자발적 의지에 의한 것이라는 점이다. 영주권자 병사들의 입대를 특별하게 여기고, 여러 가지 혜택을 주고, 병무청과 군에서 모범적 병역 이행 사례로 홍보하는 이유는 그들이 안 해도 되는데 굳이 "자원"입대했기 때문이다. 더군다나 그들은 영어도 유창하게 하고 해외에서, 특히 많은 경우 미국에서 대학도 다니는 한국이 꿈꾸는 "글로벌" 인재가 아닌가. 하지만 상영, 영민, 희웅의 구체적인 삶을 들여다보면 그들이 글로벌 인재로 가장 인정받을 수 있는 곳, 글로벌 인재로 취업을 하고 삶을 살아나갈 수 있는 곳은 한국이며, 한국에서 글로벌 인재로 살아나가기 위해서는 피할 수 없는 의무가 군 복무이기에 입대하기로 결심했다는 것을 알게 된다.

세 청년의 이야기는 먼저 해외 영주권자나 해외 유학생들을 세계 어디에서나 성공하고 살아갈 수 있는 코즈모폴리턴으로 당연시하고 글로벌 인재로 바라보는 한국 사회의 시각에 의문을 제기한다. 상영은 영주권 국가인 파나마에서 영어로 교육하는 국제학교를 다녔고, 스페인어는 기본 회화 정도만 가능하고, 파나마에서 이민자로 정착할 생각은 추호도 없었다. 오히려 성적이 안 되어 파나마 대학에 진학하고, 군 문제 때문에 37세 이전에는 한국에서 살 수 없어 파나마에 정착한 형의 이야기를 씁쓸한 표정으로 이야기했다. 대학을 다닌 미국에서도 법적, 문화적 한계 때문에 졸업 후 취업을 해 그곳에서 살아가는 것은 쉬운 일이 아니었다. 영민도 영주권 국가인 동남아시아 국가의 이민사회에서는 게이로 살아갈 수 없었고, 대학을 졸업한 미국에서는 법적 한계로 더 체류할 수가 없었다. 희웅 역시 영주권 국가인 스페인에서 소속감의 부재와 정체성의 혼란을 겪으며 한국에서의 삶을 꿈꾸게 되었고, 한국 대학을 택했다. 즉, 해외에서 여러 가지 한계를 경험한 상영, 영민, 희웅이 대학 졸업 후 가장 "글로벌" 인재로 살 수 있는 공간은 한국이었다.

이 글에 소개된 세 청년처럼 영주권자들은 한 번쯤 군에 갈까 말까 생각해볼 수 있고, 이들의 형들이 병역을 연기하거나 한국 국적을 포기하고 해외에서의 삶을 선택했듯 최소한 이 세 청년도 다른 선택지를 고려해볼 수 있었다. 이런 점에서 이들의 입대가 다른 한국 남성들의 입대와 다른 점이 있는 것은 사실이다. 하지만 그들은 "글로벌"한 삶에서의 여러 가지 법적, 문화적, 감정적 한계를 고려했을 때 그들이 처한 상황에서 한국에서의 취업과 미래를 모색하는 것이 가장 나은 선택이라고 판단했다. 그리고 한국에서의 취업과 미래를 선택하는 순간, 병역은 더는 선택이 아닌 피할 수 없는 의무가 되었다. 지배담론은 영주권자가 의무가 아닌 의지로 군 복무를 선택했다고 강조하지만, 실제로 영주권자 "자원"입대자들이 자유의지로 택한 것이 있다면 그것은 자신들이 갖고 있는 글로벌 자산을 활용해서 한국에서 좋은 회사에 취업을 하고 살아보자는 것이었다. 물론 누구나 항상 그렇듯, 그 또한 완벽한 자유의지라기보다는 주어진 상황과 여러 가지 제약 안에서 가능했던 선택이지만 말이다. 이 글에서 소개한 세 청년의 이야기는 영주권병사들의 군 복무가 조국에 대한 애국심으로 "자원"한 것이라기보다는 개개인의 "글로벌"한 삶 속에서, 주어진 상황에서, "글로벌" 인재로 인정받을 수 있는 한국에서 삶을 모색하는 것이 가장 나은 선택이라는 계산과 숙고 끝에 나온 결정이며(Abelmann, Newendorp, and Lee -

Chung 2014), 그러기 위해 꼭 해야 하는 의무로서 군 복무를 한다는 설명에 힘을 실어준다.

"글로벌"과 "내셔널" 사이에서

이 글에서 다룬 해외에서 오랜 시간 성장하고 교육받은 영주권자 청년들의 피할 수 없는 "자원"입대 이야기는 우리에게 "글로벌"에 대해서, 또 "내셔널"과의 관계에 있어서 어떤 의미를 시사하는 걸까? 상영, 영민, 희웅 세 청년의 이야기와 "글로벌 애국자"로 이들의 이야기를 홍보하는 군과 정부의 담론을 비교하며 우리가 무엇보다 확실히 알 수 있는 것은 "글로벌"의 의미가 이 청년들의 삶에서 무엇인지, 또 "내셔널"과 어떤 관계를 가지고 있는지 한 단어로 압축해 단언하기 힘들다는 것이다.

"글로벌 인재", "글로벌 애국자" 담론을 정부와 군이 추동할 때, 세 청년은 그 지배담론에 저항하기보다는 전략적으로 활용하면서 삶의 가능성을 모색해나갔다. 그들은 "글로벌" 자산을 소유한 영주권 병사로 한국 군 복무를 함으로써 법적, 사회문화적으로 한국에서의 지위를 공고히 하며 "글로벌 인재"로 한국에서 취업을 모색했다. 이런 그들의 삶의 기획에서 "글로벌"과 "내셔널"의 차이는 뚜렷하지 않다. 그들은 한국에서 가장 "글로벌" 인재로 인정받을 수 있다고 판단했고, 그러기 위해서는 "글로벌"하면서 동시에 "내셔널"해야 한다는 "글로벌 애국자" 담론을 적절히 수용하며 한국 군 복무라는 경로를 택했다. 그들이 이야기했던 외국에서의 여러 제약과 한계를 고려했을 때, 그들이 군 복무를 마치고 글로벌 인재로 한국에서 취업을 모색하기로 했다는 점에서 그들의 "글로벌"은 "내셔널" 안에서야 비로소 가능하다고 해석할 수도 있을 것이다. 그러한 점에서 영주권자 자원입대자들의 삶에서 글로벌은 내셔널 안에서 의미를 갖는, 내셔널에 포획되는 양상을 보인다.

하지만 동시에 그들의 삶에서 "내셔널"의 의미는 지배담론 속 "글로벌 애국자"의 그것과는 달랐다. 맹목적인 조국에 대한 사명감을 가진 애국자로서, 글로벌 엘리트의 "노블레스 오블리주"로서 군 복무를 선택한 것이 아니라, 상영, 영민, 희웅은 각각 자신의 글로벌 삶의 여정에서 다양한 선택지들과 상황들을 진지하고 전략적으로 고민해 군 복무를 선택했다고 강조했다. 그래서 그들은 군 복무를 통해 한국에서 글로벌 인재로 취업할 수 있게 된 기회에 가치를 부여하면서도, 동시에 더 나은 기회가 있다면 언제든지 또 다른 글로벌 여정을 택할 수 있다는 가능성을 열어두고 있었다. 외국으로 대학원을 가거나, 한국 회사의 외국 지사로 발령을 꿈꾸는 등 미래에 다시 해외로 나갈 수 있다는 그들의 생애 기획에서 "내셔널"한 삶은 "글로벌" 여정의 경유지 혹은 중요한 선택지 중 하나라고 볼 수도 있을 것이다. 이러한 세 청년의 미래에 대한 계획을 보면, 한국에서의 군 복무와 취업이 보여주는 "내셔널 안에서 가능한 글로벌"이라는 위계적 구조를 지속하는 것이 당연하다기보다는 글로벌과 내셔널 사이의 관계가 계속해서 역동적으로 구성되고 있다는 것을 알 수 있다.

또한 영주권자 청년들의 군 입대 결정은 "내셔널"과 "글로벌" 담론으로만 설명할 수 없는 다른 상황과 이유들이 있었다. 상영의 경우, 환율 위기로 미국 대학의 학비가 상대적으로 더 부담스러워졌던 상황이 군 입대 결정을 훨씬 더 쉽게 해주었고, 영민의 경우에는 군 복무를 통해 한국의 한 공간에 속하고자 했다. 영민이 속하고자 한 공간이 한국 군대와 사회가 인정해주지 않는 소수자 공간, 한국의 게이 커뮤니티라는 점도 "내셔널"의 의미를 다시 한 번 생각하게 한다. 세 청년의 이야기를 통해, 한국에서 군 복무를 한다는 것은 "내셔널" 담론 안에 완전히 포섭할 수 없는 개개인의 다양한 상황과 중층적인 이유가 복합적으로 작용한다는 것을 알 수 있었다.

상영, 영민, 희웅 그리고 이 글에서 소개하지는 않았지만 현지조사를 하며 만났던 다른 영주권자 청년들과 이야기를 나누며 참 흥미로웠던 점은 나이가 비슷하고 같은 부모님 밑에서 자란, 많은 삶의 여정과 상황을 공유한 그들의 형제가 한국 군 복무에 대해 전혀 다른 선택을 했다는 것이다. 상영의 형은 파나마 이민을 택했고, 영민의 형은 미국에서 취업하고 미국 영주권을 신청한 상태였으며, 희웅의 형은 스페인 대학을 졸업하고 스페인 시민권을 취득했다. 상영, 영민, 희웅이 한국 군 복무를 마치고 한국에서의 취업을 모색할 때, 그들의 형들은 한국 군 복무를 하지 않고 해외에서 삶을 꾸려보고자 했다.

나는 이들 형제들의 각기 다른 선택이 한국 청년의 삶에서 "글로벌"과 "내셔널" 사이의 관계와 의미가 하나로 정해져 있는 것이 아니라,

개개인의 삶 속에서 구체적인 삶의 궤적을 통해 각자가 다양하게 만들어나갈 수 있다는 것을 보여준다고 해석한다. 앞에서 이야기했듯 영주권자 청년들은 "글로벌" 담론과 "내셔널" 담론에서 자유롭지는 않다. 오히려 그들은 "글로벌 애국자", "글로벌 인재"라는 주류 담론을 전략적으로 활용하며 군 복무 후 한국에서의 취업을 모색하기도 했다. 하지만 동시에 그들 개개인이 왜 군 복무를 택하게 되었는지는 다양한 상황과 이유들이 있고, 그들의 형들은 다른 선택을 하기도 했다. 이 모든 것을 세세히 담고자 한 이 글이 한국 청년의 글로벌한 삶과 그 여정에서 "글로벌"과 "내셔널"의 의미와 관계가 정해져 있는 것이 아니라 구체적인 삶의 현장에서 다양하게 협상되고 만들어져 나가는 것이라는 메시지를 전달할 수 있다면 좋겠다. 한국 청년의 글로벌한 삶의 현장에서 "내셔널"과의 새로운 관계 설정과 의미화는 여전히 진행 중이다.

참고 문헌

김청강. 2016. "국가를 위해 죽을 '권리': 병역법과 '성스러운' 국민 만들기(1927~1971)". 법과
　사회 51(2016년 4월): 251–280.

Abelamann, Nancy, Nicole Newendorp, and Sangsook Lee-Chung. 2014. "East Asia's
　Astronaut and Geese Families". *Critical Asian Studies* 46(2): 259–286.

Moon, Seungsook. 2005. *Militarized Modernity and Gendered Citizenship*, Durham: Duke
　University Press.

Park, Sojin and Nancy Abelmann. 2004. "Class and Cosmopolitan Striving: Mothers'
　Management of English Education in South Korea". *Anthropological Quarterly* 77(4):
　645–672.

언론 및 인터넷 자료

미주중앙일보. 2015. 4. 13. "영주권자 '한국 입대' 사상 최대". http://www.koreadaily.com/
　news/read.asp?art_id=3307823(2017. 3. 15. 접속)
_____. 2015. 5. 1. "한국군 자원입대 미 영주권자 급증". http://www.koreadaily.com/
　news/read.asp?art_id=3351245(2017. 3. 15. 접속)
병무청 www.mma.go.kr(2017. 3. 15. 접속)
청춘예찬(병무청 공식 블로그) http://blog.daum.net/mma9090/10619(2017. 3. 10. 접속)
KBS. 2012. 다큐멘터리《육군훈련소 51인의 외인소대》.
MBC. 2008. 다큐멘터리《무이 옴브레(진짜 사나이)》.

강제 추방을
중단하라!

5

미국의 한인 미등록 청년 운동과
이상적 시민상(像)의 함정

정가영

글로벌라이제이션과 이주 "신분"의 의미

"1,100만 명의 미등록 이민자들이 지금 이 순간에도 강제 추방으로 가족을 잃고 있습니다. 대통령의 특별 집행권으로 강제 추방을 중단하고 포괄적 이민개혁을 시행하십시오!"

2013년 11월 25일, 버락 오바마 전前 미 대통령이 샌프란시스코 베티옹 센터에서 연설을 하고 있을 때였다. 대통령 뒤 연단을 메운 군중 속에서 한 청년의 외침이 터져 나왔다. 예기치 못한 상황에 경내가 술렁이기 시작했다. 대통령의 연설을 가로막은 청년은 단호하게 발언을 이어나갔다. "오늘 많은 이들이 가족과 함께 추수감사절을 맞이했지만, 강제 추방으로 사랑하는 가족을 잃은 수많은 미등록 이민자들은 고통과 공포 속에서 시간을 보내고 있습니다. 현 정부는 매일 1,000여 명의 미등록 이민자들을 추방해왔습니다. 대통령의 특별 집행권을 발휘해 강제 추방을 중단하고 포괄적 이민개혁을 조속히 시행해주십시오!" 대통령이 청년 쪽으로 몸을 돌려 "나에게는 그런 권한이 없습니다. 의회와의 상의 없이 단독으로 정책을 바꾸는 것은 불가능합니다."라고 답할 즈음이었다. 청년의 용감한 외침에 화답이라도 하듯, 군중석에서 복수의 사람들이 구호를 외치기 시작했다. "강제 추방을 중단하라! 강제 추방을 중단하라!(Stop deportation! Stop deportation!)"

대통령의 연설을 중단시킨 도발적 행위로 "heckler(훼방꾼)"라는 별명을 얻게 된 이 청년은 24세의 한인 미등록 이민자 홍주영 씨(미국 이름 Ju Hong)*였다. 청중의 호응을 이끌어내며 유례없는 "사건"을 만들어낸 주영 씨의 목소리는 이내 수많은 언론의 헤드라인을 장식했다. 대통령의 연설을 가로막은 무례함에 대한 지적도 잇따랐지만, 이를 계기로 오바마 정권이 대선 공약과 달리 반(反)이민적 면모를 보여왔다는 점이 재조명되었고 주로 히스패닉 이민자의 문제로 여겨지던 이민자 추방 문제가 아시아계 이민자들에게도 주요한 과제라는 것 또한 알려지게 되었다. 무엇보다, 주영 씨를 통해 미국 내 한국계 미등록 이민자의 존재가 그 어느 때보다 널리 알려질 수 있었다.

미 국토안보부가 2013년에 발표한 자료에 따르면 미국에는 약 23만여 명의 미등록 한인 이민자가 거주하고 있다(U. S. Department of Homeland Security 2013). 멕시코, 엘살바도르계 이민자에 이어 미국에서 일곱번째로 큰 미등록 이민자 집단이다.◆ 아시아계 이민자 중에서는 필리핀, 인도 다음으로 가장 많은 미등록 이민자 수를 기록했으며, 한인 7명 중 1명(14%)이 미등록 이민자인 것으로 집계되었다(National Korean American Service & Education Consortium 2012). 이 숫자만큼이나 놀라운 것은, 이토록 많은 한인 미등록 이민자가 있음에도 불구하고 이들의 존재가 공공의 장에서는 물론 학계에서조차 거의 언급되지 않았다는 점이다. 이 같은 한인 미등록 이민자의 비가시화는 특히 그 자녀들로 하여금 자신의 체류지위를 "부끄러운 것", "숨겨야 할 비밀"

● 홍주영 씨의 활동이 국내외 매체에 다수 언급되어 왔고 그가 미국 내에서도 가장 널리 알려진 한인 청년 활동가인 것을 고려하여, 홍주영 씨의 동의를 구해 실명으로 이름을 표기한다. 이 글의 모든 다른 활동가들의 이름은 가명임을 밝혀둔다.

◆ 위 보고서에서 송출국별 미등록 이민자 규모는 멕시코(672만 명), 엘살바도르(69만 명), 과테말라(56만 명), 온두라스(36만 명), 필리핀(29만 명), 인도(26만 명), 한국(23만 명) 순으로 나타났다.

로 여기게 했고, 젊은 미등록 이민자로서 겪은 불평등과 억압, 공포에 대해 표현하고 문제를 제기하는 것을 어렵게 했다.

그러나 이것이 그간 한인 미등록 이민자들이 침묵으로 일관해왔다는 것을 의미하는 것은 아니다. 지난 2000년대 초반 미등록 이민자 자녀들에게 조건부로 합법적 체류지위를 부여하는 "드림법안^{DREAM Act:} Development, Relief, and Education for Alien Minors"이 제안되면서 수많은 미등록 이민자 청년들이 이 법의 통과를 위한 운동에 참여했고, 한인 미등록 이민자 청년들도 이 운동의 활동가로서 광장에서 또 수많은 공공의 장에서 자신의 목소리를 내왔다. 샌프란시스코에서 오바마 대통령에게 미등록 이민자의 목소리를 대변해 "훼방"을 감행한 주영 씨 또한 수년간 이민자 권익 운동에 참여해온 한인 청년 활동가 중 한 명이다.

이들 한인 미등록 청년 활동가들은 미국 정부가 1,100만 명의 미등록 이민자의 값싼 노동력과 이들이 납부하는 세금으로 경제적 이득을 취하면서도 이들이 합법적 시민으로 나아갈 수 있는 경로를 폐쇄한 채 미등록 이민자들을 2등 시민화, 범죄자화함으로써 배타적 시민권을 강화하고 있다고 지적한다. 나아가 미등록 이민자 차별에 내재된 "비非백인 이민자"에 대한 인종차별적 요소와 미등록 이민자 구금과 추방으로 수익을 올리고 있는 "이민산업"과 정부의 공모를 비판하며, 현재의 망가진 이민 시스템을 바로잡고 포괄적 이민개혁으로 현 미등록 이민자들을 시민으로 받아들일 것을 요구하고 있다. 미등록 이민자의 존재를 "수치스러움"과 "흠"으로 여기는 한인 이민자 커뮤니티의 냉대는, "한인" 미등록 이민자 청년으로서 이들이 부딪히고 있는 또

샌프란시스코 베티 옹 센터에서 버락 오바마 전 미 대통령이 연설하는 가운데
한인 미등록 청년 활동가 홍주영 씨가 강제 추방 중단을 요구하고 있다.
(출처: 더데일리캘리포니안)

하나의 장벽이다. 언제 닥칠지 모르는 추방의 공포와 "미등록 이민자"라는 낙인, 또 그로 인해 지속되는 가난의 굴레 속에서 이들 한인 미등록 이민자 청년 활동가들은 안전하게 정주할 권리와 시민으로서의 자격을 획득하기 위해 기나긴 투쟁을 이어가고 있다.

부모가 미등록 이민자 신분이라는 것을 전국에 알리며 정부의 정책을 공개적으로 비난한다는 것은 최악의 경우 부모에 대한 표적 추방까지도 각오해야 한다는 것을 의미한다. 미등록 이민자에 대해 배타적인 한인 커뮤니티의 정서를 고려할 때 주영 씨의 결단은 더욱이 큰 용기와 희생을 전제로 하는 것이었다. 그렇다면 이러한 위험과 제약에도 불구하고 그가 군중 앞에서 자신의 체류지위를 공개하며 미등록 이민자를 위한 정책 변화를 공개적으로 요구한 이유는 무엇일까? 그의 외침은 무엇을 향한 것이었으며 우리는 그의 목소리를 어떻게 이해해야 할까?

이 책의 다른 장에서 이주와 정주의 반복이라는 국경 넘기를 통해 삶 기획을 실천해나가는 청년들의 이야기를 소개했다면, 이 글에서 나는 어린 시절 부모를 따라 미국으로 이주해 "불법체류자"가 된, 그래서 이제는 자유로운 여행과 이주, 국경 넘기를 도모하기 어려워진 한인 미등록 청년들의 이야기를 전한다. 특히, 추방과 체포의 위험 속에서 투쟁을 벌여나가는 재미 한인 미등록 청년들의 목소리를 통해 글로벌 이주의 시대에 이주 "신분"이 갖는 의미를 고찰하고, 이들의 운동이 국민국가가 원하는 이상적 시민/청년 양성 프로젝트와 어떻게 의도치 않게 접합되는지를 드러내보고자 한다. 이를 통해, 미국의 미등록 이민자 청년으로서 이들이 전개해온 운동과 그 담론이 한국의 폐쇄적이고 배타적인 미등록 이주노동자 및 그 자녀에 관한 정책에 던지는 시사점을 첨언하는 것이 이 글의 궁극적 목적이다.

나는 2013년 6월부터 로스앤젤레스와 뉴욕을 중심으로 현장연구를 진행하며 88명의 한인 미등록 청년 활동가, 비활동가 미등록 청년, 한인 미등록 이민자 부모, 한인 이민자 권익 활동가, 그리고 히스패닉계 및 아시아계 미등록 청년 활동가들을 만나왔다. 청년 활동가들은 현재 10대 후반에서 20대 후반의 재미 한인 청년들로, 1980년대 후반 또는 1990년대 초반에 한국에서 태어나 8~14세 사이에 미국으로 이주해 온 후 미등록 이민자가 되었다. 나는 한인 이민자 권익 비영리 단체에서 자원봉사자, 연구원 또는 임시 스태프로 참여하며 2013년부터 2016년까지 매년 여름 또는 겨울에 사무실, 집회, 기자회견장, 워크숍 또 전국 횡단 캠페인 등의 현장에서 청년 활동가들을 만날 수 있었다. 한때 열정적인 활동가였다가 "은퇴"하고 이민자 권익 운동과 멀어진 사람들은 현직 활동가들의 소개로 만났다.●

그간 한국 사회에서 재미 한인 청년은 주로 "영어"라는 언어적 자원과 서구적 문화 경험을 겸비한 글로벌 엘리트로서의 재미교포 혹은 한인 유학생으로 재현되어 왔다. 여름이면 압구정동을 자유분방한 몸짓과 외국어로 물들이며 "야, 타!"를 외치던 90년대의 강남 출신 유학파 "오렌지족"부터 2000년대 TV 드라마와 K-pop에서 이국적 매력과 신비로움을 담당해왔던 "교포" 스타들, 2000년대 초중반 조기유학 붐

● 이 글에 인용된 인터뷰는 대부분 영어로 진행되었으며, 과도한 의역이나 윤문 없이 최대한 원래의 의미를 번역해 옮기고자 했다.

속에서 성장한 조기유학파 귀국자 등에 이르기까지, 미국에 거주 중인 혹은 미국을 경유해 한국으로 돌아온 한인 청년의 이미지는 가난이나 고생스러움보다는 여유로움과 세련됨, 부유함에 가깝게 그려지곤 했다. 한국 사회의 고용 없는 성장, 일자리 부족, 누적된 구조적 불평등으로 "헬조선"을 벗어나 "흙수저"의 저주를 극복하기를 원하는 한인 청년들(1장, 이민영) 사이에서도 미국은 세계화의 핵이자 제1세계의 최첨단으로서 이상적 이주국의 위치를 점하고 있으며, 따라서 여전히 미국은 많은 한인 청년들에게 "글로벌 학력자원의 획득처"(4장, 최희정), "루저와 잉여의 삶을 벗어나게 해줄 도피처"(2장, 김수정) 또는 "꺼지고 싶어도 비행기 삯이 비싸 차마 갈 수 없는 곳"(3장, 우승현)이다. 그리고 이처럼 미국 또는 재미교포를 둘러싼 수많은 "이야기들" 속에서 좀처럼 언급되지 않았던 이들, 바로 미국에서 살아가고 있는 한인 미등록 청년 활동가들의 목소리를 여기서 전해보고자 한다.

닫힌 이동성

2014년 7월 8일, LA 다운타운에서 열린 이민개혁 집회에 다녀와 카페에서 잠시 숨을 돌리고 있을 때였다. 집회에서 배포하고 남은 유인물들을 차곡차곡 챙겨 가방에 넣던 청년 활동가 준희 씨가 나에게 질문을 던졌다. "그런데 어떻게 한인 미등록 이민자undocumented Korean American 연구를 하게 됐어요? (연구자 같은 한국) 유학생은 우리랑 가장 먼 사람이라고 생각했어요. 우리하고 완전히 다른 신분을 갖고 있잖아요." 한인타운의 탐앤탐스 카페에는 빅뱅의 신곡이 울려 퍼지고 있었다. 화려한 음악 소리에 목소리가 묻힐세라, 목청을 높이며 준희 씨가 말을 이었다.

F-1 비자(유학생 비자)는 미국 어디서나 환영받잖아요. 돈 가져오지, 안전하지, 여기 정부도 대학도 한국 유학생을 좋아해요. 음…… 우리는 완전히 다르죠. "불법illegal"이지, 가난하지, 또 사람들은 불법체류자들이 미국에서 범죄를 만들 거라고 생각하잖아요. 그런데 심지어우리가 (집회 유인물을 가리키며) 이런 거(집회)까지 하고요. 누가 우릴 좋아하겠어요. (잠시 침묵) 유학생들은 방학마다 한국에 가잖아요. 한국만 가는 게 아니라 온 세계를…… 유럽, 홍콩, 일본, 남미……. 항상 방학 끝나면 페이스북에 유학생 외국 여행 사진이 이만큼 올라와요. 진짜 이만-큼요. 나는 몇 년 전까지만 해도 한국 아니라 (로스앤젤레스에서) 뉴욕 가는 것도 꿈도 못 꿨어요. (만료된 비자 때문에) 공항 가는 게 겁이 났거든요.

1991년 한국에서 태어난 준희 씨는 2000년 미국에 오기 전까지 수원에 거주했다. 평범한 중산층이었던 준희 씨 가족이 변화를 겪기 시작한 것은 작은 과일가게를 운영하던 부모님이 90년대 말 경제위기 때 큰 빚을 지게 되면서부터다. 결국 부모님은 파산을 맞이했다. 준희 씨 가족은 남은 재산과 살림을 정리해 빚잔치를 한 후 친척이 있는 미국행 비행기에 올랐다. 준희 씨가 아홉 살 때의 일이었다. 준희 씨 가족은 관광 비자로 미국에 입국했고, 비자가 만료된 6개월 후에도 한국으로 돌아갈 수 없었다. 영주권과 시민권 획득을 위한 과정은 복잡하고 치열했으며, 한인 커뮤니티에는 여느 이민자 사회와 마찬가지로 잘못된 이민 정보와 오해, 그리고 이민 변호사를 가장한 사기꾼들이 있었다. 그렇게 준희 씨 가족은 미등록 이민자가 되었다. 누군가에게는 이민이 장기간의 계획과 넉넉한 자본, 풍성한 정보가 뒷받침된 종합적인 계획 이겠지만, 모두가 그런 시간과 비용의 여유 속에서 이주를 실천할 수 있는 것은 아니다.

　　준희 씨처럼 미국에서 미등록 이민자로 살아왔다는 것은 청소년 추방 유예 정책DACA: Deferred Action for Childhood Arrivals이 발표된 2012년 전까지 한국의 주민등록번호와 같은 사회보장번호를 비롯해 운전면허증 및 노동허가증을 획득할 수 없었다는 것을 의미한다. 미국 체류기간이 만료된 비자는 적발 시 최악의 경우 강제 추방으로 이어질 수 있기 때문에 결과적으로 미등록 이민자는 유효한 신분증을 갖지 못한 자가 된다. 한번 미국을 떠나면 다시는 돌아올 수 없는 까닭에 미국 밖으로의 출국을 계획할 수 없는 것은 물론이거니와 국내선 항공 탑승조차 2012년 이전까지는 대부분 꺼렸다. 자연스럽게 공항은 "금지된 공간"으로 간주되었고, 장거리 이동의 자유, 특히 국경을 넘나드는 "글로벌 이동성"의 실천은 한인 미등록 청년들이 획득할 수 없는 가장 대표적이고도 상징적인 삶의 제약이 되었다. 그런 의미에서 준희 씨에게 원하면 얼마든지 공항을 드나들며 시공간의 이동을 꾀할 수 있는 유학생, 특히 자신은 돌아갈 수 없는 곳인 "한국"을 자유롭게 오가는 한국 유학생은 실로 그들의 삶과 가장 멀리 서 있는 사람들이었다. 한인 미등록 청년들이 가끔 유학생을 "대척점에 서 있는 자"로 간주하는 데는 또 다른 이유가 있다. 가파르게 상업화, 신자유주의화 되어가고 있는 대학들이 국내의 인종적, 경제적 소수자들을 위한 복지를 줄여가고 있는 가운데, 유학생들이 대개 대학의 경제적 수익을 높여주고 캠퍼스의 "글로벌화"를 돕는 촉매제로서 환대받고 있기 때문이다.

이민자 권익 운동에서 대학 교육권 운동으로

연구에 참여한 많은 한인 미등록 청년들은 대학입학과 대학생활을 경험할 때쯤에 이르러 자신의 체류지위를 실감하기 시작했다고 했다. 미국은 1982년에 미등록 이민자 자녀가 텍사스 주 학교에서 수학하는 것에 이의를 제기한 "플라일러 vs. 도$^{Plyler v. Doe}$" 소송을 기각한 대법원 판결 이후로 체류지위와 무관하게 모든 학령기 아동 청소년이 초·중·고교 교육을 받을 수 있도록 법으로 보장해왔다. 따라서 오랫동안 "학교장 재량"에 따라 미등록 이주자 자녀의 입학을 결정하도록 해온 한국에서 미등록 아동 청소년들이 초등 과정부터 자연스럽게 자신의 체류지위를 인식하고 제약을 체감하는 데 비해, 미국에서는 최소한 기본 교육권에 한해 미등록 이민자 자녀가 제도적 차별을 경험하는 일이 드문 편이었다. 초·중·고등학교에서는 원칙적으로 학생의 체류지위

(미등록 이민자 자녀인지 영주권 또는 시민권자인지의 여부)를 묻지 않도록 되어 있다. 상당수 한인 미등록 청년들이 "내가 미등록 이민자라는 것을 대학입학을 준비하면서 비로소 알게 되었다."라고 토로하는 것도 그 때문이다.

대학 원서에 사회보장번호를 써야 하니까 엄마한테 물어봤어요. "엄마, 내 소셜 넘버(사회보장번호) 뭐예요?" 엄마가 아무 말 안 하시더라고요. 그날 밤에, 자러 가기 전에야 얘기하시는데 "진영아, 너는 소셜 넘버 없다. 대학은…… 방법을 생각해보자." 한국말로 "눈(앞이) 캄캄하다" 그러죠? 아무 생각이 안 나요. 침대에 누웠지만 잠이 안 오더라고요. 내가 "불체자"라니……. 그럼 지금까지 배운 건 다 무슨 소용이지? (잠시 침묵) 이 나라 시민도 아니고, 권리도 없고, 지금까지 "유에스 시티즌"으로 배운 거 전부 이제 나한테는 적용이 안 되는 거예요. 고등학교 졸업하면(성인이 되면) 나는 바로 "언제든지 잡혀갈 수 있는 사람"(추방 대상자)이 되겠죠. 대학도 직장도 다 끝인 거예요.

연구 참여자들은 합법적 체류권을 갖고 있는 영주권자 혹은 시민권자인가를 묻는 대학입학 원서를 마주하면서 자신이 미등록 이민자라는 것을 처음 알게 되었다. 그들은 그 사실을 알게 된 순간을 모두 또렷하고 상세하게 기억하고 있었다. 진영 씨의 기억처럼, 체류지위를 처음으로 알게 된 순간의 놀라움과 충격은 그만큼 큰 것이었다. 로베르토 곤살레스(Roberto Gonzalez 2011)는 성인기 진입을 앞둔 미등록 이민자 자녀들의 경험을 소개하면서, 고등학교 졸업을 앞두고 이들은 그동안 미국의 교육 시스템 속에서 배워온 민주주의와 자유, 평등의 가치가 비시민인 자신에게는 보장되거나 부여되지 않는다는 것을 받아들이고 "성인 불법체류자"로서의 삶을 준비하기 시작한다고 지적했다. 이 과정에서 10대 후반의 미등록 이민자 청소년들은 미국의 이민법을 어긴 범죄자, 시민들이 납부한 세금에 기생하는 무임승차자, 언제든지 이 나라의 법과 정의를 위해 추방당하고 쫓겨날 수 있는 자 등 미등록 이민자를 향한 사회의 부정적 시선을 내면화하고 그로 인해 자존감 및 귀속감의 추락을 겪게 되는 것이다. 성인 미등록 이민자에게 가능한 삶의 선택지가 그들의 체류지위를 약점 삼은 저임금 육체노동이나 비숙련직이라는 것, 그리고 설령 사무직 직업을 갖게 되더라도 공정한 노동조건과 건강보험을 보장받지 못하는 직종에 한정될 가능성이 높다는 것을 이미 이들도 잘 알고 있다. 따라서 진로를 선택하고 그에 맞춰 대학에 진학하거나 다양한 종류의 준비 단계를 밟아나가는 과정에서 이들은 또래 집단의 "평범한" 삶 기획이 자신에게는 허락되지 않는다는 것을 느끼게 되고, 이로 인해 미등록 이민자라는 체류지위가 내포한 제약들을 조금씩 피부로 체감하기 시작한다. 이때, 시민이 아니라는 이유로 오랫동안 입학뿐 아니라 재정적 지원을 봉쇄해온 대학제도는 특히 한인 미등록 청년들이 가장 노골적으로 또 상징적으로 자신의 제약적 지위를 실감하는 계기가 되어왔다.

(한국과 마찬가지로) 천문학적 액수의 등록금을 요구하는 사립대학에 비해 공립대학은 상대적으로 지불 가능한 등록금 범위 내에서 양질의

고등교육을 제공한다. 2015년 기준, 미 50개 주 및 1개 특별구 가운데 18개 주에서 미등록 청년들에게도 공립대학에 한해 주 거주민 등록금 in-state tuition으로 대학을 다닐 수 있도록 하고 있다. 타 주에서는 미등록 청년들의 대학입학을 허락하나 미국 시민이 아닌 "외국인"으로 분류해 미등록 청년들로 하여금 유학생들이 내는 "외국인 학생 학비"를 적용하고, 최악의 경우 미등록 청년들의 지역 공립대학 입학 자체를 금하는 경우도 있다. 예를 들어, 조지아, 콜로라도, 미시시피, 알래스카, 애리조나 주에서는 최근까지도 미등록 이민자 자녀들이 주 거주민 등록금 혜택을 받지 못하도록 해왔고, 사우스캐롤라이나 주는 미등록 이민자 자녀들의 공립대학 입학 자체를 금지하는 법을 2008년에 통과시켰다. 설령 주 거주민 등록금 혜택을 받게 된다 해도 여전히 대학 등록금은 대부분의 한인 미등록 이민자 가정에 부담스러운 액수다. 한국의 대학생들과 마찬가지로 대다수 미국 청년들 또한 학자금 대출로 대학 등록금을 내거나 학교, 정부 또는 장학재단에 장학금을 신청해 등록금과 생활비를 충당하는데, 학자금 대출과 대학 내외 장학금의 상당수가 "미 영주권자 또는 시민권자"로 신청 자격을 제한하고 있기 때문에 한인 미등록 청년들은 학비를 조달할 경로가 다양하지 않아 어려움이 더욱 크다.

이런 점을 고려할 때, 미등록 청년 운동이 대학 교육권 운동과 궤를 함께해온 것은 일견 자연스러운 것이었다. 진영 씨는 어렵사리 대학에 입학한 후 자신과 비슷한 경험을 공유하고 있는 많은 미등록 이민자 청년들을 만났다. 이들은 학교 안팎에서 집회를 열고 미등록 이민자 자녀들의 대학 교육권을 제한하는 제도에 반대하는 목소리를 높였다. "강제 추방 대신 교육을!(No Deportation But Education!)", "미등록 이민자지만 두렵지 않다!(Undocumented, Unafraid!)"의 구호를 외치며 전국 23만여 명의 대학 학령기 미등록 이민자 청년들의 애환을 전달하고 대학교육 기회 확대를 요구했다. 특히 캘리포니아 주 정부가 주립대학을 포함한 주립 교육기관의 예산을 대폭 삭감하는 정책을 발표한 2010년에는 3월 4일 "공교육을 위한 전국 행동의 날"에 새크라멘토에서 수백 명의 학생, 교사 및 지지자들과 함께 대규모 집회에 참여해 주정부의 공교육 예산 삭감이 미등록 청년들에게 가져올 위험에 대해 널리 알리기도 했다. 진영 씨는 대학 교육권 운동에 참여하게 된 계기에 대해 이렇게 설명한다.

어떤 사람들은 그렇게 말할 거예요. "K-12(초·중·고교 과정)를 (무료로) 해줬으면 됐지, 왜 대학 교육까지 바라?", "너희는 미등록이잖아. 그러니까 거기까지만 하고 살아." 미등록 이민자는 장학금도 많이 없고 학자금 대출도 받기 어렵고……. 그러니까 휴학해서 돈 벌고 복학하고 다시 휴학하고 그렇게 오래 걸려서 졸업하는 사람이 꽤 있어요. 누나나 오빠가 대학 대신 먼저 돈 벌어서 동생 대학 학비 내주고, 자기는 뒤늦게 커뮤니티 칼리지(2년제 대학)에 가기도 하고, 명문 사립대 갈 실력에도 어쩔 수 없이 주립대학 가는 경우도 있고요. 중간에 포기하는 사람도 물론 있죠. "벌써 남들보다 늦었는데 이미 틀린 거 아닌가?", "졸업해도 미등록이니까 어디 가나 이런 취급 받겠지." (이런 상황이) 사람들을 점점 더 포기하게 만드는 거예요. (……) 교육은 인권이라고 말하면서 대학부터는 미등록 애들을 없애요. 그래도 최소한 대학만큼은 원래 사회정의 얘기하고 걱정해야 하는 곳 아니에요? 만약에 대학이 "미등록 이민자는 차별받는 게 당연하다"고 동의하고 더는 아무런 고민도 안 한다면 그때는 정말 누구도 이런 것에 관심 안 가질 거예요. 그러니까 이렇게 운동하고 집회하고 그러는 거예요. 하지만…… 아무리 우리 미래가 여기(대학에) 달려 있어도, 돈 안되는 우리 같은 사람들을 위해서 그들(대학)이 쉽게 뭘 바꾸려고 하지는 않을 거 같아요. 지금은 대학도 돈 많이 버는 게 중요하니까.

1980년대 후반 이후 시작된 시장근본주의와 지식경제 담론은 교육의 헤게모니를 가치 지향적 행위로부터 목적 지향적 활동으로 전환했고, 이와 함께 부상한 인적자원 이론은 교육을 개인의 경제적 효용을 높이기 위한 도구로 바꾸어놓았다(Soros 1998; Rizvi & Lingard 2010). 이러한 흐름 속에서 고등교육의 상징이자 "취업"이라는 본격적 경제활동의 마지막 준비 관문인 대학 및 대학교육은 개인이 투자를 통해 자신의 가치를 최대화하고 자원을 획득할 수 있는 장으로 부상했다. 한때 대학이 특정 소수를 위한 부가적 교육기관이었다면, 진영 씨가 언급한 것처럼 이미 1990년대부터 대학은 청년기 젊은이들에게 당연히 거쳐야 할 과정이자 가장 치열한 경쟁의 공간으로 자리매김해왔다. 한국 사회에서도 익히 목격되어 온 현상이다. 나아가, 지난 20여 년에 걸쳐 가속화된 전 지구적 글로벌라이제이션이 해외 대학을 통한 사회적·

미등록 청(소)년 이민자들에게 추방 대신 교육을 제공하라는 외침이 꾸준히 이어져
왔다(출처: 플리커 https://www.flickr.com/photos/jimwinstead/129248037).

문화적 자본의 축적을 확산시킴에 따라 이제 개인은 국경을 넘나들며 유연성flexibility과 이동성mobility을 실천함으로써 더 많은 권력과 부를 획득하는 데 시선을 돌리기에 이르렀다(Ong 1999). 계량화된 기준에 따라 대학 간 경쟁과 성장을 부추기는 신자유주의 정부가 재정적 지원과 공공성 유지에 손을 놓은 사이, 대학도 빠르게 상업화, 기업화되기 시작했음은 물론이다. 외부로부터의 공적 지원을 기대할 수 없는 환경 속에서 대학본부 역시 수치화된 "성과"를 단시간에 가시적으로 가져올 수 있는 학문에 집중 투자했고, 교수들을 실적에 따라 평가하고 교직원 및 대학원생 조교들의 임금 계약을 최소화하는 데 몰두하게 된 것이다. 진영 씨의 지적처럼 이제는 대학도 생존을 위해 "돈을 버는 것"이 중요해졌고, 그런 분위기가 만연해지는 사이 미등록 청년을 포함해 "돈 안 되는 사람들을 위해서 대학이 뭘 바꾸"는 것은 기대하기 어렵게 되었다.

여기서 중요한 것은, 이처럼 대학이 주요한 구성원으로 고려하지 않는 미등록 청년들이 전개하는 대학 교육권 운동이, 바로 그 배제적 조건으로 인해 대학의 시장화와 기업화를 비판하는 구심점으로 자리매김하게 되었다는 점이다. 『제국의 대학*The Imperial University*』(Chatterjee & Maira et al. 2014)에서 저자들은 2000년대부터 달라진 미국의 대학 풍경을 분석하면서 시장근본주의적 사고가 "보다 나은 개인과 사회를 위한 진리 추구"라는 대학 본연의 목적을 앞지르고, 대학본부의 정책이나 주류 기득권 및 손 큰 기부자들의 입장에 반기를 드는 교수를 감시하거나 해고하는 풍토에 대해 지적한다. 또한 저자들은 전에 없이 캠퍼스에서 일어나는 대학생들의 반정부 혹은 반대학본부 집회에 공권력이 과도하게 투입되고 강도 높은 징계가 부여되는 현상에 우려를 표하면서, 이 같은 대학의 시장화와 "겁주기식 폭력"이 불러오는 가장 큰 위기는 청년들로 하여금 비판적 사유의 과정 없이 신자유주의적 경쟁 구도에 몰입하게 하고 사회정의나 평등, 윤리의 가치를 위해 정부나 기득권층에 대항하는 것 자체를 의미 없는 것 또는 위험한 것으로 여기게 하는 것이라고 말한다. 한국 사회에서 우리가 경험하고 있는 것과 마찬가지로, 이 같은 대학과 정부의 숨 가쁜 신자유주의화 속에서 미국 대학생들은 학자금 상환에 대한 부담과 생활고로 사회비판이나 저항을 고려할 겨를 자체를 갖기가 어려워지고 있는 것이다. 이런 점에서, 자신의 가장 절박한 상황을 기반으로 대학의 의미와 차별적 교육 조건에 대해 문제를 제기하면서, 대학이 시장과 경쟁의 논리를 따르는 곳이 아닌 "가치"에 대한 재고와 논의를 지속할 수 있는 공간이 되어야 한다고 주장하는 한인 미등록 청년들의 노력은 주목할 만하다. 미등록 청년들은 시민권과 경제적 자원을 지닌 또래 다른 학생들에 비해 상대적으로 대학으로부터 환영받지 못하고, 법적 체류지위로 인해 추방당할 가능성까지 있어 더욱 공권력이나 주류 사회에 맞서는 것을 회피할 법하다. 하지만 역설적으로 그러한 제약적 조건으로 인해 제도적 맹점과 억압을 간파하면서 또래 집단보다 더욱 적극적으로 광장에 나서 대학의 변화를 외치고 있는 것이다.

한국계 미등록 이민자로 살아간다는 것

하루는 저의 사무실로 전화 한 통이 걸려 왔습니다. 시카고에서 세탁소를 운영하는 한인 여성 이민자의 전화였습니다. 그녀는 열여덟 살인 큰딸이 뛰어난 피아노 실력을 가졌으며 명문 줄리아드 음대에 합격했다고 했습니다. 그러나 두 살 때 부모를 따라 미국에 온 딸은 미등록 이민자라는 점 때문에 대학입학을 포기해야 할 상황이라고 말했습니다. 저의 직원들이 공식적으로 이 한인 여학생의 기록을 열람한 결과, 줄리아드 음대 입학이 불가능할 뿐만 아니라 원칙적으로는 한국으로 돌아가야 한다는 것을 알게 되었습니다. 16년 동안 한 번도 가본 적 없고, 언어도 제대로 구사할 수 없는 나라로 말입니다. 이것은 공평하지 않습니다. 이들은 단지 부모의 결정에 따라 그 손에 이끌려 미국에 오게 되었을 뿐입니다. 우리의 망가진 이민제도로 인해 이 무고한 젊은 인재들을 잃는다면 국가에 큰 손실이 될 것입니다. 현재 미국에는 수백만 명의 재능 있는, 이 나라에 기여하길 원하는 미등록 이민자 자녀들이 있습니다. 이들은 미국이 더 강한 국가로 거듭나는 데 기여할 것입니다. 우리는 이들에게 자신의 능력을 증명해 보일 기회를 제공하고 더 나은 국가로 나아갈 필요가 있습니다. 제가 11년 전 처음 발의했고 지금까지 의회에서 계류 상태인 "드림법안"을 다시 투표에 붙이고자 제안하는 것은 그 때문입니다.

2012년 3월 9일, 딕 더빈 일리노이 주 연방상원의원은 워싱턴에서 열린 상원회의에서 이와 같은 내용의 연설을 갖고, 연내에 이 법의 통과를 위한 투표의 시행과 지지를 호소했다. 드림법안은 2001년 8월 1일 그가 오린 해치 상원의원과 함께 발의하고 2009년 재상정한 법안으로, 특정 조건을 만족하는 미등록 "청(소)년"에 한해 조건부 영주권을 제공하고 이를 통해 궁극적으로 합법적 시민권 획득의 길을 열어주고자 제출되었다. 2001년 첫 발의 당시 이 법안은 1) 만 15세 이전에 미국에 입국한 자일 것. 2) 조건부 지위가 부여된 첫 5년 동안 훌륭한 도덕적 품성을 보일 것. 3) 미국에 지속적으로 거주할 것. 4) 최소한 2년제 대학에서 좋은 학점을 받고 4년제 대학으로 진학하여 고등교육 기관에서 학위를 취득하거나 미국 군대에서 최소한 2년간 복무할 것 등을 요구했다(Buenavista and Gonzales 2011: 30). 드림법안의 지지자들은 이 제도의 수혜자들이 더 많은 교육 기회와 나은 직업에 접근할 수 있도록 함으로써 더 많은 세금 수입을 확보할 수 있고 그래서 결국은 이 제도가 국가에 경제적 이익을 가져다줄 것이라고 주장했다. 이 법안의 통과를 지지한 많은 연구소의 보고서들 역시 이 법안에 힘을 실어주는 방법 중 하나로 이 법안이 통과되었을 때 획득할 수 있는 경제적 효과를 강조했다.

드림법안은 오랫동안 미등록 청(소)년들에게 미국 내 체류지위를 합법화할 수 있는 유일한 선택지였다(Corrunker 2012: 154). 수많은 미등록 이민자 청소년들이 드림법안의 통과를 위한 운동에 적극적으로 참여했고 많은 시간과 에너지, 열정을 투여했다. 미국 내 미등록 이민자 인구의 상당수를 차지하고 있던 한인 미등록 청소년들도 마찬가지였다. 오랫동안 자신의 체류지위를 숨겨왔던 한인 미등록 청소년들이 드림법안의 통과를 위해 침묵을 깨고 광장으로 나오기 시작했다. 현희 씨는 "그때는 드림법안이 유일한 희망이었고, 그 법이 반드시 통과될 거라고 사람들은 믿었다"고 말한다.

그땐 정말 놀랐어요. (한인 미등록 청년이) 그렇게 많을 거라고 생각 못 했거든요. 더 놀란 건 (한인 미등록 청년 중) 이미 자신이 서류미비자라고 "커밍아웃"하고 운동에 참여하고 있는 사람들이 꽤 있었다는 거예요. 그 사람들은 기자회견에도 참여하고 큰 집회에서 연설을 했어요. 대학에서 캠페인이나 서명운동도 하고요. 진짜 용감한 거죠. (……) 드림법안 통과되게 하려고 모두가 필사적이었어요. 어떤 친구들은 수업 듣고 파트타임 몇 개씩 뛰면서도 (드림법안 통과를 위한) 운동을 했어요. 우리는 (체류지위 때문에) 운전면허가 아무도 없잖아요. 학교까지 버스로 한 시간 넘게 걸리는데 그걸 몇 번씩 왔다 갔다 하면서 활동하는 거예요. 시간을 어떻게 만들었겠어요. 잠을 줄인 거예요. 잠을 안 자고 일하고 활동도 한 거예요. 드림법안 통과되게 하려고.

현희 씨가 운동에 갓 합류하기 시작한 2009년은 때마침 딕 더빈 의원이 드림법안을 의회에 재상정한 해였기 때문에 드림법안의 통과에 대한 미등록 이민자 청년들의 의지와 기대가 어느 때보다 높았다. 2001년에 제안되었던 드림법안이 지난 8년간 다섯 차례나 의회 통과에 실패하며 많은 이들에게 안타까움을 안긴 후였다. 미등록 이민자들과 활동가들은 2009년과 2010년이 드림법안을 통과시킬 수 있는 "마지막 기회"라고 믿었다. "이번에도 통과되지 못하면 드림법안은 이제 끝이라는 이야기를 많이들 했어요. 10년간 통과되지 않은 법을 어떤 정치인이 다음에 다시 의회에 제안하려고 하겠어요. 우리가 할 수 있는 모든 걸 다 해보자, 우리한테는 이게 마지막이다. 그런 분위기였어요." 라고 현희 씨는 말한다. 드림법안 통과를 지지하는 서명 목록과 엽서를 모아 지역의 상·하원 사무실에 전달하는 한편 드림법안 통과에 지지표를 던질 만한 정치인들을 직접 만나 한인 미등록 이민자로서의 목소리를 전하며 로비 활동을 벌였다. 크고 작은 집회에서 연설을 이어나갔고, 수많은 공공장소에서 자신의 체류지위를 공개하며 드림법안 통과를 위한 구호를 외쳤다. "불법체류자라면 해서는 안 되는 것" 또는 "할 자격이 없는 것"으로 여겨졌던 모든 것들을 직접 몸으로 해내며 마지막이 될지도 모를 정책 변화를 위해 최선을 기울인 한 해였다.

이 과정에서 특히 한인 청년 활동가들은 자신의 체류지위를 공개적으로 밝히고 미등록 이민자로서 가졌던 경험과 불안, 희망을 전달하며 자신들의 존재를 가시화하는 데 정성을 기울였다. 당시로서는 파격적인 시도이자 모험이었다. 이민개혁을 위한 공개 집회에서 자신의 이야기를 공유하는 한편 각종 언론과 소셜 미디어, 블로그를 적극 활용해 한인 미등록 이민자에 대해 잘 알지 못했던 사람들에게 다가갔다. 현희 씨를 비롯한 많은 한인 미등록 이민자 청년들이 실천했던 이같은 방식의 "커밍아웃"은 미등록 이민자로서 이들이 어릴 때부터 요구받았던 "침묵"과 "자기 감추기"에 대한 저항이자 이들이 겪어야 했던 억압적 환경과 일상적 공포에 대한 도전의 표현이었다. 미등록 이민자 활동가들이 자신의 체류지위를 비밀로 부치고 지낸 시간을 "벽장에 갇힌closeted" 또는 "어둠 속에 잠긴shadowed" 삶으로 묘사하고, 침묵에서 벗어나 자신의 이민사와 추방 가능성을 밝히는 것을 "커밍아웃coming out"이라고 부르는 것은 많은 것을 시사한다. 잘 알려져 있다시피 이 용어들은 성소수자LGBTQ(레즈비언, 게이, 양성애자, 트랜스젠더, 퀴어) 진영의 실천으로부터 차용된 것들이다. 성소수자라는 이유만으로 사회적 낙인과 차별에 노출되고 자신의 정체성을 숨겨야 했던 많은 이들에게 "커밍아웃"이 절망, 무기력함, 공포로부터 당당함, 자부심, 희망으로 스스로의 위치를 새로이 전환하는 상징적 통과의례인 것처럼, 미등록 이민자들에게도 커밍아웃은 불법체류자라는 오인과 그로 인한 수치심에서 벗어나 보다 적극적으로 사회의 일원으로 참여하고 망가진 이민 시스템 개혁을 위해 앞장서겠다는 것을 선언하는 상징적 과정으로 여겨졌다. 그러나 이 같은 용기와 도전에도 불구하고 어려움은 산적해 있었다. 한인 커뮤니티 내의 낮은 지지와 반대도 그중 하나였다.

여기 교민분들 중에, 특히 부모님들 중에 코리아데일리(미주 중앙일보)나 코리아타임스(미주 한국일보) 신문 안 보시는 분들 거의 없을 거예요. 라디오코리아나 MBC아메리카 뉴스도 진짜 많이 접하시고요. 기자회견에서 실명, 얼굴 다 내놓고 "내가 서류미비자다."라고 말하는 건 "우리 엄마, 아빠, 형제자매들도 서류미비자입니다."라고 온 동네에 말하는 거랑 똑같아요. 한인타운에서는 한 다리 두 다리 건너면 누가 누구 집 아들딸인지 금방 알아요. 그러니까 한 명이 활동가가 되면 가족들 희생이 다 따라오는 거예요. 그걸 다 알고도 커밍아웃하는 거기 때문에 진짜…… 이건 의미가 큰 거예요. 그런데 아쉬운 부분이, 우리가 목소리를 내도 정작 한인 커뮤니티나 아시안 아메리칸 커뮤니티가 가장 우리를 외면한다는 점이에요. (한인)교포들은 이 문제를 다 알지만 알면서도 쉬쉬하고 있을 뿐이에요. (……) 우리처럼 정부를 비판하고 집회 나가고 그러면 한인 커뮤니티 분들은 이렇게 얘기들 하시죠. (여기부터 한국말로) "그런 거(집회 또는 운동) 하면은 안 돼. 여기(미국)에서 문제 만들지 마. 착하게 살아야지……."라고요.

다양한 집회와 캠페인에 참여하며 운동을 벌였던 연수 씨는 한인 및 이민자들의 관심과 지지를 끌어내는 것이 미등록 이민자 청년의 운동에서 가장 어려운 부분 중 하나였다고 말한다. 한인 미등록 이민자 청년들이 커밍아웃을 하거나 대중을 상대로 운동을 전개할 때, 한인이면서도 법을 어기고 "불법체류자"로 미국에 살고 있는 사람들이 많다는 것을 의아하게 여기는 반응에 부딪히는 동시에 "미국 내 한인의 좋은 이미지를 망치지 마라"는 한인 커뮤니티의 냉대를 경험해야 했기 때문이다. 이와 같은 반응에 대한 우려는 주영 씨의 커밍아웃에서도 드러난다. 2009년 11월 "Korean Student Shares a Secret(한인 청년의 비밀 고백)"이라는 제목으로 유튜브에 올린 이 동영상은 미등록 이민자 청년이자 재미 한인으로서 주영 씨가 전하고 싶은 이야기를 담고 있다.

안녕하세요, 제 이름은 홍주영입니다. 오늘 저는 평소에는 이야기하지 않을 어떤 것에 대해 말을 함으로써 위험을 감수하겠습니다. 저는 서류미비자입니다. 많은 사람들이 한국 사람들 중엔 서류미비자가 없을 거라고 생각합니다. 실제로는 23만여 명의 한국계 서류미비자들이 미국에서 살고 있으며 한국계 미국인의 서류미비자 규모는 전체 서류미비자 이민자 중 일곱번째를 차지하고 있습니다. (……) 어쩌면 여러분은 코리안 커뮤니티를 부끄럽게 하지 말고 제가 조용히 있어야 한다고 생각하실지도 모릅니다. 그러나 저는 더 이상 침묵할 수가 없습니다. 저는 그 어느 때보다 여러분의 도움이 필요합니다. 저는 여러분의 목소리와 여러분의 리더십, 그리고 드림법안의 통과를 위한 여러분의 참여가 절실합니다. 이 이슈에 대해 이야기하는 것을 부끄러워하지 마시기 바랍니다. 이것은 평범한 삶의 기회를 원하는 저를 비롯한 수천 명의 다른 서류미비 학생들을 도와줄 수 있습니다.

자신들의 운동이 더 큰 효과를 내기 위해서는 다른 인종적, 민족적 집단의 참여만큼이나 한인을 비롯한 아시아계 미등록 및 등록 이민자들의 동참이 중요했는데, 그것을 성취하기는 좀처럼 쉽지 않았다. 미국 사회에서 아시아계 이민자들은 모범적 소수자로 불리며 학업적으로 우수하고 경제적으로 큰 성취를 이루면서도 정치적으로는 적극적이거나 공격적이지 않은 "온순한 시민"으로 재현되어 왔다. 그중에서도 한국계 이민자들은 특히 이민 2, 3세대들의 학업 성적이 뛰어나고 변호사, 의사, 회계사 등의 전문직에 대거 진출했다는 평을 얻으며 이민

후 계층의 상향 이동을 성공적으로 확보한 대표적 집단으로 여겨지곤
했다. 아이러니하게도 한인 이민자에 대한 이런 믿음과 편견은 드림법
안 자체가 지닌 배타적 성격과 맞물려 한인 미등록 청년 활동가들로
하여금 더욱 어려움을 겪게 했다. 성공적 이민자 그룹, 모범적 소수자
로서의 한인 이민자의 대외적 평판에 금을 내지 말라는 압력이 부지
불식간에 잇따랐기 때문이다.

이상적 시민상의 함정

한인 커뮤니티 내의 편견과 더불어, 드림법안 자체가 내포한 특징들 또
한 미등록 청년들에게 긴장과 갈등을 불러오는 요소로 작용했다. 드림
법안은 일견 추방에 직면한 미등록 이민자들에게 사면권을 주려는 미
국의 자애로운 처우처럼 보이지만, 동시에 이 법안은 이주 청(소)년에
대한 정부의 선별적 허가와 승인이라는 작동기제를 노골적으로 내포
하고 있다. 드림법안이 요구하는 체류 적격자의 조건이 개인의 효용성,
생산성 그리고 책임성을 강조하는 체제로 수렴한다는 점은 특히 눈여
겨봐야 할 대목이다. 예를 들어, 드림법안이 제시한 "도덕적 품성의 내
면화"는 개인의 물질경제적 기여만큼이나 이 제도가 개인의 품성과 태
도, 자기 규율을 전제하고 있다는 것을 드러낸다. 더불어 고등학교 졸
업 혹은 그와 상응하는 학업 성취도가 미래의 고용 가능성을 판단하
기 위한 자격이라면, 군 복무는 국가 보호 활동에 직접적으로 참여함

으로써 사회에 기여할 것을 요구하는 조건이다. 즉 이 법안은 "미국에 머물 자격이 있는" 특정 청소년과 그렇지 않은 자를 가려내는 데 초점을 두고 있는 것이다.

드림법안에 있어 한 가지 더 주목할 것은, 이 법안이 명시하는 수혜자의 자격요건이 전통적으로 청소년 및 청년들에게 "이상적 시민"이 되기 위한 조건으로 요구되던 기제와 상당히 유사한 성격을 지니고 있다는 점이다. 예로부터 청년은 결백하고, 미성숙하며, 유약한 존재로 간주되어 왔고 이러한 고전적 믿음은 청년들로 하여금 도덕적 성장에 필요한 교육 또는 훈련을 받도록 했다. 이로 인해 청(소)년은 사회가 지닌 가능한 위험 또는 오염으로부터 보호받아야 할 존재로 위치 지어졌고, 이런 믿음과 신화는 정부로 하여금 청년 규제와 교육, 통제를 정당화하는 데 힘을 실어주었다. 따라서 이 같은 요소들이 드림법안의 조건과 중첩된다는 것은, 드림법안이 국민국가가 추가적 비용을 들이지 않고 미등록 이민자 중 국가에 도움이 되는 젊은이만 선택적으로 골라내 포섭하는 동시에 기존의 이상적 시민 및 청소년의 재생산 구조를 유지하게 만드는 "영리한" 메커니즘임을 드러내는 부분이라고 할 수 있다. 이 같은 사회적 지배 헤게모니가 바라는 것은 일정 정도 이상의 교육 수준을 겸비하고 있고 범죄를 범할 가능성이 낮으며 동시에 높은 수준의 고용 가능성을 내면화한 "규범적이고 온순한 인간상"이다 (Buenavista and Gonzales 2011: 34). 2001년 드림법안을 발의하고 11년 동안 이 법의 상정을 위해 애써온 딕 더빈 의원이 연설에서 미등록 이민자 청년들을 "무고한 젊은 인재들"이자 "재능 있는, 이 나라에 기여하길 원하는 미등록 이민자 자녀들"로 호명하면서 "국가의 손실"을 막기 위해, 또 미국이 "더 강한 국가로 거듭나"기 위해 이들의 포섭이 필요하다고 주장한 것을 기억해야 하는 것은 그 때문이다. 그리고 이와 같은 접근 방식은 드림법안의 내용을 상당수 포용하며 2012년 6월에 오바마 대통령이 발표한 "청소년 추방 유예 정책" 시행 후에도 유사하게 발견되고 있다.

미등록 청년에 대한 이 같은 수사와 정치는 한인 커뮤니티의 보수적인 분위기와 맞물려 한인 미등록 청년들이 운동의 방향과 대중 접근 방식을 결정하는 데 많은 영향을 미쳐왔다. 대표적으로, 미등록 이민자를 어떻게 재현할 것인가, 대중 연설의 내용을 어떻게 구성할 것인가는 한인 미등록 청년 활동가들에게 언제나 주요한 고민거리이다. 이에 대해 한인 미등록 청년 활동가인 형선 씨는 이렇게 설명했다.

미등록 이민자는 당장 추방해야 한다고 말하는 사람들 정말 많아요. 아니면, 밖으로 말은 안 하지만 그런 생각 갖고 있는 사람들은 더 많아요. 그걸 설득하려면 일단 "우리는 당신이 생각하는 그런 이민자가 아니다."라고 강조를 할 수밖에 없죠. 공화당 지지자들, 폭스뉴스Fox News(미국의 대표적인 보수 논조의 TV 채널 뉴스) 시청자들, 한인 커뮤니티 사람들…… 우리는 이 사람들을 설득해야 하잖아요. "불법체류자"는 게으르다, 범죄자다, 위험하다, 그런 생각을 바꿔봐야 하는데 어떻게 스피치를 해야 그 사람들이 생각을 바꿀까요. 고등학교 중퇴한 미등록 이민자가 스피치해도 한인 커뮤니티에서 잘 들어주면 그렇게 해도 될 거예요. 중학생 때 실수 저질러서(청소년 범죄) 경찰서 갔다 온 미등록 이민자가 스피치해도 뉴스 나갈 수 있으면 그런 사람이 스피커 해도 괜찮아요. 그런데 그건 불가능하잖아요. "이 게임의 룰"을 우리가 다 알고 있는데……. 이 게임에서 이기려면 지금은 이렇게 하는 게 최선이에요. 젊고 성실하고 열정 있는 사람들이라는 걸 강조해서.

형선 씨의 설명은 한인 미등록 청년으로서 이들 활동가들이 갖고 있는 부담을 잘 드러내고 있다. 반이민 정서를 지닌 미국 시민들과 보수적인 한인 커뮤니티를 설득하면서 동시에 정부를 향해 자신과 그 가족들이 "시민권을 받을 자격과 준비를 갖춘 자"라는 것을 증명해야 하는 것은 결코 쉬운 일이 아니다. 현행 이민제도를 개선하기 위해 지지자의 외연을 넓혀 나가야 하고, 그 첫걸음은 가장 적대적인 감정을 지닌 사람들의 오해와 공포를 해소하는 데서 시작할 수 있다. 그러나 드림법안과 그 드림법안을 모태로 오바마 정권이 시행해온 청소년 추방유예 정책에 내재된 차별적 기제와 이상적 시민, 이상적 청년을 길러내기 위한 정부의 의도, 그리고 한인 커뮤니티가 지닌 보수성을 고려할 때 이 같은 접근 방식이 우려되는 것도 사실이다. "게임의 룰"을 간파했고 이 게임에서 승리해야 하기 때문에 실천하고 있는 이 전략이 의도치 않게 정부와 주류 사회가 원하는 "안전한 이민자", "온순한 이민자"의 기제를 강화하고 재생산하는 데 활용될 가능성도 있기 때문이다.

많은 한인 미등록 청년 활동가들도 이 부분을 이미 예민하게 감지하고 있으며, 이민운동의 주체로 자신을 위치시키면서 동시에 국가가 기대하는 배타적 시민권의 덫에 걸리지 않기 위해 고군분투하고 있다. 이 운동을 둘러싼 질문이 끝날 수도, 끝나서도 안 되는 까닭이 여기 있다. 이 "게임"의 룰을 정한 것은 누구이며, 이 게임이 구획하고 있는 "시민 될 자격을 가진 자와 아닌 자"의 구도에서 영원히 포섭될 수 없는 사람은 누구일까? 이 사회에 정주할 자격을 부여받지 못했고, 그럼에도 불구하고 그 어떤 시민들보다 적극적으로 국가의 법과 정부 정책에 대항하고 저항하고 있는 한인 미등록 청년 활동가들의 "반란"은 과연 어디까지 나아갈 수 있으며, 나아가 얼마나 전복적일 수 있을까? 이 게임과 전략 속에서 결국 궁극적으로 이익을 취하게 되는 것은 누구일까? 보다 해방적이고 포괄적인 이민정책과 시민권의 모습은 무엇이며, 그것을 이루기 위해 당사자 및 이민개혁 지지자들이 함께 해나갈 수 있는 운동과 그 전략에는 어떤 것들이 있을까?

초국적 이민/이주자 연대 운동의 가능성

이 원고를 처음 작성하던 2015년 가을에, 우연히도 나는 복수의 지인과 동료들로부터 동일한 링크가 담긴 이메일과 페이스북 메시지를 여러 통 받았다. "'이자스민 법'을 막아야 한다"는 제목의 그 링크에는 이자스민 의원이 미등록 이주자 자녀들에게 초·중등교육을 받을 수 있게 하고 한국 체류권을 보장하는 내용의 법을 발의한다는 내용과 함께 "우리의 소중한 세금을 불법체류자 자녀들이 쓰도록 내버려둬서는 안 됩니다.", "이대로 가다간 대한민국은 범법자의 천국이 될지도 모릅니다." 등의 "경고"가 적혀 있었다. 게시물 밑으로는 한국에서 범죄를 저지른 비한국인들의 이름을 나열하거나 인종차별적 발언을 담은 댓글들이 숱하게 달려 있었다. 재미 한인 미등록 청년 활동가들이 온·오프라인에서 늘 대면해야 했던 반이민법 지지자들의 주장과 꼭 닮은 내용이었다. 동시에 이것은 미국 대선 주자 중 한 명이었던 도널드 트럼프 후보가 2015년 이후 꾸준히 미국에서 불붙여온 "불법체류자 강제 추방" 논쟁과도 고스란히 겹치는 것이기도 했다. 그는 미등록 이민자들을 범죄자화, 타자화한다는 이유로 지난 몇 년 동안 언론들이 표기를 거부했던 "불법체류자"라는 표현을 공석과 사석에서 무차별적으로 구사하는가 하면 "불법체류자는 멕시코인들이다.", "불법체류자는 성폭행을 저지른다."라고 발언해 수많은 논란을 낳았다. 주목할 것은 이처럼 미등록 이민자에 대한 노골적인 혐오 발언을 일삼는 그가 사람들의 예상을 뒤엎고 자신의 지지자 수를 가파르게 늘려갔으며 결국 차기 대통령으로 선출되었다는 점이다. 그간 오바마 정권이 "표방"해온 이민자 친화 정책에 거부감을 갖고 있었던 유권자들의 속마음이 도널드 트럼프로 인해 수면 위로 드러나기 시작한 셈이다.

트럼프 정권 출범 한 달째를 맞이하고 있는 2017년 2월 현재, 미국에서는 대대적 이민단속 강화와 미등록 이민자 추방이 진행되고 있다.

버락 오바마 전 대통령이 드림법안의 내용을 골자로 2012년 여름에 발표, 시행해온 청소년 추방 유예 정책이 트럼프 정권에 의해 곧 취소될 것이라는 루머가 반복적으로 확산됨에 따라 미등록 이민자 청년들 역시 빠르게 위축되어 가고 있다. 오바마 정권이 특별 행정명령으로 시행한 청소년 추방 유예 정책은 그 제도가 지닌 많은 제약과 한계에도 불구하고, 2012년부터 2016년까지 총 약 75만 명의 미등록 청년들에게 사회보장번호, 노동허가증 및 운전면허 소지 자격을 제공하며 수많은 미등록 이민자 청년들의 삶을 변화시켰다. 이 정책을 통해 교육 및 취업 접근성이 대폭 증가했음은 물론, 당장의 추방 공포에서 벗어날 수 있게 된 미등록 이민자 청년들이 그간 자신이 경험한 차별과 억압 그리고 이민제도 개혁의 필요성에 대해 목소리를 높이는 계기로 작용했다.

그러나 청소년 추방 유예 정책의 수혜 심사를 위해 자신의 모든 출입국 기록과 집 주소, 학교명, 직장 정보 등을 정부에 보고했던 미등록 이민자 청년들은 이제 역으로, 자신이 이민국에 직접 제출한 그 모든 정보로 인해 현 정권의 단속 및 추방에 언제든지 노출될 수 있다는 모순된 상황에 맞닥뜨리게 되었다. 장기간의 운동이 가져온 이민정책의 성과가 빠르게 무너져가는 것을 보며 한인 미등록 청년 활동가들이 느끼고 있는 난감함은 이루 말할 수 없다. 2000년대부터 이어진 드림법안 운동이 청소년 추방 유예 정책 실행으로 이어지는 것을 경험하면서, 한인 이민 활동가들 사이에는 "비록 그 과정이 지난하고 제도가 불완전하더라도 운동의 결실은 반드시 나타난다"는 신뢰와 자신감이 지난 몇 년 동안 공유되어 있었다. 그러나 2017년 현재 정권 교체와 함께 (재)등장한 이민정책 역행과 "날것"의 이민자 혐오 및 유색인종 혐오 담론은 지금 이들로 하여금 운동의 과거와 미래를 처음부터 다시 돌아보게 하고 있다. 쉬이 희망을 이야기할 수 없는 현실 속에서, 그리고 좀처럼 "이길 수 없는 싸움" 앞에서, 오늘도 한인 미등록 청년 활동가들은 보다 인간적이고 포괄적인 이민정책의 시행을 위한 노력을 이어가고 있다.

2014년 여름, 한인타운의 탐앤탐스 카페에서 준희 씨가 "재미교포도, 미등록 이민자 당사자도 아닌 한국 유학생"인 내가 재미 한인 미등록 이민자 문제에 관심을 갖게 된 계기가 무엇인지 묻던 날, 나는 솔직하게 이 연구를 하게 된 배경을 설명했다. 서울에서 몽골 미등록 이주 노동자의 10대 청소년 자녀들과 활동하며 이주 문제에 눈뜨게 되었고, 석사 후 정책연구원에서 일하며 결혼이민자와 이주노동자 가정 인터뷰를 계속하게 되었다고, 그리고 이주, 이민, 시민권에 관해 더 깊이 공부하고 싶어 이민자의 나라인 미국에 오게 되었다고 말이다. 한 교수님의 소개로 한인 미등록 이민자 운동에 관해 알게 되었고, 이민자 수의 규모와 세밀한 정책 차이에도 불구하고 한국의 미등록 청(소)년의 경험과 미국의 한인 미등록 청년의 경험이 "글로벌 이주"라는 구도 속에서 상당히 많은 공통점을 갖고 있다는 점에 연구를 시작하게 되었다고 나는 설명했다. 긴 설명을 들은 준희 씨의 눈이 반짝였다. "정말 한국에 미등록 청소년들이 그렇게 많아요? 저는 전혀 몰랐어요." 잠시 무언가 생각하던 그는 이렇게 말을 이었다. "언젠가 기회가 되면 만나보고 싶네요. 한국에 있는 몽골 친구들요. 그런데 제가…… 한국에 다시 가볼 수 있는 날이 올까요?"

준희 씨와의 대화 덕분으로, 그날 이후 나는 종종 그런 상상을 해본다. 미국에서 지내온 한인 미등록 청년들과 한국에서 살아온 미등록 청년들 그리고 그 지지자들이 모두 한데 모여 국경과 시민권에 대한 자신의 생각을 나누고, 이민자에게도 원거주민에게도 더불어 좋은 사회가 어떤 모습일지 함께 논의하는 날의 풍경을 말이다. 그런 자리가 마련된다면, 우리는 미국과 한국, 두 사회에서 이들이 각각 목격하고 체험한 "이주자"로서의 이야기들, 특히 국적, 인종, 문화에 따라 다른 온도로 부가되었던 차별과 타자화의 경험을 함께 공유할 수 있을 것이다. 배타적, 폐쇄적 이민/이주 제도들을 어떻게 보다 포용적이고 개방적인 것으로 바꿔낼 수 있을지에 대해서도 함께 고민해볼 수 있을 것이다. 이를 통해 이방인을 존중하고 환영할 수 있는 사회가 결국은 여타 소수자는 물론 모든 시민들에게도 살기 좋은 곳이라는 대화를 모두 함께 나눌 수 있는 그런 날이 오기를, 간절히 바라게 되곤 한다.

이민제도의 개선을 위해 수년째 애써온 한인 미등록 청년 운동가들은 앞으로 어떤 운동과 개입으로 미등록 이민자에 대한, 또 재미 한인에 대한 편견에 틈을 만들어낼 수 있을까? 이들이 다시 국경을 자유롭게 오갈 자격을 얻게 되면, 한국에서 비슷한 상황을 겪고 있는 또 다른 미등록 이주자 자녀들과의 연대를 통해 어떤 새로운 초국가적 이민자 운동을 전개해나갈 수 있을까? 준희 씨에게, 또 우리 모두에게 앞으로 해나가야 할 일들이 많을 것 같다.

한국 사회의 수많은 청년들이 자신의 꿈을 찾아서, 혹은 꿈을 도저히 찾을 수가 없어서 국경을 경계로 이주와 정주를 반복하고 있는 지금, 세상 어딘가에서는 자신의 뜻과 무관하게 한국을 떠나왔으나 다시는 한국으로 여행조차 올 수 없게 된 어떤 한인 청년들이 있다. 이들은 침묵과 사회의 무관심을 딛고, 국민국가와 국경 그리고 "시민 될 자격"의 배타적 테두리에 맞서 긴 싸움을 이어가는 중이다. 이들이 전개해온 활동은 전에 없이 많은 이주자들을 맞이하고 있는 한국 사회의 이주민 차별과 혐오 발언, 타자화를 비추는 거울이기도 하다. 내국인과 외국인, 시민과 비시민의 경계에서 재미 미등록 한인 청년들이 던져온 질문들을 우리도 현재, 자신이 선 장소에서 스스로에게 물어보면 어떨까? 이주자 및 수많은 소수자의 목소리가 빠르게 가시화되고 있는 지금, 각자가 어떻게 "나와 다른 사람들"을 환대하고 존중하며 상생해나갈 것인지 고민해야 하는 것이 어느 때보다 절실하다. 이 운동은, 끝나지 않았다.

참고 문헌

정가영. 2008. "재한 몽골 이주 청소년의 생활세계와 인정의 정치". 연세대학교 사회학과 석사 학위 논문.

Aguirre, Adalberto. & Simmers, J.K. 2011. The DREAM Act and neoliberal practice: Retrofitting Hispanic immigrant youth in U.S. society. *Social Justice*, 38(3), 3–16.

Buenavista, T. Lachica & Gonzales, J. Beltran. 2011. DREAMs deterred: Filipino experiences and an anti-militartion critique of the Development, Relief, and Education for Alien Minors Art. *Harvard Journal of Asian American Policy Review*. 21. 29–37.

Chatterjee, Piya. & Maira, Sunaina. et al. 2014. *The Imperial University: academic Repression and Scholarly Dissent.* University of Minnesota press.

Corrunker, Laura. 2012. "Coming Out of the Shadows": DREAM Act activism in the context of global anti-deportation activism. *Indiana Journal of Global Legal Studies*. 19(1), 143–168.

Galindo, Rene. 2012. Undocumented & Unafraid: The DREAM Act 5 and the public disclosure of undocumented status as a political act. *Urban Review: Issues and Ideas in Public Education*, 44(5). 589–611.

Genova, Nicholas P. De. 2002. Migrant "illegality" and deportability in everyday life. *Annual Review of Anthropology*. 31. 419–447.

Gleeson, Shannon. & Gonzales, Roberto G. 2012. When do papers matter? An institutional analysis of undocumented life in the United States. *International Migration*. 50(4), 1–19.

Gonzales, Roberto G. 2011. Learning to be illegal: Undocumented youth and shifting legal contexts in the transition to adulthood. *American Sociogical Review*. 76(4). 602–619.

Kymlicka, Will. 1999. *Multicultural Citizenship: A Liberal Theory of Minority Rights*. Clarendon Press.

Maira, Sunaina. Youth culture, citizenship and globalization: South Asian muslin youth in the United States after September 11th. *Studies of South Asia, Africa and the Middle East*, 24(1). 219–231.

U.S. Department of Homeland Security(DHS). 2013. Estimates of the Unauthorized *Immigrant Population Residing in the United States: January 2012*. Washington, DC: Department of Homeland Security, Office of Immigration Statistics.

언론 및 인터넷 자료

Durbin: DREAM Act Will Make Us A Stronger Nation. 2012. 3. 29. https://www.youtube.com/watch?v=1aLQf3tCxmw

Ju Hong. 2009. 11. 10. "Korean Student Shares a Secret(한인 청년의 비밀 고백)" https://youtu.be/L5G5F5_CrZQ

Lisa Fernandez. 2013. 11. 25. "Ju Hong, UC Berkeley graduate, heckles President Obama on deportation." NBC, http://www.nbcbayarea.com/news/local/Ju-Hong-UC-Berkley-Graduate-Heckles-Obama-on-Deportation-233362861.html

U.S. Department of Homeland Security(DHS). 2013. Estimates of the Unauthorized Immigrant Population Residing in the United States: January 2012. Washington, DC: Department of Homeland Security, Office of Immigration Statistics.

국제개발의 문법을 넘어
사회의 빈곤과 대면하기

6

조문영

국제개발, 빈곤 논의의 사라짐 혹은 과잉

21세기 한국의 대학에서 만남이란 전략적 커뮤니티가 생성과 소멸을 부지런히 왕복하는 형태를 띤다. 이력서에 기입할 만한 "인증" 요건을 갖추지 못했거나 "정치적"이라 덧붙이기 찜찜한 동아리가 자취를 감춘 대신 취업 준비를 세분화한 각종 스터디 모임이 성행하고 있다. 일부 스터디는 면접도 거쳐야 할 만큼 자격 요건이 까다롭다. 구성원들을 관심사를 공유할 친구라기보다 고시나 취업의 당락에 영향을 미칠 인적자본으로 취급하기 때문이다. 스터디 활동에 적극적이라면 인간관계라도 넓어지지만, 대학 입학과 동시에 취업을 준비하는 많은 학생들은 강의실과 도서관, 집을 챗바퀴 돌며 생활하기 일쑤다.

상황이 이렇다 보니 2011년부터 대학에서 교편을 잡은 나는 오랜 연구 주제인 빈곤을 어떻게 수업의 화두로 삼아야 할지 고민이 생겼다. 등록금도 만만치 않거니와 경제 자본, 교육 자본을 갖춘 가정이 아니라면 따라가기 벅찰 정도로 입시 자체가 세분화된 상황에서 "개천"의 자식들은 특별 전형의 "배려"를 받지 않고서는 사립대 진학이 어려운 세상이 되었다. 대학생이 "지식인"의 무게를 감내하면서 "민중"과의 관계를 고민하고, 노동운동이나 빈민운동을 통해 하층민의 삶을 기웃거리던 시절도 아닌지라 평범한 가정에서 자란 대학생들이 미디어를 거치지 않고는 제집 밖의 빈곤을 보기도 요원해졌다.

기우杞憂였을까. 그로부터 여섯 해 동안 내가 더 자주 맞닥뜨린 것은 빈곤에 대한 관심의 부족이라기보다는 그 "과잉"의 현장이었다. 이 현장은 "국제개발"이라 스스로를 명명하며 "글로벌 빈곤"에 대한 관심을 호소했고, 빈곤은 물론 모든 공적인 것과 결별한 세대로 취급받던 청년들을 재결집하고 있었다. 한국 사회의 노동운동이나 빈민운동 진영에서 활동가 청년층의 유입이 더디다는 점을 감안하면 국제개발 현장의 "젊은" 열기는 자못 의미심장하다. 글로벌 반反빈곤 "동아리" 활동을 수시로 진행하면서 개발 분야 취업 스터디 기회를 제공하는 온라인 국제개발협력 커뮤니티가 뜨거운 호응을 얻고 있고,● 개발 NGO◆가 수시로 진행하는 국제개발협력 워크숍은 방학 중에도 자비로 등록한 청년들이 대학의 대형 강의실을 빼곡히 메울 만큼 성황을 이루고 있다. 몇 년 전 모험 삼아 개설한 "빈곤의 인류학" 학부 수업은 해외 현장 경험이 풍부한 학생들의 적극적인 참여로 초기의 우려를 불식했다. 선교나 인턴십, 해외 자원봉사 프로그램을 통해 인도, 태국, 라오스, 캄보디아, 탄자니아, 동티모르, 타이티 등 소위 개발 "수원국受援國"을 누비고 다닌 학생들의 경험담만으로 토론거리는 넘쳐났다.

빈곤을 전 지구적으로 생각한다는 것은 우리가 현 시기 경험하는 빈곤의 양태 및 그 구조적 조건이 대부분 "글로벌"하다는 점에서 중요하다. 21세기 빈곤의 쟁점으로 급부상한 재난이나 전쟁, 만성적 고용 불안, 중산층의 몰락, 양극화, 환경 불평등, 부채 등 그 어느 것도 일국

● 대표적 커뮤니티로 http://cafe.naver.com/the4u 참조.

◆ 1990년대 중반 이후 본격적으로 등장한 개발 NGO는 자체 모금활동과 정부기관의 공적 자금을 통한 수입을 합해 긴급구호, 아동결연, 해외 자원봉사단, 개발원조사업 등을 진행하고 있다. 이들과 정부 지원을 매개하는 국제개발협력민간협의회에 가입한 개발 NGO는 2000년 25곳에서 2015년 130곳으로 급성장했다. 조문영(2013: 54) 참조.

의 문제로 환원할 수 없는 형국이다. 하지만 급부상한 "국제개발" 체제^{regime}가 고안한 "글로벌 빈곤" 의제는 그 참여 주체와 방식의 측면에서 면밀한 고찰을 요구한다. 이 체제가 추구하는 반^反빈곤 활동은 자본주의 체제의 구조적 모순에 대한 문제 제기보다는 "하루 1.25달러 이하의 소득으로 살아가는 14억 빈민들의 삶을 개선하는 전 지구적 미션"(Roy 2010: 7) 아래 빈곤에 대한 전 방위적, 입체적 개입을 주문하고 있다. 더 나아가 "글로벌 빈곤" 의제가 빈곤 문제에 대한 탈정치적 개입을 주문하는 과정은 냉전이 종식된 뒤 안보 의제가 "국가 안보"에서 "인간 안보"로 진화하는 과정과 겹치면서 새로운 국면을 열어젖히고 있다. 9·11 테러 이후, 최근에는 난민 문제로 더욱 노골적으로 드러난바, 이제는 남반구의 빈곤이 북반구 시민의 삶을 위협하는 직접적인 원인으로 지목된 것이다(Gupta 2014: 93-95). 이제 빈곤에 대한 대응은 일국 내 복지 시스템의 재편성이나 "저개발국"의 근대화를 도모하기 위한 "선진국"의 원조처럼 국가를 유일한 조타수로 두는 게 아니라, 정부와 국제기구, 글로벌 NGO, 다국적기업, 종교단체가 "그들"의 탈빈곤뿐 아니라 "우리"의 안전을 위해 결집하는 새로운 국제주의 양상을 가시화하고 있다.

지난 6년간 나는 대학생 해외 자원봉사활동에 대한 현장연구를 수행하면서, 또는 관련 행사나 프로그램을 기웃거리면서 한국 사회 청년들이 국제개발 체제에 편입되는 과정을 지켜보아 왔다. 다소 거칠게 표현하자면, 청년실업의 "위기"를 글로벌 리더 창출의 "호기"로 맞바꾸고자 하는 정부, 청년 고용 대신 봉사활동의 기회를 임시로 제공하면서 자본주의를 도덕적, 감성적 문법으로 재편하려는 기업, 민낯의 투쟁보다는 프로젝트 수주와 후원을 통해 반ᴿ빈곤 활동을 일상적 사업으로 정착시키려는 개발 NGO, 프로젝트 운영을 위한 각종 평가 지표를 개발하는 가운데 전문화된 빈곤 연구를 새로운 프런티어로 개척하려는 대학이 상생을 추구하는 체제가 "빈곤산업"이라면, 열정과 도전, 참여와 봉사라는 "선한" 가치로 이 산업의 하부구조를 지탱해주는 최정예 부대가 바로 청년들이었다(조문영 2014). 글로벌 자원활동 경험을 국제기구 취업이나 개발학 관련 연구를 위한 준비 과정으로 삼았던 청년들, 취업난 때문이든 피로한 한국 사회에 대한 염증 때문이든 잠깐의 유예를 원했던● 청년들은 이 산업에 잠깐만 발을 담근 뒤 각자도생의 삶을 택했다. 하지만 그간 내가 만나온 많은 청년들은 "빈곤산업"의 부당함을 간파했음에도 남기를 선택했고, 국제개발 NGO나 기업 사회공헌팀의 말단 비정규직을 전전하면서도 글로벌 반ᴿ빈곤 활동의 "진정성"을 찾아 동분서주했다.

본 글은 이 후자에 속하는 청년들의 이야기이다. 그중에도 국제개발의 대안을 모색하는 과정에서 한국 주민(빈민)운동◆과 인연을 맺은 "비주류" 청년들의 이야기이다.▲ 이 청년들은 일시적 스펙터클이나 관

● 대기업에서 주관하는 대학생 해외 자원봉사활동에 대한 논의로 김지만·김예란(2013)과 조문영(2013) 참조.

◆ 한국 사회에서 1960년대 말부터 도시 판자촌 지역을 중심으로 현장운동을 전개했던 흐름은 오랫동안 "빈민운동"으로 불려왔다. 하지만 1990년대 중반 도시공간의 재편과 제도적 민주화 과정을 거치면서 "빈민운동"과 "주민운동"이 혼용되기 시작했고, 현재는 주민운동, 주민(빈민)운동, CO(Community Organization) 등 다양한 명칭이 사용되고 있다. 본 글에서는 운동의 현재뿐 아니라 그 역사적 궤적을 강조하는 취지에서 "주민(빈민)운동"으로 표기할 것이다.

료적 기술정치에 매몰된 국제개발 현장에서 한 발짝 물러나 민주화운동 시기 한국 빈민 지역에서 조직가들이 보여준 헌신의 사례로부터 성찰과 활력의 계기를 모색했다. 정부 차원의 대외 무상원조를 전담하는 한국국제협력단Korea International Cooperation Agency(이하 KOICA)은 물론, 정부 재정지원을 받는 대학이나 개발 NGO가 "한국형" 공적개발원조 Official Development Assistance(이하 ODA) 모델을 개발하겠다며 새마을운동을 복원하는 마당에■ 체제 저항적인 주민(빈민)운동에서 새로운 자극을 기대하는 "시대착오적" 감수성을 어떻게 바라봐야 할까? 강연과 모임, 행사를 통해 이 청년들과 자주 접하면서 호기심이 발동했다. 국제개발과 주민(빈민)운동이라는, 빈곤에 대한 접근에 있어 너무도 상이한 궤적을 밟아온 두 흐름은 어떻게 만났을까? 이 인연을 맺는 데 주도적으로 참여한 청년들은 어떻게 기존의 "글로벌 빈곤" 패러다임에 균열을 내고 있을까? 무엇보다도, 이들이 혼신의 힘을 다해 고민하고 해결하고 싶어 하는 "빈곤"이란 결국 무엇일까? 꼬리를 무는 질문들을 본격적으로 탐색하기 전에 나는 내가 만난 청년들이 대안적 국제개발을 배우기 위해 초대한 "선배" 활동가를 먼저 소개해야겠다. 수영(여, 40대 중반)★은 자신의 지난 궤적을 돌아보며 한국 주민(빈민)운동이 글

▲ "대안"을 추구하는 움직임은 하나로 수렴되지 않는다. "국제사회복지"란 관점에서 현장에 주목한 연구로 김동훈(2012) 참조.

■ "제2의 새마을운동"으로도 불리는 새마을 ODA 참조(http://www.saemaul.com/aboutUs/emphasis/list).

★ 본 글에서 등장하는 인물과 조직은 대내외적으로 익히 알려진 (준)정부기구(KOICA, KCOC)와 해외 운동단체(LOCOA)를 제외하면 모두 가명이다.

로벌 빈곤에 주목하게 된 배경을 들려주었다.

수영의 이야기: 주민(빈민)운동의 글로벌라이제이션

현재 한국 사회 주민운동은 국제개발협력 현장의 활동가들로부터
사명의식과 과제부담을 부여받았다고 생각한다. 국제개발협력 현장
활동가들의 고민은 한국 주민운동 활동가들의 고민과 전혀 다르지
않다. 더욱이 가난한 사람들과 함께한다고 하는 것이 사업이 아니라
삶이라 했을 때 국내와 국제는 중요하지 않음을 이야기한다. 가난한
주민, 불평등과 불균형이 있는 그곳에 활동가들은 있을 뿐이다. 다
만 가난·공동체·생명의 미래가 지역 주민에 의해 새로운 세상과 시
대로 열리기 위해 전 지구는 어떻게 상호 역동적이어야 하며 소통해
야 하는지를 고민해볼 뿐이다. 가난을 발생·심화시키는 근원적이고
도 구조적인 거대자본과 물질에 저항하기 위한 연대와 협력이 주민
운동의 미래 안에서 어떻게 일상화될 것인가를 주민운동의 역사로
부터 새롭게 조명해봐야 한다(수영 2011: 141).

수영과 나는 1990년대 중반 서울 관악구 봉천동에서 지역 활동가와
공부방 교사로 처음 만났다. 나는 그녀를 강단지고, 지역 주민을 조직
하는 데 탁월했던 선배로 기억한다. 그 후 왕래가 없었던 우리는 2011
년 가을, 정부의 ODA를 모니터링하는 한 국제개발 NGO의 정책포럼

에서 우연히 재회했다. 부산에서 열린 세계개발원조총회를 기념하는 취지에서 유네스코의 지원을 받아 개최되었기 때문인지 포럼의 규모가 빈곤을 논하기엔 턱없이 웅장했다. 더 흥미로운 건 "주민 중심의 개발(Towards People Centered Development)"이라는 의제 아래 정부기관인 KOICA와 대형 개발 NGO는 물론, 원로 한국 주민운동가, 한국 주민(빈민)운동과 인연을 맺어온 아시아주민운동연대Leaders and Organizers of Community Organizations in Asia(이하 LOCOA)의 필리핀, 캄보디아 주민조직가들까지 발표와 토론을 위해 총집결했다는 것이다. 재개발 철거지역에서 정부와 기업에 대항해 지난한 투쟁을 이끌었던 베테랑 조직가도, 국익과 해외원조를 결합하는 데 골몰하는 정부도, 주로 종교적 소명에 따라 빈곤과 기아 퇴치에 주력해온 개발 NGO도, 개발독재와 신자유주의에 저항할 아시아 지역 주민조직에 헌신했던 LOCOA도 "주민이 우선인 개발"이라는 공통의 대의를 위해 연대할 수 있는 것처럼 보였다. 상이한 집단을 부지런히 왕래하며 이 연대를 가능케 한 장본인이 바로 수영이었다.

글로벌 빈곤에 관심을 갖게 된 배경이 궁금하다 했을 때 수영은 1990년대 서울 관악 지역에서 자신이 맞닥뜨렸던 갈등을 먼저 술회했다. 1970년대 이후 철거반대투쟁을 운동의 동력으로 삼아왔던 지역활동가들은 1990년대 중반 도심 재개발이 어느 정도 마무리 국면에 접어들고 문민정부 출범 이후의 제도적 민주화가 사회운동 전반의 변화를 요구하던 시기에 정체성의 혼란을 경험했다(조문영 2001: 75~76). 수영이 현재 "트레이너trainer"로 활동하는 K주민운동교육원이 "빈민"

과 철거 "현장"을 "주민"과 광의의 "지역"으로 확장할 필요성을 강조하면서 주민조직가 교육훈련기구로 출범한 것도 이 시기였다.● 특히 1990년대 중반 지방자치제 실시에 따라 투표권이 빈민의 "합법적" 무기로 등장하면서 철거가 목전의 쟁점이었던 관악에서 운동의 균열은 심화될 수밖에 없었다. "주민들이 깃발을 들고 거리로 나가고 운동가요를 부르는 것"을 저항의 풍경으로 그려왔지만, 운동단체는 주민들과 함께하는 거리 시위의 현장보다 정부와의 협상 테이블에서 지루한 공방을 이어가는 경우가 잦아졌고, 강경 일변도의 투쟁을 고집하는 중앙 단위 철거운동 조직에 대한 지역 주민, 활동가들의 반감 또한 커지면서 수영은 혼란을 겪었다고 술회했다. 선거를 통해 목소리를 내자며 중산층도 포괄하는 구區 단위 운동을 제안하는 흐름과 (수영처럼) 센터를 중심으로 "바닥"을 조직해 주민연대를 확장할 것을 주장하는 흐름 간 논쟁이 채 마무리되기도 전에 IMF 경제위기가 발생하면서 수영이 속한 지역운동단체는 실업극복국민운동과 같은 외부 프로젝트의 지원을 받아 "서비스를 딜리버리delivery 하는, 돈 받아서 그저 처리해주는 식"의 상황에 직면했다.

　운동의 변화에 회의를 느끼고 고향에 머문 것도 잠시, 2000년대 초반 재개발이 마무리되고 새로 임대 아파트 단지가 조성되면서 수영은 다시 돌아왔다. 임대 아파트와 일반 아파트 간의 갈등이 사회적 쟁점으로 불거지면서 도시개발공사는 임대 아파트 단지에 주민센터 건립

● K주민운동교육원에 초점을 맞춰 한국 주민(빈민)운동의 변화를 탐색하는 논의는 Cho(2015) 참조.

을 지원했는데, 센터를 중심으로 임대 아파트 주민을 새로 조직할 필요성이 활동가들 사이에서 제기되면서 수영이 그 역할을 맡게 된 것이다. 열심히 주민들을 만나면서 지역의 쟁점을 모아내는 작업을 했지만, 2000년대 임대 아파트 공간을 중심으로 한 지역운동에서 "의식화", "조직화"란 단어는 점점 모호해지고 있었다. 운동권 출신에 한정되지 않고 다양한 배경을 가진 센터 실무자들은 지역의 정치적 현안보다는 센터의 일상 업무에 주력했고, 지역운동단체는 센터 간 네트워크를 구축하기보다는 지방선거 출마를 놓고 갑론을박하거나 개별 사업에 치중하는 것처럼 보였다. 무엇보다 오랜 철거싸움을 함께 버텨오다 이제는 임대 아파트에 입주한 주민들마저 "의식이 하나도 남지 않고" 뿔뿔이 흩어졌다. "철거란 쟁점도 없고, 사람들이 너무나 개별화되어 있는" 상황에 직면해서 수영은 "신자유주의"의 문제를 본격적으로 고민하기 시작했다.

당시 한창 나왔던 중요한 주제가 신자유주의였어. 이러면서 나한테 여러 가지 개념들이 막 들어오는 거야. 빈민, 가난, 신자유주의, 세계화……. 그러면서 바닥에 있는 주민들로부터 신자유주의의 문제를 규명해보고 싶다, 신자유주의 세계화라는 게 바닥에 있는 주민들의 삶에 어떻게 직접적으로 영향을 미치고, 그 영향이라고 하는 것은 어떻게 가난한 사람들의 삶에 드러나고 있는지를 보고 싶다는 생각이 들었어. 그래서 내가 (주민운동) 선배들한테 가서 얘길 했어. 신자유주의 세계화라는 게 우리가 의식하지 못하는 가운데 굉장히 많은 영향을 끼치고 있다, 근데 주민운동을 한다는 우리가 왜 주민들의 삶에 나타나는 구조적인 문제를 보려 하지 않느냐 얘길 했는데 선배들한테 내 얘기는 굉장히 뜬금없는 거였어. 우리가 해야 할 운동들을 잘 해나가고, 거기에 밀착해서 조직해내고, 그 조직된 힘들이 사회의 구심이 되면 되는데, 왜 구조를 규명해야 하는지……. 내 말투도 문제가 있었을 거야. 난 너무 선언적이고. 근데 나는 임대 아파트 조직하면서 '도대체 뭐가 달라졌는데, 달라질 거라는 얘기도 있었고 달라질 거라는 것도 아는데, 왜 사람들은 외부의 정치에 의존하고 거기서 역할을 맡는 것을 권력으로 보고 그 권력을 행사하는 것에서 이득을 찾고, 이득이 되지 않는 것들을 다 적으로 삼고, 왜 그럴까?' 하고 생각했어. 당시 머리에 꽂혀 있던 것은 신자유주의였고. (……) 나도 답답했는데 나중에는 이게 빈민운동의 특징이다, 빈민운동이 이제까지 살아왔던 방식이라는 걸 인정했어. 그리고 그것이 얼마나 고귀한 것인지 지금은 인정을 해. 바닥에 천착하고, 그 바닥으로부터 개념들을 만들어내고, 그 개념이 사회적으로 통용이 되든 안 되든 간에 그 개념을 바닥에서 실험하고 도전하고 풀어가고……. 지금은 그 방식을 인정해. 하지만 당시는 떠나야겠다고 마음을 먹었고……(2013년 12월 20일 인터뷰).

수영의 파편화된 기억은 가시적인 적이 사라진 시대에 "주민 스스로의 힘으로 자신과 자신의 지역을 근본적으로 변화시켜 나간다"●는 주민(빈민)운동의 기조가 집단 내부에서조차 명확한 합의에 이르지 못했음을 보여준다. 가난한 사람들이 더는 뭉치지 못하는 것도, 실무자들이 구조적 문제를 더는 보려 하지 않는 것도 그 기저에 "신자유주의"의 망령이 꿈틀대기 때문이라 생각했지만, 한 주민(빈민)운동 출신의 연구자가 "'내가 바로 신자유주의'라고 주장하는 사람을 본 적이 없다. 보이면 때려눕히면 되는데……"라며 뼈 있는 농담을 던지듯,◆ 신자유주의는 "군사독재"처럼 총부리를 겨눠 끝낼 수 있는 대상이 아니었다. 규제완화나 구조조정 같은 일련의 정책에 머물지 않고, 자기계발과 승자독식의 행위규범이자 문화적 에토스로 일상에 뿌리를 내린 "친밀한 적"(김현미 외 2010)과 어떻게 싸울 것인가. 모종의 순간이 왔을 때 함께 싸울 수 있는 일상의 "투사"를 길러내는 주민운동의 방식이 더디지만 결국엔 옳았다고 수영은 평가했지만, 당시로서는 앞이 뿌연 흙탕물에서 발버둥 치는 심정이 아니었을까.

2006년 6월 관악을 다시 떠나기로 마음을 굳혔을 때 수영이 택한 곳은 필리핀이었다. 마음의 휴식도 필요했지만, 아시아 주민연대활동으로 오랜 인연을 맺은 나라, CO^Community Organization라 불리는 주민조직이 지역 깊숙이 뿌리를 내린 나라로 가서 현장의 활력을 다시 경험하고 싶은 욕구도 컸다. 필리핀의 CO운동은 이 욕구를 어느 정도 채워줬다. 동네로 파견되어 주민들과 몇 달씩 동고동락하는 활동가들은 1980년대 도시빈민운동을 했던 한국 선배들의 무용담을 떠올리게 했

● K주민운동교육원 팜플렛 참조.
◆ 연세대학교 문화학협동과정 수업 "21세기의 빈곤" 신명호 교수 특강(2014. 12. 2.)

다. 주거권의 날을 기념해서 활동가와 주민들이 함께 깃발을 제작하는 모습, 신자유주의가 노동자의 삶에 미치는 영향을 토론하는 모습, 한 가지 지역 이슈를 해결하기 위해 활동가들이 처마 밑에 둘러앉아 주민들과 토론을 거듭하며 전략을 짜는 모습은 충분히 감동적이었다고 회상한다.

하지만 이에 못지않게 당시 수영의 호기심을 자극한 것은 "국제개발"이라는 모토 아래 필리핀을 끊임없이 드나들던 개발 NGO의 풍경이었다. 가난을 전 지구적 화두로 풀어내는 이들의 활동은 "신자유주의 세계화를 얘기하면서도 그렇게 운동을 풀어가야 한다는 걸 한 번도 생각하지 못했던" 자신을 반성케 했지만, 동시에 한국 개발 NGO와 필리핀 현지 활동가 사이의 반목을 목격하면서 수영은 전 지구적 주민(빈민)운동의 방향을 본격적으로 고민하기 시작했다.

(결국) 국제개발에 관심을 가진 건…… 원래 순수하게 어떤 지역에서 지역운동을 하던 사람들이 글로벌라이제이션과 인터넷이라는 배경 아래서 국제개발이라는 곳으로 오는 세력들 때문에 다 죽어가고 있다는 인식 때문이었어. 열심히 운동을 해왔어. 자기들의 논리와 자기 나름의 양식과 문화로 운동을 해왔어. 연대를 맺고, 좋은 의미에서의 혁명을 얘기하면서……. 그런데 그 사람들이 지켰던 운동적인 개발들이 힘을 더 쌓아가고 커지는 게 아니라 오히려 다 죽어가고 있는 거야. 예전의 우리는 자본의 힘으로 하기 전에 뭔가 주민의 힘을 모아서 그 안에서 본질적인 걸 찾아 열심히 해왔단 말이야. 그런데 외부

에서 와서 보고, 어 여기 뭔가 잘하고 있어. 그럼 돈을 주고 뭔가를 해보라고 하지. 근데 여기서 살아가는 방식으로 돈을 주는 게 아니라 자기네들이 원하는 방식이 있는 거야. 근데 또 여기만 하는 게 아니라 또 다른 데도 지원하면서 서로 경쟁을 시키는 거지. 경쟁에서 밀려나면 기존에 해왔던 방식이 살아남는 게 아니라 그마저도 사라지는 거야. 그럼 이 사람들은 자기들이 돈을 받아 뭔가를 했다는 경험이 있기 때문에 또 어딘가에 기대는 거야. 그 작은 단체들끼리 약육강식 상태에 빠지고……. 정말 그 현장을 살려내는 방식으로 운동이 있어야겠다고 생각했어. 그런 점에서 한국의 주민운동, 빈민운동의 경험이 도움을 주지 않을까(2013년 9월 14일 인터뷰).

1년 후 수영은 필리핀에서 돌아와 새롭게 아시아의 주민조직가 트레이너가 되겠다는 결심을 굳혔고, 한국에 머물면서 국제개발 문제를 고민할 수 있는 현장의 하나로 미얀마(버마) 난민들, 이주노동자들의 상황에 주목했다. 버마 민주화운동을 병행하던 이들과 함께 대사관 시위에 참여하면서 안면을 트고, 버마 시위와 한국 민주화항쟁을 비교해가며 토론과 학습을 진행했다. 민주화 "이후"를 제대로 준비하기 위해서는 한국의 NGO로부터 무조건 지원을 받을 게 아니라 스스로의 힘으로 움직이는 조직을 만들어야 한다고 설득했고, 급기야 한국을 떠날 수 없는 난민들과 미얀마에 살고 있는 이들의 지인들을 연결하고 후원을 끌어모아 양곤 근처에 청소년교육센터를 함께 설립했다. 미얀마에 현장 조직이 형성되니 아시아 주민운동의 새로운 연대 가능성을 타진한 빈민운동 선배들도 지원과 참여를 보탰다. 국제개발 진영에서 보자면 수영은 자칭 "굴러 들어온 돌"이었지만, 미얀마를 드나드는 사람들 사이에서 자연스럽게 이름이 알려졌고, 수영 스스로도 다양한 국제개발 포럼과 워크숍, 뒤풀이에 참여하면서 원조에 매몰되지 않는 다른 방식의 참여가 있다는 점을 조금씩 설파하기 시작했다.

이렇듯 국제개발과 주민(빈민)운동의 만남은 후자가 국내외 개발 NGO의 급속한 성장을 지켜보며 과거 자신들이 아시아의 CO 단체들과 맺었던 연대활동을 재해석하고, 국제개발협력 장에서 주민조직화의 새로운 가능성을 타진하면서 이루어졌다. 하지만 이 만남은 또한 국제개발 진영 내부에서 잔뼈가 굵은 활동가, 연구자들이 "파트너 중심이 아니라 공여국 중심이며, 지역사회 중심이 아니라 국가 중심이고, 시민사회 중심이 아니라 시장 중심"(이태주 2011)인 잘못된 원조 관행을 비판하며 대안적 움직임을 추구하는 과정에서 이루어진 것이기도 하다. 특히 앞서 소개한 국제개발 NGO의 정책포럼에서 보듯 이 대안은 개발의 진정한 주체가 "주민people"임을 강조하면서 "주민참여"나 "역량강화empowerment"를 강조하는 입장으로 수렴되었는데, 각종 국제개발 단체가 K주민운동교육원에 주민조직화(CO) 교육을 의뢰하게 된 것도 이 같은 배경에서였다. 2011년 수영은 이 교육원 트레이너의 자격으로 국제개발 활동가 스터디 모임에 초대받았고, 이 과정에서 "대안적" 국제개발에 목말라 있던 청년들과 조우했다. 다음 장은 이 청년들 중 준범, 지원, 서우*의 이야기이다.

수영이 한국의 미얀마 난민들과 함께 설립한 청소년교육센터
(출처: 해외주민운동 한국위원회 홈페이지 http://koco.asia/wp/?p=1869)

세 청년의 이야기: "글로벌 빈곤" 패러다임의 포용성 혹은 도구성

나는 준범, 지원, 서우를 2011년 내 대학 연구실에서 수영의 소개로 처음 만났다. 이들은 정부나 기업의 후원을 받은 개발 NGO를 통해 비교적 장기간 해외 자원봉사를 다녀온 후 앞서 언급한 국제개발 활동가 스터디 모임에 참여했다. 이 과정에서 수영을 통해 한국 주민(빈민) 운동을 접하고, "사람과 지역 중심의 개발대안을 창조하고 실현하자"◆ 는 취지로 국제개발 활동가 CO교육훈련 후속모임 "빌리지"(가칭)를 만들어 다른 청년 활동가들과 함께 교육훈련 모임을 꾸려왔다. 지금이야 이렇게 설명을 하지만 당시 전후 사정을 몰랐던 나는 이들이 "지역의 진정한 변화가 주민의 힘에 의해 가능하다"는 것을 직접 확인하고 싶어 넉 달간 캄보디아, 필리핀, 케냐, 우간다의 현장을 경험하고 오겠다며 내게 조언을 구했을 때 적잖이 당황할 수밖에 없었다.▲ 활동을 일찌감치 구획해버리는 정부나 기업의 펀딩에 의존하지 않고 개인 갹출과 일일호프 기금으로 경비를 마련했다는 게 놀라웠지만, 지역에 대한 이해도 부족하고 언어 습득도 걸음마에 가까운 상태에서 먼 길을

● 나는 2011년에서 2016년 사이에 한국 주민(빈민)운동이 직간접적으로 관여하는 국제개발 관련 포럼이나 워크숍에 강사로 초대받거나 청중으로 참여하면서 스스로 국제개발 "대안"에 관심이 있다고 말하는 많은 20~30대 청년들을 만났고, 이들 중 열 명과 집중 인터뷰를 진행했다. 준범, 지원, 서우 세 명을 중심으로 논의를 진행하는 이유는 서술의 밀도를 높이기 위해서이기도 하지만, 그간 만나온 많은 청년들이 국제개발 체제에 편입된 과정의 다양성을 이 세 명의 서사가 어느 정도 적절히 담아냈기 때문이기도 하다.

◆ 2013년 제3기 국제개발협력 CO교육훈련 자료집 참조.

▲ 이 여정은 준범, 지원, 서우 외 한 명이 더 참가했다.

떠난다는 게 고지식한 인류학자에게 이해될 리 만무했다. 주민의 힘을 "확인"한다는 게 "무기력"과 "참여의 결핍"을 빈민의 특성으로 미리 규정해버림으로써 임파워먼트 전략의 필요성을 호소하는 자유주의적 복지 논리와 무엇이 다른가 하는 개념적 의구심은 잠시 제쳐두고라도 말이다(크룩생크 2014). 하지만 6년이 지난 지금, 나는 이들이 관심을 호소했던 먼 곳의 "주민"만큼이나 이들 자신의 삶이 우리 시대의 빈곤을 사유하는 데 긴요하단 걸 깨닫고 있다. 준범, 지원, 서우가 "빌리지" 모임을 중심으로 모이기까지의 궤적을 이들이 국제개발이라는 장場에 편입된 과정을 중심으로 살피기로 하자.

처음 고1 도덕 수업 시간에 진로에 대해 고민하고 있을 때 창문을 보다가 나같이 힘없고 약한 사람도 누군가를 도울 수 있으면 좋겠다 생각하면서, 그럼 뭘 공부하면 좋을까 생각했어요. 그때 생각났던 게 사회복지학과였어요. ○○대 사회복지학과에 입학해서 1, 2학년 때는 장애 인권 쪽에 관심이 많았어요. (남자가 적어서) 남자라는 이유만으로 동기나 선배한테 관심을 받고, 남자란 이유만으로 동아리를 하게 되고…… 수화 동아리를 했어요. 어느 날 동아리 사람들하고 술을 먹는데 좀 나이 든 선배가 술 취해서 저한테 물어보는 거예요. "준범아, 너 대학교의 '대' 자가 뭔 줄 아냐?" "큰 대大요." 했더니 아니래요. 그러면서 대학교의 "대" 자는 대신할 대代라는 거예요. 그 선배는 대학교라는 공간은 이 땅에서 소외받고 힘없는 사람들을 대신해서 발언을 해야 하는 곳이라고 하며 너는 대학생활을 어떻게 하고 있느냐고 물었죠. 술 취한 가운데 그 이야기를 듣고 어 이 선배 이상하다 생각했는데, 집에 돌아가면서 다시 생각했어요. 어 이 선배랑 같이 해봐야겠다(2012년 8월 22일 인터뷰).

준범(남, 1982년생)이 일찍부터 "나같이 힘없고 약한 사람"을 도우며 살 겠다고 생각한 것은 어렸을 때 왜소한 체격 때문에 상처를 받았던 탓 이 컸다. 늦깎이 선배의 진지한 취중발언은 한동안 그를 국내의 장애 인 이동권 투쟁으로 이끌었지만, 사회적 약자에 대한 관심을 글로벌 영역으로 확장한 계기는 그보다 평범했다. 밀레니엄을 전후해서 한국 인들의 글로벌 탐험 열기를 고취했던 "한비야 열풍"에서 그 역시 예외 가 아니었다.

군대 가서 (말년에) 주머니 손 좀 꽂고 다닐 적에 군대에 꽂힌 책 한 권 을 봤는데…… 이 아줌마가 저희 엄마랑 나이가 똑같은데 중국에 가 서 막 좌충우돌하는 얘기를 적은 거예요. 그게 한비야의 『중국견문 록』이었어요. 그 이후에 한비야를 알고 그 사람의 다른 책들을 다 보 면서 내가 군대 나와 복학을 하게 되면 좀 더 큰 세상을 보고 싶다는 생각을 하게 되었어요(2012년 8월 22일 인터뷰).

어떻게 "큰 세상"으로 나가서 "약한 사람"을 도울 수 있을까. 복학한 그 에게 가장 쉽게 접할 수 있는 기회를 제공한 것이 바로 "국제개발"이었 다. 한국대학사회봉사협의회가 주최하고 한 기독교 계열의 개발 NGO

가 주관한 해외봉사활동을 통해 방학 기간에 우간다를 다녀왔는데, 당시 현지 코디네이터로부터 국제개발이라는 전공을 처음 알게 되었다고 회상한다. 이후 준범의 대외활동은 해외 자원활동 관련 워크숍이나 국제 캠프, NGO 탐방, 시민사회 단체의 청년 단원으로 공적개발원조를 모니터링하는 등 국제개발 영역에 집중되었고, 졸업 후 한 개발 NGO의 해외봉사단원으로 동티모르에 2년간 파견되면서 본격적인 실무활동을 시작했다. 분쟁 지역이고 전임 실무자가 현지인과 갈등을 겪고 나온 터라 본부에서도 "잘 지내다 오라"며 별 기대 없이 떠민 상황이었다. 첫 1년간 영어교실을 운영하고 가정집을 방문하는 것 외에 아무 일도 하지 않다가 "뭐 하는 거냐, 한국으로 돌아가라"며 마을 지도자가 공개적으로 망신을 준 바람에 생각을 다잡았다고 한다. "주민들이 (부유한 외국인으로부터 특별한 도움을 받을 거라는) 기대를 정말 놓아버렸구나, 그냥 없는 외국 애라고 인식했구나…… 어쨌든 그다음에 제가 1년간 봐왔던 문제들을 다시 분석해서 KOICA에 사업 제안서를 내고 6,500만 원을 지원받았어요." 지원받은 자금으로 1년간 생활환경개선사업, 소득증대사업, 교육사업을 실시했고, 돌아와서는 대학과 NGO로부터 우수 사례 강연자로 빈번히 초청받기도 했다. "아무도 없던 곳에 혼자 가 애쓴" 공로를 인정받아 개발 NGO 본부에서 일하게 되었지만, NGO 홍보도 할 겸 동티모르를 배경으로 한 방송사의 버라이어티쇼 프로그램 준비를 도왔다가 동티모르 주민들을 웃음거리로 만들었다는 안팎의 비판과 자책감까지 겹쳐 결국 활동을 접었다.

준범이 국제개발 활동가로서 자신의 이야기를 약자에 대한 관심에서 부터 쓰기 시작했다면, 서우(여, 1983년생)에게 그 시작이란 한국 사회에 대한 불만이었다. 스스로 "불만이 되게 많은 아이"였다고 묘사하면서 고등학교 시절의 경험부터 이야기했다. IMF 경제위기 때 강제퇴직을 당한 뒤 자영업을 시작한 아버지를 따라 지방으로 내려갔지만, 그곳에서도 가장 먼저 눈에 띈 것은 부조리한 학교 시스템이었다. 한 교육잡지에서 "탈학교"를 알게 되고, 학교를 굳이 안 다녀도 된다는 생각에 고1 때 자퇴를 선언했다. 검정고시를 본 뒤 대학 철학과에 진학했지만 "열띠게 논쟁은 하지만 바뀌는 건 하나도 없는" 분위기에 답답함을 느꼈다고 한다. 더 넓은 세상을 보면서 대안을 찾아보자는 생각에 선택한 출구가 "세계일주"였다.

아르바이트를 1년 해서 돈을 모으고 그 돈으로 세계일주를 하자고 출발을 했어요. 아시아를 돌다가 다섯 달 만에 인도에 도착을 했어요. 원래 인도에 있다 동남아를 돌고 동유럽으로 갈 계획이었는데 인도 북쪽 티베트 망명정부인 다람살라에 가게 된 거예요. 거기 딱 갔는데 분위기가 너무나 새로운 거예요. 물론 티베트 난민들한테는 슬픈 장소인데, 워낙 지역적 특성이 강하다 보니까 전 세계에서 온 여행자들이 자원봉사활동을 굉장히 많이 하는 곳이더라고요. 포스터가 많았는데…… 보니까 어떤 한국분이 현지 티베트 난민과 결혼해서 무료 탁아소를 운영하고 있는데 거기서 자원활동가를 뽑더라고요. 최소 2주는 해야 한다 해서 시작을 했는데 너무 재밌는 거예요. 저와 비슷한 생각을 갖고 있는 다른 나라 친구들도 만나고. 로컬 NGO를 운영하는 것 자체가 너무 재미있는 거예요. 그래서 그 동네에 결국 6개월 있었어요. 여행하면서, 자원활동 하면서, 그러다 돈은 다 까먹고 한국에 돌아왔어요. 그때가 시작이었던 것 같아요. 아 이렇게 살 수도 있구나⋯⋯(2015년 5월 20일 인터뷰).

서우는 "이렇게" 살아갈 수 있는 가장 현실적이고 접근 가능한 진로를 국제개발에서 찾았다. 준범이 동티모르를 간 방식대로, 서우 역시 동남아시아에 "우물을 파주는 걸로 유명"하다는 한 개발 NGO의 해외봉사단원 자격으로 2년간 라오스로 파견되었다. 캄보디아에서 우물사업을 진행할 활동가, 스리랑카에서 버섯을 키울 활동가, 라오스에서 아동들을 교육할 활동가 가운데 "버섯이 1순위"였지만, 지원자 중 농업 관련 전공자가 있었기 때문에 결국 라오스에 짓기 시작한 청소년센터 관리를 맡았다고 한다. 라오스가 어디 있는 나라인지조차 몰랐기 때문에 함께할 친구들 두 명과 부랴부랴 스터디를 진행했지만, 라오스에서의 2년은 결국 "동기들이랑 지부장이랑 싸우다 다 가버린" 시간으로 남았다. 다람살라에서 만끽했던 "공동체"의 희열을 왜 찾기 힘들었을까. 대학을 갓 마친 청년 셋이 한방에서 생활하면서 모든 걸 함께 해야 하는 데서 오는 스트레스도 컸거니와, 왜 해야 하는지 납득이 안 가는 일을 계속 진행해야 하는 상황 때문에 지부장은 물론 서울 사무국과 빈번한 마찰을 빚을 수밖에 없었다. 지역 교육청의 요청으로 짓기 시작한 청소년센터에 마을 사람들은 무관심했고, 언어도 잘 안 통하다 보니 자신이 너무나 자명한 외국인임을 새삼 깨달았다. 아이들을 선택적으로 후원하기보다 장기적으로 마을을 지원하자는, 사업 진행을 담당한 실무자로서 갖게 된 소신을 피력해보기도 했지만 본부에서는 그렇게 할 경우 후원자가 떨어져 나간다며 반대했다. 현장 경험이 가장 중요하다는 생각에 2년을 버티고 돌아와서 사무국 간사 일을 맡았으나 "대안"에 대한 갈증은 좀처럼 해소되지 않았다.

한편 지원(여, 1986년생)이 국제개발과의 인연을 기술하는 방식은 준범, 서우에 비해 조금 더 경쾌하다. 여행이 좋았고, 다른 세상을 보고 싶어 열심히 아르바이트를 했다.

> 처음엔 해외봉사란 거 잘 모르고, 여행을 좋아해서 대학 1학년 때 인도에 한 달 넘게 다녀왔어요. 좋아서 베트남에 또 가고, 그담에 호주 워킹홀리데이를 가려고 했는데 동남아를 돌아다니면서 만났던 사람들한테 흥미를 느꼈어요. 너무 다양했어요. 시골도 가보고, 버스에서 우연히 만난 일본인과도 얘기를 하고. 자기 인생을 돌아보기 위해 왔다는 고등학교 졸업생도 있었고. 새로운 인생을 사는 사람들이 있더라고요. 현지에서 만난 사람들도 가난하지만 행복해 보이고……. 이런 사람들하고 같이 뭔가를 하면 (공정무역, 공정여행같이) 돈도 벌 수 있는 기회도 생기고……. 당시 한참 막 그런 기회들이 생기고 있었어요. 그러면서 봉사활동에 관심을 갖게 되었고요(2014년 2월 10일 인터뷰).

"국제개발"이 지원에게 여행과 봉사를 결합한 글로벌 이동을 가능하게 해주었다. 보건복지부와 개발 NGO가 공동 주최한 대학생 해외 자원봉사 프로그램을 회상하며 지원은 멋쩍게 웃었다. "2주 동안 필리핀 마을을 갔는데 완전 빠진 거죠. 내가 정말 특별한 사람 같고. 내가 세상을 바꾸는 일을 하는 것 같고. 그런 착각에 빠져서 좀 더 길게 가는 걸 찾기 시작했어요." 그렇게 해서 찾은 활동이 한 기업체 지원으로 시민사회 단체에서 진행하는 해외 자원봉사였다. 5개월간 다른 네 명의 청년들과 함께 필리핀 현지 NGO를 따라다니면서 차별받는 소수민족 청소년들과 캠핑을 하고, 지역 아동센터에서 아이들을 가르치고, 쓰레기가 수북이 쌓인 산에서 아이들과 놀고, 센터의 공사 일도 도왔다. 하지만 당시 함께했던 한국 친구들을 지금은 만나지 않는다고 했다. 현지인의 말은 아무리 길어도 경청했지만 한국 청년들 사이에서는 협동하고 공감하는 능력이 현저히 떨어졌다는 것이 지원의 자평이었다. "그냥 뭐…… 미리 훈련을 통해 배웠던 게 있잖아요. 주민으로부터 배워야 하고……. 그런 걸 프로젝트랍시고 벌이는데 진짜 사소한 데서 내가 더 옳다 주장하고 싶었던 것 같아요. '나는 달라.' 하는 생각이 다들 있었고."

수개월간의 활동이 끝난 뒤 한참이 지난 후에도 여전히 "성숙하지 못했던 자신"을 가장 먼저 떠올릴 만큼 지원에게 국제개발 영역에서의 활동과 자기성장의 이야기는 분리되지 않았다. 대학생 해외 자원봉사 프로그램의 인턴으로 일하면서 직접 청년들을 관리한 경험도 성찰의 과정에 영향을 끼쳤을 것이다. 그럼에도 필리핀에 머물 당시 현지 NGO가

지역 중심의 활동에 상당한 에너지를 쏟는 모습은 단순히 여행이 좋아 국제개발의 장에 발을 디뎠던 지원에게 새로운 자극을 주었다. 사회적 기업이든 해외 개발 사업이든 지역활동을 어떻게 의미 있게 할 수 있을까 고민을 하던 차에 "빌리지" 모임에 동참했다.

준범, 서우, 지원이 국제개발이라는 장에 참여하게 된 동기와 과정을 "반反빈곤 활동"으로 서술하는 게 타당할까? 국제개발이 퇴치를 공언한 대상은 앞서 언급했듯 "글로벌 빈곤"이다. 이 패러다임은 2015년까지 하루 1달러 이하의 소득으로 생활하는 사람들의 수를 절반으로 줄이겠다는 UN의 "밀레니엄 개발 목표$^{MDGs:\ Millenium\ Development\ Goals}$"를 통해 글로벌 보편성을 획득하면서 소위 "저개발국" 및 "개발도상국"에 대한 원조를 확대할 것을 시대적 과제로 천명했다. 정부나 기업의 재정지원과 개발 NGO의 활동을 매개하면서 해마다 수많은● 청년 해외봉사단원을 파견하고 있는 한국 국제개발협력민간협의회$^{Korea\ NGO}$ $_{Council\ for\ Overseas\ Development\ Cooperation}$(이하 KCOC) 역시 원조의 의의를 "세계의 빈곤문제를 해결하고 모두 함께 잘 사는 지구촌을 만들기 위함"◆으로 공식화하고 있다. 이러한 원조 체제를 경유해 전 세계로 파견된 청년들이 과연 글로벌 빈곤 퇴치라는 "본래의" 목적을 자각하고

● KCOC는 2004년 33명의 봉사단원을 해외로 파견한 이래 2014년까지 2,000명에 이르는 단원을 파견해왔다. 2014년의 경우 73개 개발 NGO를 통해 총 38개국에 321명의 단원을 파견했는데, 이 중 20~30대 연령층이 전체 87퍼센트를 차지한다. KCOC 홈페이지에 실린 2014년 연간보고서 참조(http://www.ngokcoc.or.kr).

◆ KCOC 홈페이지 참조(http://www.ngokcoc.or.kr).

있었는가라는 기준에 따라 활동을 평가한다면, 준범, 서우, 지원 그리고 내가 그간 국제개발 진영에서 만나온 수많은 한국 청년들의 점수는 상당히 낮을 것이다. 이들한테 "국제개발"이란, 그것이 주 대상으로 삼은 "글로벌 빈곤"이라는 선험적 출발점이 아니었다. 오히려 그것은 낯선 세계에 대한 동경과 각자의 고민이 접합된 상태에서 이리저리 궤적을 걷다 보니 어느새 발 앞에 등장한 신세계와도 같았다. 사회적 약자에 오랜 관심을 가졌던 준범은 한비야의 모험담을 접하며 "더 큰 세상"을 보고자 했고, 개인의 선택을 존중하지 않는 한국 "사회"의 빈곤에 답답했던 서우는 해외를 누비던 과정에서 낯선 자들 간의 공동체를 탐색했고, 여행을 좋아했던 지원은 다양한 사람들과의 교류를 통해 자신의 성장을 반추했다. 그 다양한 궤적에서 맞닥뜨린 게 바로 "국제개발"이고, "글로벌 빈곤"이었다. 이 같은 다양성은 글로벌 반빈곤 실천을 하나의 자기 완결적 프로젝트로 사고하는 전문가 집단이 보았을 때 성가신 가지치기의 대상일 수 있겠으나, "빈곤산업"으로서의 성격이 농후해지고 있는 현 시기 국제개발에 모종의 균열을 낼 수도 있지 않을까. "어쩌다 보니" 편입하게 된 국제개발의 장에서 새로운 자극과 회의를 동시에 경험한 이들 청년들에게 한국 주민(빈민)운동은 어떤 (불)가능성을 제공했을까?

"주민의 힘", 그 불편한 성찰

주민(빈민)운동과 국제개발의 접점을 찾는 과정에서 수영과 주민운동 "선배" 세대가 가장 강조한 것은 "주민의 힘"이었다. "주민의 힘"은 수영이 트레이너로 활동하는 K주민운동교육원이 스스로의 사명으로 강조한 바와도 상통한다. "우리는 주민의 가능성을 찾고, 지역의 변화를 이루기 위해 주민, 주민지도자, 주민조직가를 교육·훈련하고 조직한다."● 주민 중심의 개발을 모색하기 위해 마련된 "빌리지" 모임은 청년 활동가들이 가장 절실하게 원했던 두 가지를 채워주는 것처럼 보였다. 1~2년의 국제개발 현장실무를 마친 후 지친 상태로 돌아왔기 때문에 각자의 고민을 나누고 위로를 주고받을 수 있는 집단이 필요했고, 한국 본부에서 하달되는 사업을 기한 내에 맞추느라 씨름하면서 프로젝트의 문법과 현장의 괴리를 절감한 터라 개발의 대안을 찾는 데 목말라 있었다. 좀 더 긴 호흡을 가졌다면, 현지 주민들의 얘기를 좀 더 들었다면, 연대의 중요성을 알았다면 자신의 활동이 어떻게 달라졌을까 허심탄회하게 토론하는 과정은 임기가 끝난 후 각종 보고서와 성과 사례를 작성하는 작업에 매몰되었던 청년들에게 적잖은 위안과 토론거리를 제공했다. 준범은 한 행사에서 국제개발 영역의 실무자들에게 "빌리지" 모임의 의의를 다음과 같이 설명했다.

● K주민운동교육원 홈페이지(http://www.conet.or.kr) 참조. 여기서 주민은 "한곳에 뿌리를 내리고 일하고 살아가는 사람"이라는 지역성(住民)과 "변화를 위해 주인의식을 가지고 실천하는 사람"이라는 의식성(主民)을 동시에 포함한다. 한국주민운동교육원(2014: 106–108) 참조.

저는 순수하게 뛰는 가슴만을 가지고 동티모르라는 나라로 가서 다 변화시켜 버리겠단 생각을 했어요. 실제로도 그렇게 했었고요. 그 과 정에서 알게 된 것은 돈으로 변화할 수 있구나, 참 쉽구나…… 하는 것이었어요. 또 다른 한편으로는 돈으로 변화를 만들면서 잃게 되는 것도 많다는 것을 느꼈죠. 그런데 밖에 있는 사람들한테는 보이지 않 는 거죠. 1년짜리 프로젝트 비용을 받아서 빨리 써야 하고. 정말 필 요로 하는 사람들이 아니라 최상위 계층, 조금만 도와주면 변화를 볼 수 있는 사람들을 대상으로 하게 되고. 수많은 NGO들이 그 마 을을 오고 가면서 외국인들을 돈으로 보고, 서로가 서로를 이용하 고. 그렇게 만들어진 부분들에 대해 내가 도대체 무엇을 할 수 있을 까 여러 회의감이 들고……. 지구촌의 빈곤퇴치와 여러 나라 시민사 회 발전을 위해 만들어졌다는 단체들이…… 똑같은 비전을 이루기 위해 청년들을 수단으로 이용하기도 하고……. "빌리지" 1기를 끝내 고 "빌리지 로드"를 가게 되었고, 돈으로 만드는 변화가 쉽게 보이는 변화라면 주민들이 직접 만드는 변화는……. 그런 것들이 실제 가능 하다는 확신을 갖고 돌아오게 되었어요(2014년 10월 28일. 해외주민운동 한국위원회 포럼에서).

준범의 소감은 내가 만난 다른 청년들도 대부분 공감하는 바이다. 하 지만 그것이 세대 간 차이는 물론 운동의 역사적 경험과 그 지향이 하 나로 수렴될 수 없는 상황에도 불구하고 누구나 "주민"에 대해, "주민 의 힘"에 대해 공통된 인식을 가질 수 있음을 의미하진 않는다. 주민운동 "선배"들이 들려주는 한국 사회 지역 공동체의 경험은 주민 중심 개발의 구체적 방법론을 기다렸던 청년 세대에게 "원론적"으로 들렸고, 변화한 한국 사회에 걸맞지 않는 무용담처럼 여겨지기 일쑤였다.

그때 ("빌리지" 모임에) 모였던 친구들도 그렇고 저도 그렇고, 주민조직을 어떻게 하면 만들 수 있을까? 그 실질적인 방법을 되게 목말라하던 때였어요. 막상 공부를 하다 보니까 방법론적인 것보다는 굉장히 원론적인 이야기나 철학적인 이야기 같은 것만 나오더라고요. 도구적으로 주민들에게 접근하면 안 되고 한 인간으로 접근해야 하고, 주민 그 자체로 접근해야 한다……. ("빌리지"에서 같이 고민을 하며 위안을 얻었지만) 계속 의구심이 드는 거죠. 무슨 말인지는 알겠는데 그래서 어쩌라는 거지?(서우, 2015년 5월 20일 인터뷰)

(주민운동) 선배들 만나면서 느꼈어요. 절대 선? "너는 왜 그렇게 하지 못하느냐, 우리는 그 당시에 이렇게 했고, 정말 헌신했다. 근데 왜 요즘 젊은이들은 돈을 많이 벌어야 하고, 일정 정도의 수익이 나지 않으면 일을 하지 않고, 자기만족이 중요하고……." 잘 모르겠더라고요. 거기서 내가 느껴야 하는 죄책감과 부채의식……. 나는 새 핸드폰이 사고 싶고……. 모든 젊은이들이 그렇잖아요. 그건 젊은이들의 문제라기보다는 근 20년 동안 우리가 살아왔던 시대적 상황이 있는 것이고, 그렇게밖에 생각하고 사고할 수 없는 흐름들이 있잖아요. 그런데 자꾸만 절대적인, 어떤 강력한 선을 요구하는 거죠. 전 정말 ○○님(원

로 주민운동가)을 존경하는데, 살아 있는 신선 같고, 어떤 질문을 해도 교과서 같고, 옛날 얘기 들으면 아 어쩜 그렇게 살아오셨을까 생각이 들어요. 그런 길을 걸어오신 것은 존경스럽지만 그게 내가 가야 할 길인가 생각이 드는 거예요. 내가 그렇게 할 수 없다는 것에 너무 죄의식이 느껴지고 불편하기도 하고, 그걸 마주하기도 싫고……. 왜 그래야 하나, 우리가 살아온 건 다르다고 막 얘기하고 싶고(지원. 2014년 2월 10일 인터뷰).

주민(빈민)운동의 언어와 접근에 대해 느꼈던 불편함과 이질감은 학생운동의 경험을 가진 준범보다는 여행의 과정에서 국제개발을 접하고 이 창구를 통해 빈곤 문제를 맞닥뜨렸던 지원, 서우와 같은 청년들에게 좀 더 두드러졌다. 우선 "주민의 힘"에 관한 논의가 서우에게 "원론적"으로 들린 이유는 주민(빈민)운동이 지난 시기의 역사성을 계승하되 과거에 붙박이지 않는 "보편"의 언어를 찾다 보니 빚어진 현상일 수 있다. 복지관, 자활 기관, 이주노동 관련 단체, 국제개발 NGO, 협동조합, 정부 산하 사회적 경제지원센터 등 "주민"을 상대하는 모든 집단으로 조직화 교육의 범위를 확장하는 과정에서 자치, 평등, 협동, 생태 등 "보편"의 언어는 지나간 "투쟁"의 언어보다 더 많은 공감을 얻었지만 동시에 모호함도 커졌다. 수영은 "주민의 힘"을 강조하는 것이 주민의 "자기계발"이나 "순결성"을 요구하는 게 아님을, "개인의 삶과 사회의 구조를 같이" 보면서 주민의 힘을 결집해 사회를 변화시키는 게 중요함을 거듭 이야기했지만(이보라 2015: 172), 현 시기 "주민의 힘"은

1980~1990년대 "민중권력"과 달리 왜, 무엇에 대항해 사회를 변화시켜야 하는가에 대한 함의를 그 자체로는 갖고 있지 않다. 또한 주민(빈민)운동의 "모범사례"에 대한 지원의 불편한 죄책감은 "빌리지"에서 열리는 모임이 국제개발의 "현재"와 주민(빈민)운동의 "과거", 즉 운동이 자본의 영향과 간섭에서 상대적으로 자유로웠던 시절을 주로 비교한 탓에 커졌을 수 있다. 물론 주민(빈민)운동의 "현재"를 통해 보여줄 수 있는 사례가 전혀 없는 것은 아니다. 하지만 자본주의 구조적 모순의 심화가 각종 후원과 돌봄, 복지를 통한 "윤리적" 재편(Muehlebach 2012)과 동시에 진행되는 과정에서 주민운동 집단 역시 정부나 기업과 새로운 협력관계를 형성하면서 위탁사업과 프로젝트를 병행하기 시작했고, 그 과정에서 국제개발 진영과 유사한 딜레마에 봉착한 것 또한 사실이다(신명호 2011: 19-23; 조문영 2011: 73-87; Cho 2015: 143-147). 운동은 그 역사성을 소거하는 순간 "원론적"이라는 비판에 직면했고, 그 역사성을 복원하는 순간 과거에 붙박였다.

준범, 서우, 지원이 함께 다녀온 (가칭) "빌리지 로드"는 국제개발 청년 활동가가 주민(빈민)운동을 경험하고 배우면서 발생한 새로운 자극과 긴장을 동시에 보여주고 있다. "빌리지" 모임을 통해 국제개발 체제에 복속된 프로젝트성 사업의 한계를 절감한 이들은 "주민의 힘"을 확인하겠다는 일념으로 국제기구와 현지 NGO를 직접 연락해서 2011년 가을부터 넉 달 남짓 일종의 현지조사를 수행했다. 캄보디아에서는 한 호수 지역에서 강제철거에 맞서 싸우는 주민들을 만났고, 필리핀에서는 거대자본에 휘둘리는 설탕 가격에 맞서 공동체적 자립

강제철거에 직면한 캄보디아 벙칵 호수 주민들의 일상. 준범은 "빌리지 로드" 중
이곳에서 마주친 사건을 한 국제개발 NGO의 뉴스레터에 소개하면서 "주민의
목소리"를 전하고자 했다. "나는 벙칵에서 태어났고, 살아왔고, 살고 싶다.
내 모든 추억과 기억이 있는 이곳이 없어지지 않고, 아이들과 함께 이곳에 살았으면
좋겠다. 과연 돈으로 내 모든 기억과 추억을 이어가고, 보상받을 수 있을까?"

(출처: 2012. 11. 1. "캄보디아 벙칵에서 전해온 목소리" http://www.odawatch.net/25457)

을 추구하기 위해 생산자 조직을 만들어낸 사탕수수밭 농민들을 만났다. 우간다에서는 UN의 밀레니엄 빌리지 프로젝트^{Millennium Village} ^{Project} 대상 지역을 방문해 지역개발 프로그램 시행 과정을 관찰했고, 케냐에서는 동부 아프리카 최대 슬럼 지역에서 미국 감독의 영화 제작을 계기로 탄생한 로컬 영화학교를 탐방했다.

스스로 찾아간 현장은 수영과 다른 주민운동 선배들한테서 배운 "주민조직화"의 구체적 모습을 확인하고 한국 국제개발의 대안을 모색할 수 있는 기회를 제공했다. 주민들을 내쫓고 호화 주택단지 건설을 서두르는 정부에 저항하는 캄보디아의 투쟁 현장, 미국인이 현지인들에게 단체 운영을 직접 맡긴 케냐의 영화학교, 주민조직이 다양한 연대를 통해 뿌리내린 필리핀 농촌 지역을 돌다 보니 한국 개발 NGO의 문제들, 가령 지역 개발에만 초점을 맞출 뿐 빈곤을 실제로 야기한 정치 문제에는 관심이 없다든가, 현지 NGO를 "펀딩 소스^{funding source}" 로만 생각할 뿐 성장할 기반을 제공하지 않는다든가, 다양한 배경을 가진 전문가, 활동가 집단의 협업이 부족하다는 문제의식이 자연스럽게 떠올랐다.●

하지만 한국에 돌아온 후 보고서를 만들고 후원해준 사람들을 위해 별도의 발표회를 준비하는 과정에서 지원과 서우는 고민이 많았음을 털어놓았다. 떠날 때 정한 목표가 "주민의 힘"을 확인하는 것이었으니●활동의 성과도 그에 따라 기술해야 하는데, 이 방식이 자신의 언어

● 자세한 내용은 "빌리지 로드" 미출간 자료집 참조.

가 아니라는 생각을 지울 수 없었다. 2012년 12월 8일 국제개발 영역에서 활동하는 사람들이 모인 자리에서 "빌리지 로드" 보고회가 열렸을 때, 준범, 지원, 서우는 그들이 주민(빈민)운동 선배들에게 배운 것을 적용해서 "주민은 스스로의 경험을 통해 배우고 행동한다.", "주민의 힘은 스스로 말하는 것이다.", "주민은 그 자체로 가능성이며 이는 활동가를 통해 발현된다.", "변화는 한 번의 프로그램으로 만들어지는 결과가 아니다.", "함께하는 것, 연대하는 것은 가치가 있다."라는 테제를 먼저 정한 뒤 네 곳 방문지역 현장에서 이와 부합한다고 생각되는 사례들을 소개했다. "'주민의 힘'을 강조하는 게 자칫하면 빈자의 도덕성을 당위로 전제하는 것과 혼동될 수 있지 않겠느냐"며 당시 발표를 들으러 갔을 때 들었던 생각을 꺼내놓자 지원은 "솔직히 발표회를 하고 싶지 않았다"고 털어놓았다.

사실 주민의 힘이 아니고 주민과 같이 있는 활동가들의 힘인 거죠. 누군가 늘 거기에 있어야 하고. 근데 저희는 그런 게("주민의 힘"을 강조하는 것이) "학습"된 것 같아요. 그렇게 보이고, 그렇게 말하고, 그렇게 해야 한다고 알게 모르게 증명하고 싶었던 거죠. 우리의 활동을 정당화하고. 성과는 아니지만, 우리를 후원했던 많은 분들에게 뭔가를 보여줘야 한다는 압박감이 항상 있었던 것 같아요(2014년 2월 10일 인터뷰).

◆ 이들의 보고서에서 "빌리지 로드"의 목표는 다음과 같이 서술되어 있다. "1) 우리는 주민의 힘으로 사람-마을-지역사회의 변화가 가능하다는 것을 확인한다. 2) 우리는 더 나은 세계가 물질적, 양적 방법에 의해서가 아니라, 주민의 힘을 통해 가능하다고 확신한다. 3) 우리는 주민의 힘에 의한 지역사회 변화의 가능성을 국제개발 현장에 알린다."

"사회"의 빈곤과 대면하기

결국 주민(빈민)운동이 강조하는 "주민의 힘" 역시 국제개발이 핵심 의제로 삼은 "글로벌 빈곤"만큼이나 청년 활동가들의 체험과 욕망을 온전히 반영하고 있지 못한 외래어에 불과한 것일까? 흥미로운 것은 준범과 서우, 지원 그리고 "빌리지" 모임을 거친 (내가 만난) 청년들 모두 "주민의 힘"과 관련한 선언적 테제들에 이질감을 느끼면서도 주민(빈민)운동과의 인연을 굉장히 소중하게 생각했다는 점이다. 국제개발과 관련된 전문적 약어나 각종 평가지표에 짓눌리고, "비교적 구성원 개개인의 삶과 영혼이 존중될 것으로 기대"했던(이영롱·명수민, 2016: 202) NGO 영역에서조차 소모품처럼 취급받고 있다고 느껴온 이들에게, 오랫동안 현장에서 살면서 현장의 언어가 몸에 밴 선배들이 보여준 소탈한 배려심과 친근함은 돌봄과 존중, 연대의 의미를 되묻게 했다. 심지어 주민(빈민)운동의 방식에 종종 거부감을 내비쳤던 지원조차 그 만남 덕택에 "더 인간적인 사람"이 되었다고 인정하면서 수영에 대한 깊은 애정과 존경심을 내비쳤다. 유네스코 해외봉사단원으로 남아공에서 2년을 보낸 뒤 "빌리지" 모임에 들어온 현주 역시 "인간적으로 CO가 너무 좋아졌다"면서 주민(빈민)운동 활동가들로부터 배웠던 구체적인 내용보다 그들의 "품성"에 대해 더 열심히 얘기했다. 문제해결형 사업에 매몰되기보다 여전히 개인의 삶과 운동의 순환성을 강조하는 풀뿌리 지역운동의 가치를 사람들에게서 발견한 것이다.

결국 내가 만난 대부분의 청년 활동가들 사이에서 "주민의 힘"은

"사람"의 현장이라는, 몫 없는 사람들의 해방을 위해 투쟁하는 정치적 말 걸기보다는 "우리"의 의미를 끊임없이 난도질하는 신자유주의 세계에서 타자를 연결하는 끈을 놓지 않으려는 윤리적 공동체로 살아 남았다.● "빌리지" 모임을 거친 이들은 국내, 해외를 굳이 구분하지 않고, 준범의 말을 빌리자면 "국제'라는 단어에 눈이 뒤집혀서 했던 일들의 포장지를 뜯어내고" 다양한 자리를 경유하며 "사람"의 현장을 탐색하기 시작했다. 2016년 여름, 수영은 생활의 개선과 단순한 봉사보다 사회를 바꿔내는 것이 여전히 더 중요함을 강조하면서 해외주민운동 한국위원회를 설립하여 동남아시아 주민조직가들과의 연대에 주력하고 있었다. 서울에서 "마을 만들기" 관련 NGO 일을 하던 준범은 준정부기관인 KCOC에 취직해서 그간 발견했던 국제개발의 문제를 그 "내부"에서 개선하기 위해 씨름 중이다. 지원은 서울시 마을 만들기 청년 활동가로 일하면서 철거투쟁의 역사가 깊은 성동 지역으로 파견되어 주민(빈민)운동과 관 주도 프로젝트 간의 긴장과 협업을 지켜보다 재충전을 위해 다시 해외로 떠났다. KOICA 관리요원으로 탄자니아에서 2년을 보내고 돌아온 서우는 수영이 설립한 단체의 상근직 업무를 한동안 도맡았다. 초기 라오스에 가서 봉사단원으로 받은 생활비를 모아 학자금 대출을 갚았다면, 최근 ("빌리지" 모임에서 신나게 비판했던) KOICA의 관리요원으로 탄자니아를 다녀온 것은 "전세금 마련"을 위한 것이었다고 웃으며 고백했다. 고작 100여 만 원을 받는 NGO 상

● 이러한 경향은 주민(빈민)운동 단체의 변화 과정에서도 확인된다. 조문영·장봄(2016) 참조.

근 활동가로 일하려면 집 얻을 전셋돈이라도 있어야 부담이 덜하지 않을까 생각했다는 것이다. 하지만 이도 잠시, 최근에는 자신의 관심이 글로벌 빈곤에 한정되기보다는 "공동체"와 "공공성"에 있음을 확인하고 관련 사업을 시작한 지방자치단체의 계약직 실무자로 취직했다. 서우가 돌아오기 전 수영의 단체에서 일했던 현주는 "(경제적으로 어려운) 집안 문제를 해결하기 위해" 마찬가지로 KOICA 관리요원 지원을 망설이다 결국 자신이 오랫동안 생각해온 이주노동자 관련 NGO에서 일하기 위해 의정부행을 택했다.

즉, 모호하지만 끊임없이 대안을 추구해온 이 청년 활동가들에게 "국제개발"이라는 거대한 체제는 이제 그 내부에서 성공 스펙을 쌓아야 할 대상이라기보다는, 비정규직이 일상이 되어버린 시대에 "좋은" 일, "옳은" 일을 하면서 적은 돈이라도 때때로 융통할 수 있는 윤리적 도구로 남았다. 현재의 직업이 평생직장이 결코 될 수 없다는 것을 이미 잘 아는 터라 비판의 대상과 단번에 결별을 선언하는 것은 이들의 관심사가 아니었다. 그보다는 "글로벌 빈곤"이든 "주민의 힘"이든 적절히 활용하고 배울 줄 아는 것, 그러면서 자신이 추구하는 공동체적 삶과 좀 더 가까운 자리로 조금씩 방향 전환을 시도하는 것이 "사람"의 현장을 만드는 이들의 기술奇術이었다.

2016년 7월 신촌의 한 카페에서 해외주민운동 한국위원회의 4주년 기념 잔치가 열렸을 때 나는 수영과 "빌리지" 모임을 함께했던 일부 청년들과 재회했다. 한국 주민(빈민)운동 원로들, 아시아주민연대 조직가들, 이주여성 출신 활동가들, "빌리지" 모임을 거쳤거나 후원해온 국제개발 실무자들은 수영을 매개로 연결되었는데, 다들 면식도 없거니와 서로 뚜렷한 이해가 없음에도 분위기는 시종 화기애애했다. 수영은 참석자들에게 "나에게 해외는 지구 어딘가의 봉천동"이라고 강조하면서 과거의 한국 빈민운동과 현재의 글로벌 반빈곤운동을 자연스럽게 연결했고, KCOC에서 행정업무로 정신이 없었을 준범은 세련되진 않지만 진정성 있는 사회로 참석자들의 호응을 이끌었다. 준범, 지원, 서우와 함께 "빌리지 로드"를 떠났다가 중도 귀국한 후 고향의 작은 회사에서 일했던 진아는 이날 내게 서울시 도시재생본부 "민간전문가"라는 새로운 명함을 건넸다. 그녀에게, 그리고 이 자리에 모인 다른 청년들에게 이동은 그 자체로 삶이었다.

"사람"을 현장으로 만드는 청년들은 인구학적 수치로 추상화되어 온 "글로벌 빈곤"에 관계성을 입히며, 동시에 주민의 힘을 (조직가가) 발견하거나 증명하고자 하는 것보다는 주민을 우리 모두로 확대하면서 "사회"의 빈곤과 대면하는 데 관심이 있다. 이들의 모습은 한국 사회에서 소득 불평등이 심화되는 가운데 만성적 빈곤에 시달리는 "물질적 빈곤화" 못지않게, 압축적 근대화 과정에서 파생된 경쟁적 개발주의와 탈근대 고용위기가 폭력적으로 결합하면서 발생하는 "실존과 소통의 빈곤화"●를 주목하게 만든다. "물질적 빈곤화"와 "실존과 소통의 빈곤화"는 자본주의 사회에서 뫼비우스의 띠처럼 서로 연결되어 있지

● 비포(Bifo)는 실존과 소통의 빈곤화를 "탈산업화된 기호자본주의 세계(정보계에서 순환하는 기호들의 무한 과잉 상태)에서 영혼 자체가 노동하도록 배치되는 것"(2012: 113)으로 설명했으나, 본 글에서는 이를 각자도생의 경쟁적 한국 사회에 대한 설명으로 확장했다. 대학생 해외 자원봉사를 주체와 타자의 관계성에 주목해 분석한 김지만·김예란(2013)은 이를 고독 혹은 상징적 빈곤의 측면으로 보았다.

만, 그럼에도 선별적 복지든 개발원조든 빈자와 비^非빈자를 구획하는 시스템이 지배적인 탓에 양자가 서로 간의 연계성을 포착하기는 여전히 힘들다. 기존의 국제개발 패러다임에 균열을 내면서 "사회"의 빈곤에 주목하는 청년 활동가들은 이 연계를 가능케 할 수 있을까? 빈곤의 다층성을 인식하면서 기아와 질병, 비정규직의 삶과 획일화된 경쟁에 이르기까지 "너"의 빈곤과 "나"의 빈곤을 분리하지 않는 작업이 가능할까? "글로벌 빈곤" 산업에 균열을 내는 집단이 결국 그 피라미드의 맨 하부에 위치한 청년들이었듯, 상이한 빈곤의 경험으로부터 생겨날 수 있는 적대를 사회적 연대로 환원하면서 우리 시대 빈곤의 사유를 한 걸음 진전시킬 수 있는 집단 역시 소통과 실존의 빈곤을 가장 극단적인 형태로 경험하고 있는 청년들일 것이다.

참고 문헌

김동훈. 2012. "국제개발협력의 인문학: 국제사회복지현장에 대한 성찰적 접근". 국제사회복지학 2(1): 67–91.

김지만·김예란. 2013. "고독과 빈곤의 조우, 또는 환대의 경계: 한국 대학생 봉사 여행에서의 주체 형성에 대한 소고". 문화와 사회 14: 7–50.

김현미 외. 2010. 『친밀한 적: 신자유주의는 어떻게 일상이 되었나』. 이후.

베라르디[비포], 프랑코. 서창현 옮김. 2012. 『노동하는 영혼: 소외에서 자율로』. 갈무리.

수영(가명 표기). 2011. "국제협력현장을 중심으로 한 주민운동의 과제". 『한국주민(빈민)운동 40주년 기념행사자료집』. pp. 137–141.

신명호. 2011. "지역주민운동과 민주주의". 『주민운동 40주년 기념자료집』, 한국 주민(빈민) 운동 40주년 준비위원회, pp. 19–32.

이보라. 2015. "마을공동체와 주민운동은 현장이다". 김성천·김은재 외. 『옆으로 간 사회복지 비판: 급진사회복지실천가들의 현장 이야기』. 학지사.

이영롱·명수민. 2016. 『좋은 노동은 가능한가 – 청년세대의 사회적 노동』. 교육공동체벗.

이태주. 2011. "왜, 주민이 가장 우선이어야 하는가?". 제8회 ODA 정책포럼 기조 발제문(2011년 9월 28일).

조문영. 2001. "'가난의문화' 만들기 – 빈민지역에서 '가난'과 '복지'의 관계에 대한 연구". 서울대학교 인류학과 석사학위 논문.

조문영. 2013. "공공이라는 이름의 치유: 한 대기업의 해외 자원봉사활동을 통해 본 한국 사회 '반–빈곤'과 '대학생'의 지형도". 한국문화인류학 46(2): 45–91.

조문영. 2014. "글로벌 빈곤의 퇴마사들: 국가, 기업, 그리고 여기 가난한 청년들". 김예림 외. 『정치의 임계, 공공성의 모험』. 파주: 혜안. pp. 235–260.

조문영·장봄. 2016. "'사람'의 현장, '빈민'의 현장: 한 지역주민운동 단체의 성찰적 평가에 관한 협업의 문화기술지". 49(1): 51–107.

크룩생크, 바바라. 심성보 옮김. 2014. 『시민을 발명해야 한다 – 민주주의와 통치성』. 갈무리.

한국주민운동교육원. 2014. 『스스로 여는 가능성』. 서울: 제정구기념사업회.

Cho, Mun Young. 2015. "Orchestrating Time: The Evolving Landscapes of Grassroots Activism in Neoliberal South Korea". *Senri Ethnological Studies* 91: 141–159.

Gupta, Akhil. 2014. "Is Povertya Global Security Threat?" in Ananya Roy and Emma Shaw Crane(eds.). *Territories of Poverty: Rethinking North and South*. University of Georgia Press. pp. 84–102.

Muehlebach, Andrea. 2012. *The Moral Neoliberal: Welfare and Citizenship in Italy*. Chicago: The University of Chicago Press.

Roy, Ananya. 2010. *Poverty Capital: Microfinance and the Making of Development*. New York: Routledge.

"뻔뻔한" 직접행동

7

나의 글로벌 기본소득 운동 이야기

김주온

최근 국내외적으로 기본소득에 대한 관심이 급증하고 있다. 모두에게 조건 없이 지급하는 현금이라는 간단명료한 아이디어가 유토피아적 발상에서부터 서서히 현실의 정책으로 다가오는 중이다. 기본소득이 잘 알려져 있지 않던 수년 전, 우연한 계기로 이 주제에 대해 공부하게 되었다. 머지않아 기본소득의 도입을 주장하는 청년 단체에 결합했고 그때부터 처음으로 스스로를 "활동가"라고 부르게 되었다. 그런 나에게 "글로벌"은 조금 특별한 의미를 갖는다. 앞으로 나아가기 위해서, 운동을 위해서라도 그동안 묻어두었던 나의 열등감과 열망을 끄집어내서 제대로 직면하게 만든 계기가 되었기 때문이다. 이 지면을 빌려 그 구체적인 내용을 풀어보고 싶다. 이 시대 "청년"이라는 범주에 속한 한 개인의 운동하는 삶이 글로벌이라는 현장과 어떻게 마주쳤는지 들여다볼 수 있는 사례로 읽어주면 좋겠다.

당연한 꿈의 공간이었던 글로벌 무대

현재 20대 후반의 나이를 살고 있는 나는 "세계화"와 "개방", "지구촌"이라는 말이 국민국가의 새 시대를 열어젖히리라 의심치 않던 90년대 초, 광주의 위성도시 기능을 하는 인구 10만 정도의 농업도시에서 청소년기를 보냈다. 나는 유난히 자기계발서를 좋아하는 청소년이었다. 친구들보다 조금 더 많이 읽었다기보다 주변에 이런 걸 읽는 사람이 그냥 나밖에 없었다. 혼자만 읽을 수 없다는 사명감에 내용을 정리한 후 인쇄해서 선생님과 친구들에게 나눠주고, 연설문으로 만들어서 강당에서 발표하기도 했다(연설 제목은 지그 지글러의 책 제목을 인용한 "정상에서 만납시다"였다). 인터넷 서점이 문을 열면서 동네 서점에 잘 들어오지 않는 신간도 쉽게 구할 수 있게 되었고, 비싸서 사지는 못해도 프랭클린 플래너 신상품도 꼬박꼬박 체크했다. 지금으로선 잘 이해가 되지 않을 정도로 열정적이었다. 나의 고향집 방 한쪽 편에는 이때 읽었던 책들이 남아 있다. 이 책들을 몇 종류로 분류해볼 수 있다. 박원희의 『공부 9단 오기 10단』(2014), 금나나의 『나나의 네버엔딩 스토리』(2008), 김현근의 『가난하다고 꿈조차 가난할 수는 없다』(2006) 등 수재들의 미국 유학 수기가 한 종류이고, 『하버드 스타일』(2007), 『서울대보다 하버드를 겨냥하라』(2003) 등 아이비리그에 대한 선망을 불러일으키는 책들이 있고(그에 비해 서울대에 간 이야기인 『공부가 가장 쉬웠어요』[2004]나 고시 3관왕 고승덕의 책은 그다지 와 닿지 않았다.), 나머지는 강헌구의 『아들아, 머뭇거리기에는 인생이 너무 짧다』(2004)와 미국식 자기계발서의 고전 격인 스티븐 코비의 성공하는 습관 시리즈 등이다.

더 어렸을 때는 온갖 위인전을 읽었는데 그것도 사실은 "동기부여"를 위한 것으로 자기계발서와 비슷한 역할을 했다. 특히 위인들의 어린 시절에 나의 생활을 비춰 보면서 지향해야 할 품성이나 습관들을 생각했다. 위인들은 대부분 나와 지역도, 시대도, 성별도 달랐기 때문에 참고할 게 많지는 않았다. 하지만 인내와 노력으로 역경을 이겨내고 인류의 진보에 기여해내는 성공 서사는 언제나 감동을 주었다.

초등학교를 마치고 집으로 걸어오던 어느 날이 지금도 기억난다. 늘 사람들이 북적거리던 농협 앞마당 건널목에 김대중 대통령의 노벨 평화상 수상을 축하하는 플래카드가 붙어 있었다. 나도 "글로벌 리더"가 되어 세계 평화에 이바지하고 싶다고 생각했다. '이제 글로벌 시대니까, 한 나라에 국한하는 정치 지도자로는 부족해. 책도 많이 읽고, 영어 공부도 열심히 하고, 동북아시아 평화에도 관심을 가져야지. 그리고 이제는 여성들이 주목받는 시대니까, 나도 꿈을 크게 갖고 새로운 시대, 변화를 상징하는 인물이 되어야지.'라고 생각했다. 대표를 뽑는 일에는 임시적이거나 형식적인 자리거나 따지지 않고 무조건 자원했고, 학생회장 선거도 꼬박꼬박 나갔다. 반장이 되고 싶고, 회장이 되고 싶은 게 전혀 부끄러운 일이 아니었다. 가족과 친구들, 선생님들 모두 내 꿈을 응원해주었다.

당시의 장래희망은 외교관이었으나 여성 외교관의 가정불화 및 이혼율이 몹시 높다는 기사를 보고 실망했다. 당시만 해도 결혼을 하고 싶은 마음도 있었던 터라 남성 중심적인 외교관의 직업세계에 거부감이 들었다. 그다음 꿈은 경영 컨설턴트였다. 회사의 고민을 듣고 적절한 답을 제시해주는 일에 끌렸다. 『나는 프로가 될 거야: 비즈니스 편』이라는 어린이용 직업 가이드북은 컨설턴트가 되면 외국에 다닐 일이 많다고 선전했다. 중요한 문제를 해결하는 일에 매력을 느꼈던 나는 글로벌 컨설팅 회사인 "매킨지&컴퍼니" 회사 로고를 인쇄해서 노트에 붙여두기까지 했다.

매뉴얼을 좋아하는 모범생이었던지라, 학생 시절엔 앞으로 뭘 하고 싶은지, 어떻게 살고 싶은지, 나는 뭘 좋아하는지, 꿈은 뭔지 고민해야 한다는 말을 정언명령처럼 받아들였다. 그 고민 끝에 정립한 원칙도 있다. 내가 하는 일로 사회에 도움이 되고 싶다는 것. 지금처럼 복잡한 시대에는 문제가 어떻게 연결되어 있고 내 행위가 어떤 결과를 초래하며 어떤 의미가 있는지 이해하기가 더 어려워졌지만 그럼에도 확실히 아니라고 생각되는 것부터 지워나가면서 탐구를 멈추지 않겠다는 다짐을 했다.

여기서 한비야 씨가 등장한다. 그녀를 베스트셀러 작가로 만든 여행기 자체에는 정작 관심이 안 갔다. 하지만 그녀가 뛰어든 국제구호활동은 인류를 위한 일임이 분명해 보였다. 한비야 씨의 체력을 따라갈 자신은 전혀 없었지만, 영어도 좋고 새로운 사람들 만나는 것도 좋고 새로운 장소에 가는 것도, 새로운 경험을 하는 것도 좋은데, 이 모든 활동을 사회운동과 결합한다면 그야말로 금상첨화란 생각이 들었다. 어떤 희생의 서사, 혹은 대의로만 얘기되기 어려운 나의 욕망은 명백히 글로벌 공간을 향해 있었다.

내게 "글로벌"은 극동아시아 시골의 한 소녀가 궁극적으로 지향해야 할 무엇, "글로벌 리더"가 되어 인류의 진보에 기여하기 위해 활동해야 하는 무대 자체였다. 마음은 점점 조급해졌다. 하지만 그다지 내세울 것 없는 사회경제적 위치를 감안했을 때 평범한 지능과 노력만으로는 자기계발서에 등장하는 수재들처럼 되기란 어려웠다. 좌절의 연속이었다. 『7막 7장』(1993)에 나오는 주인공과 달리 조기유학도 못 가고, 어학연수도 못 가고, 해외여행도 못 가고, 유명 외고나 민사고도 못 가고, 결국엔 아이비리그와도 멀어지면서 나의 "글로벌"은 갈수록 작아졌다. 한 치의 의심 없이 당연한 꿈으로 등장했던 글로벌 무대에 나를 올려두기가 점점 망설여졌다.

재수생이던 시절, 한비야 씨가 광주에 온 적이 있다. 너무 떨려서 전날 잠이 안 왔다. 내가 얼마나 당신을 존경하는지 편지를 쓰고 나서야 잘 수 있었다. 강의 마지막에는 손을 번쩍 들고 질문도 했다. 그녀의 책에 나오는 비유가 하나 있다. 자신의 일은 복도에 흘러넘치는 물을 계속 닦는 것 같다고. 계속 닦아도 끝이 없기에 고민하다가 한쪽 끝에 가보니 수도꼭지가 틀어져 있었다는 것이다. 나의 질문은 어떻게 하면 수도꼭지 자체를 잠글 수 있느냐는 것이었다. 좋은 질문이라고 칭찬을 받았지만 명확한 대답을 듣지는 못했다. 왠지 실망했고, 그 후 국제개발에 대한 관심도 사그라들었다.

2010년의 대학 풍경

재수생활을 끝내고 서울에 있는 대학에 왔다. 원서를 쓰는 중에 한 선생님은 서울 거치면서 돈 낭비하지 말고 광주쯤에서 머물다가 바로 세계로 나가라고 조언하셨다. 하지만 그때는 이미 글로벌 공간에 대한 상상을 지우고 난 뒤였다. 오히려 글로벌 공간은 "우파적" 꿈의 공간이라고 생각했다. 경영 컨설턴트라는 직업도 사실은 불공평한 세계의 공모자로서 기업의 이윤 독점에 기여할 뿐이고, 국제개발의 현장도 그 긴박함이 포르노적으로 소비될 뿐 실질적으로 큰 흐름은 바꿔내지 못할 것이라 냉소했다. 그때 나는 국내에 기반을 둔 인권변호사를 꿈꾸고 있었다. 하나하나의 소송에서 이기는 데 그치지 않고, 그 소송의 사회적 의미를 적극적으로 발굴해내며 사회운동으로 이어지도록 하는 일종의 조직가로서의 변호사가 되고 싶었다.

게다가 대학에 와보니 영어 잘하는 애들이 주위에 가득했다. 중학교 때 선망하던 유명 외고를 나온 애들, 방학 때마다 외국으로 나가는 애들, 어렸을 때 이미 외국에 살다 와서 영어를 모국어처럼 쓰는 애들을 바로 옆에서 보니 자존심이 상해서 영어니 글로벌이니 하는 주제에 더욱 관심이 없는 척했다. 경쟁심은 넘쳤지만 태연한 척했다. 외국어 공부를 꽤 좋아했고 그간 열심히 해왔다고 자부했는데 대학에 오자마자 만난 너무 큰 격차 앞에서 진이 빠졌다고나 할까. 그렇지만 해외봉사나 교환학생을 한 번이라도 가보고 싶었다. 대학생들 스펙 쌓기라고 욕하며 거부한 것은 아니었다. 비용이 많이 들기 때문에 조건이 되는 사람만이 선택할 수 있음에도 취업을 위한 필수 과정으로 여겨지는 상황을 문제라 생각했고, 스펙 쌓기로 의미가 축소되는 현실이 안타까웠지만, 자유롭게 다양한 경험을 추구할 기회를 선망했던 것도 사실이다. 하지만 일정도 어긋나고, 반드시 가야 할 명분도 찾지 못해 둘 다 접었다. 두고두고 후회가 된다.

그 와중에 학교 안팎의 이런저런 운동판을 기웃거렸다. 학점 관리를 열심히 해서 로스쿨에 가야 하기 때문에 아주 깊게 관여할 수는 없을 거라 생각했다. 늘 상황 파악에 가까웠다. 그럼에도 석연치 않은 구석이 많이 보였고, 질문들이 뒤따랐다. 학생운동이라는 게 왜 이렇게 잘 보이지 않지? 다 없어졌나? 별도의 비판적인 의견 그룹이 필요 없어질 만큼 오늘날 대학이 열린 공간이 되었나? 아니었다. 그 반대였다. 굳이 운동이라 이름 붙이지 않더라도 내가 속한 학과에서 옆자리 동기들과 사회적 문제들에 대해 이야기 나누는 것조차 쉽지 않았다. 나는 곧 "정치적인 애"로 가벼운 낙인이 찍혔다. 몇몇 남자 동기들은 내 의견과 상관없이 북한과 연관된 질 나쁜 농담으로 나를 놀려댔다. 남성 중심적이고 성차별적인 학과 분위기 속에서 페미니즘 얘기를 꺼내기도 어려웠다. 고등학교만도 못했다. 물론 그때도 사회문제가 흔한 대화 소재였다고 보기는 어렵지만, 최소한 제기된 주제에 대해서는 진지하게 생각하고 토론하려는 태도가 있었다. 그에 비해 훨씬 더 깊이 있는 논의, 나아가 정치적 실천까지 가능하리라 기대했던 대학의 학생 사회가 그렇지 못하다는 게 답답했다. 내가 시골에서 와서 뭘 잘 모르는 걸까, 이미 이런 얘기가 가능한 시대가 지나가 버린 걸까 고민하기도 했다. 분명 촛불집회 당시만 해도 이런 분위기가 아니었던 것 같은데 혹여 내가 시대착오적인 것은 아닌가 싶었다. 상상했던 대학의 풍경과 너무 달랐던 탓에 다시 움츠러들었다.

당시 내가 다니던 캠퍼스 내의 화두는 공간이었다. 바로 전해에 교내에서 가장 넓은 광장을 없애고 지하 주차장 및 비싼 상가와 컨벤션 홀을 건설하는 공사가 마무리되었다. 학생들이 종종 모여 의견을 나누며 말 그대로 "광장"의 기능을 했던 곳이라 광장을 없애는 것이 학생 자치의 축소로 이어질 것을 걱정하는 목소리도 있었지만 공사는 그대로 진행됐다. 캠퍼스 내에 대형 마트를 입점시키려는 계획도 동시에 추진됐으나, 다행히도 학생들이 공동대책위원회를 꾸려 막아냈다고 한다. 그 후 이 운동에 참여했던 이들은 학내에 자치공간이 사라지고 있다는 문제의식을 갖고 이를 쟁점화할 사람들을 모았다. 나는 "자치공간"이라는 말에 마음이 동했고, 도심의 철거 농성장에서 연대하며 경험했던 일시적 해방 공간을 내가 일상적으로 머무르는 곳에도 만들고 싶었다. 학내에 공간을 따내기란 쉬운 일이 아니었지만, 이러한 문제의식에 공감하며 모여드는 사람들은 꾸준히 있었다. "일단은 비빌 자리"(이하 "단비")라는 이름으로 모여 문학, 철학, 경제, 여성학 등 다양한 분야를 공부하고 사회적 문제를 교내에서 쟁점화하려는 활동을 했다. 단비는 다른 이들, 특히 사회적 약자들의 삶과 연대하는 공동체가 되자고 다짐하면서 긴 시간 동안 나의 참조 그룹이 되어주었다. 단비를 만난 것은 정말 행운이었다. 그러지 않았다면 대학시절 내내 큰 무력감에 빠져 지냈을 것 같다.

가능한 꿈의 공간으로서 글로벌

우리 세대에게, 야망 혹은 야심이란 어떤 의미일까? 꿈을 묻는 것도 감히 실례가 된 지 오래가 아닌가? 인터넷 짤방에서처럼 "꿈은 없고요, 그냥 놀고 싶어요."가 시대정신이 된 지 오래다. 물론 같은 청년 세대 안에서도 간극이 너무나 크기 때문에 다른 욕망을 가진 청년들도 더러 보인다. 미래지향적이고, 역사의 진보를 꿈꾸는 근대적 야심을 가진 나 같은 사람 말이다. 이렇게 생각하는 스스로를 긍정하고 드러내기까지도 시간이 꽤 걸렸다. 또래의 청년들 사이에서 점차 소비적 욕망 외에 공적 공간에서 어떤 변화를 만들고 싶다는 식의 욕망을 발화하는 게 어려워졌기 때문이다. 취업으로 대표되는 생존 이외에 공공선이라거나 세계 평화 같은 가치를 운운하는 게 비웃음의 대상이 될 것만 같아 일단 자기 검열이 작동한다.

나는 이것이 청년을 오로지 취약한 사회적 약자로만 재현해온 청년 담론, 그리고 이를 적극적으로 이용한 청년 당사자 운동 그룹이 남긴 폐해라고 생각한다. 우리는 "대학생"이기 전에 "청년"으로서 "88만 원 세대" 또는 "아프니까 청춘이다" 같은 청년 담론에 호명되는 데 이미 익숙해져 있다. 끊임없이 쌓여가는 부채와 그것을 너 혼자만의 노력으로 해결해야 한다는 억박지름, 뭉치지 말라는 협박, 세상은 원래 그런 것이라는 반복된 좌절감이 주입되면서 청년들은 제대로 된 정치 학습의 기회를 갖지 못했고, 이들이 사회로부터 무엇도 기대하지 않는 세대가 될 것이라는 단언이 난무했다. 나는 청년들에게 아무런 권력도 자원도 허용하지 않은 채 꿈과 희망을 갖고 알아서 미래를 이끌어가리라 기대하는 시각만큼이나, 이러한 담론들 역시 청년들로 하여금 근본적인 변화들을 주장할 수 없게 하는 기획과 장치라고 본다.

물론 이런 전략이 거둔 성과도 분명 있다. 청년들에게 실제로 자원이 없는 것도 맞고, 이전 세대보다 자원을 얻을 가능성이 줄어든 것도 맞기 때문에 이 긴급한 현실 인식을 사회 전반에 퍼뜨리고 같은 처지의 청년들을 조직하고 드러낸 공로가 있다. 그리고 이에 공감한 맘씨 좋은 이들이 지갑을 열어주기도 하고, 지자체 차원에서 청년을 지원하는 조례와 정책을 제도화하기도 했다. 하지만 그다음 단계는 무엇인가? 자리 잡은 "어른들"의 기분을 거스르지 않을 정도로 안심시키며 자원을 배분받는 방식을 넘어서, 분배를 결정하는 바로 그 자리에 청년들이 참여하는 방법은 무엇일까?

이런 얘기를 섣불리 꺼내기도 어렵다. 자원 획득을 위해 청년을 취약한 존재로 만드는 전략의 등장이 모든 책임을 "게으르거나 이기적인" 청년 개인에게만 묻는 신자유주의적 발상과 무관하지 않기 때문이다. 또한 자원이 배분되는 경로에서 이탈해 제 목소리를 내는 게 개인에게도 안전하지 않다는 판단이 들기 때문이다. 두 가지 선택지에 모두 확신이 없을 때 제3의 길을 묻게 된다. 무언가 성취하고 싶은, 꿈을 이루고 싶은 마음이 젊어서 고생은 사서 한다는 식으로 착취당하지 않고 정당한 권리에 대한 지분을 사회에 요구할 수 있는 발화 방식이 무엇일까?

이런 고민을 갖던 차에 대학 졸업을 앞두고 기본소득청'소'년네트워크에 가담했다. 권리에 기반을 두고 정당성을 주장하는 의제 자체가 새로웠고, 어떻게 전개될지 알 수 없다는 점이 오히려 신선했다. 함께하는 사람들도 기존 운동권과는 다른 사람들로 꾸려졌다. 분명한 목적이 있기보다는 문제의식을 가진 청년들이었다. 누구나 쉽게 얘기하는 "필요" 담론을 넘어 개인의 "욕망"에 주목한다는 점도 신기했다. 무엇보다 그 흐름이 글로벌한 운동이었다.

기본소득의 정의는 간단하지만, 제대로 도입되기 위해서는 지역의 연구자, 활동가, 정치인뿐만 아니라 그곳에서 살아가는 모든 이들이 함께 토론하고 실험해서 각자의 현실에 적합한 내용을 만들고 문화적인 변화까지 추동해야 한다. 현재 도시나 마을 단위에서 기본소득 실험 논의가 활발한 것은 재원 마련이나 결과 관측 시 적정 규모를 채택하려는 현실적인 이유도 있지만, 무엇보다 현지의 맥락을 반영하는 기본소득 모델을 구축하기 위해서다. 실험은 지역적으로, 결과와 문제는 글로벌하게 제기하고 유통하는 일은 긴요한데, 이는 지역의 상이한 빈곤 지형을 글로벌의 맥락 속에서 다시 자리 잡게 하는 작업으로서의 성격을 갖는다. 그리고 이때 "글로벌"은 "서구화"로 이해되던 기존의 의미와 달리 위계 없는 연대가 가능한 장場이 된다.

기본소득청'소'년네트워크에 가담한 후 전 지구적 기본소득 운동 네트워크가 있다는 것을 곧 알게 되었다. 기본소득지구네트워크Basic Income Earth Network(이하 BIEN)라 불리는 이 장은 지역에서 싸우면서 전 지구적으로 지지와 연대를 끌어안는 연결고리가 되어주었다. "글로벌"이라는 장은 운동의 전략적 거점일뿐더러 호기심을 자극하는 미지의 세계였다. 전 세계의 활동가나 학자들과 연결되고 싶다는 바람, 그들의 "상상의 공동체"에 무언가 기여하고 싶다는 강한 열망을 느끼면서 기득권 담론이 지배적이라 냉소했던 "글로벌"을 다시 생각하게 되었다. 글로벌 기본소득 담론이야말로 한국 청년운동, 청년정책, 청년 거버넌스에 비판적 참조물이 될 수 있겠다는 생각도 들었다. 한국 사회에서 기본소득을 공론화하는 데 외국의 사례들이 적잖은 도움이 된다는 점을 익히 경험한 터였다.

글로벌 기본소득 장의 비균질성

우리 단체는 설립된 지 2년밖에 안 됐지만, 2년마다 열리는 BIEN 총회에 참석하기로 결정했다. 총회는 전 세계에서 기본소득을 주제로 연구하고 운동하는 사람들을 한자리에서 만날 수 있는 교류의 장이기에 최신 정보들을 많이 접할 수 있는 중요한 기회였다. 2014년 여름, 몬트리올에서 열린 15차 BIEN 총회에 들뜬 마음으로 참여했다. 나 혼자가 아니라 함께하는 것이고, 운동적 당위도 있으니 더 힘이 났다. 가서 뭘 해야 할지 잘 몰랐지만 일단은 흐름을 파악하면서 할 수 있는 것을 찾기로 했다. 우선 총회 참석을 계기로 전 세계 청년 활동가들의 모임을 구성하는 계획을 세웠다. 메일로 알게 된 유럽의 활동가들과 여러 개의 온라인 플랫폼을 거쳐 고생스럽게 논의한 끝에 비공식적 유스 개더링youth gathering을 열어 함께할 사람을 모으기로 했다.

총회의 공식 일정이 모두 끝난 후 비로소 유스 네트워크youth network를 위한 회의가 시작됐다. 젊은 활동가 위주의 모임을 만들자는 것에 모두가 동의했고 그 이름을 "기본소득 세대Basic Income Generation"라 정했다. 유스Youth를 모임 이름에 넣어 "청년"이라는 주체성을 명시할 것인지 논의했는데, "청년"이라는 범주의 모호함을 애써 정의하느니 애초에 그럴 필요 없이 다가올 미래 세대의 전망을 제시하는 "기본소득 세대"로 하자는 의견이 지지를 얻었다. 말 그대로 기본소득을 받는 세대가 되고 싶은 마음도 담았다. 함께하고 싶은 일로 기본소득 페스티벌이나 워크숍 등 여러 아이디어가 나왔지만, 물리적 거리를 고려했을

기본소득지구네트워크 총회에 참석하러 몬트리올 맥길대학교에 도착했다.
이때만 해도 마냥 들뜬 모습이다.

어느 펍에서 진행한 유스 네트워크 회의

때 웹을 기반으로 기본소득 뉴스$^{BI\ news}$의 SNS 계정을 운영하거나 뉴스레터를 발행하는 것을 우선적인 프로젝트로 정했다. 내가 모임을 처음 제안했다는 이유만으로 총무를 맡게 되었다. 기대보다는 걱정이 가득한 채 첫 회의를 마쳤다.

학회의 꼴을 갖추었지만 동문회 같기도, 축제 같기도 했던 총회에 처음 참석하면서 글로벌 기본소득 운동에 한 걸음 다가갔다. 한국에서 기본소득 운동을 하는 청년 그룹이 만들어진 것도 처음, 그 그룹의 대표로 외국에서 열리는 총회에 참석해 발표한 것도 처음, 글로벌 기본소득 운동 진영 내에서 학자들 위주의 주류적 분위기에서 벗어난 청년들의 모임을 만들자고 제안한 것도 처음이었다. "글로벌 기본소득"에 관한 논의를 알기 전까지 나에게 글로벌이란 "글로벌 기업"이나 "글로벌 대학", "글로벌 스타" 등 주류적 흐름의 수식어로 존재했고, 처음부터 문제해결의 단위로서 "글로벌"은 너무 큰 범주라고 생각했다. "대학생"이나 "청년" 또는 "여성"으로서의 나에 천착했고, 이를 경유해 나의 일상적 경험에서 출발하는 데, 그 경험을 기반으로 한 증언으로서의 말하기에 더 익숙했다. 하지만 기본소득 운동이 나의 새로운 일상이 되면서부터 실시간으로 접하게 되는 국외 기본소득 소식들이 낯설지 않았다. 가까워진 심적 거리감은 드디어 물리적 거리를 넘어 총회가 열린 몬트리올에 도착한 순간 최고조에 달했던 것이다. 쉬는 시간도 없이 참석자들을 인터뷰하고, 유스 개더링을 홍보하고, 세션에 들어가서 공부하고, 점심을 샌드위치로 때우며 발표 준비를 했다. 시차 적응도 힘들고, 몰입식 영어 캠프에 참가한 것처럼 고되긴 했지만 이런 기회가 흔치 않다고 생각했기 때문에 무리를 했다. 유명한 학자나 활동가들을 실제로 만나니 신기하고 반갑기도 했다. 이 경험이야말로 나의 활동의 역사에 있어 큰 도약이라 느껴질 정도였다.

그러나 고무된 경험과 별개로, 총회 기간 동안 팽배했던 서구 중심적인 담론과 분위기가 불편함으로 다가오기 시작했다. 일본인 페미니스트 활동가가 "이곳 분위기가 너무 유럽·남성 중심적이지 않냐"고 내게 말을 건넨 후에야 그 장소와 모여 있는 이들을 향한 모종의 거리감이 확보됐다. 물론 유럽과 가까운 북미에서 행사가 열렸다는 지리적 조건의 영향도 있겠지만, 대화를 마친 후 다시 둘러본 회의장은 이전과 같이 보이지 않았다. 현재까지 남아서 활발히 활동하는 초기의 설립자들만 봐도 모두 유럽 남성이었다.

기본소득지구네트워크 총회에서는 3일 동안 상당히 다양한 주제의 세션들이 열렸다. 나와 동료 활동가가 한국 청년들의 삶과 기본소득에 대해 발표했던 "한국의 기본소득" 세션은 일본에서 온 연구자들과 함께 "아시아 스펙트럼"이라는 주제 아래에 편성됐다. 한산했던 아시아 세션에 비해 포스트 복지국가를 논했던 유럽 세션은 앉을 자리가 없을 정도로 인기가 많았다. 총회에 참가한 비서구인들이 상대적으로 적었고, 주제 면에서도 차지하는 비중이 적었다. 한편으로 타자와 교섭하는 문화적 능력이 부족한 것을 유럽 중심주의로 인한 배제라고 느끼는 것은 아닌지 혼란스러웠다.

한국에 돌아온 후 유스 네트워크에 관심을 보인 유럽 활동가들과 온라인에서 프로젝트를 진행하려고 노력했다. 어려움이 뒤따랐는데,

몬트리올 총회 "한국의 기본소득" 세션. 조금 한산했다.

그것은 단순히 각자 바쁘기 때문도, 온라인 소통이라는 한계 때문도 아닌 것 같았다. 각자가 머무르는 지역, 운동하는 지역의 사회적 맥락이 다르고, 운동의 자원으로 삼을 수 있는 공동체의 성취 경험 또한 달랐기 때문에 기대했던 것만큼 참조할 수 있는 방법론이 많지 않았다. "시민"이라고 말했을 때, "권리"라고 말했을 때, "자유"라고 말했을 때 모두 다른 내용을 떠올리고, 같은 문장을 읽어도 다르게 반응했다. 서구 활동가들이 종종 쓰는 슬로건 중에는 가령 다음과 같은 것이 있다. "19세기는 노예해방, 20세기는 보통선거권, 21세기는 기본소득" 기본소득을 지금 시대의 세계사적 과제로 여기자는 것이다. 깔끔한 정리에 감탄하고 고무되었지만 이를 한국에서 그대로 사용할 순 없을 것이다. 나와 저 유럽의 활동가는 "유스"라는 공통점에 방점을 두고 만났지만, 같은 또래라는 세대적 공통성이 끌어안을 수 없는 문화적 차이가 느껴졌다.

무엇보다 나에게 유스 네트워크를 이끌어갈 역량이 부족했다. 무작정 찾아가서 직접 대면하고 모임을 만들었지만, 국제연대라는 것에 감도 안 오고, 온라인상에서 영어로만 소통하는 게 생각보다 너무 힘들었다. 초기에 시도했던 몇 가지 기획들은 평가를 할 수 있을 만큼의 결과도 내지 못했다. 어두운 표정의 나에게 "Don't worry, I'll be with you. Everything's gonna be okay(걱정하지 마, 내가 있잖아. 다 잘될 거야)."라고 얘기하는 지구 반대편의 낙관적인 동료들이 얄미울 만큼 심사가 뒤틀렸다.

글로벌 운동을 고민하면서 운동의 언어에 대해 자주 생각하게 되었다. 내가 구사할 수 있는 언어가 무엇일까? 나의 청자는 누구일까? 한국어와 영어의 구분을 넘어 쉬운 말과 아카데미아의 언어, 서울말과 지방말, 비유와 수사, 온갖 인터넷 용어들과 여러 가지 슬로건들에 이르기까지 "언어"란 곧 관점이며, 나에게 운동은 새로운 "언어"를 구축하기 위한 것과 같다. 그런데 "글로벌" 활동의 장에 뛰어들었을 때, 주된 언어인 영어가 원활하지 못하다는 게 답답했다. 처음에는 온라인 통역기나 영어를 잘하는 친구들을 통해 충분히 해결할 수 있을 것 같았다. 하지만 온라인 통역기에 의지해 보낸 메일이 화용론적 오류를 빚거나, 친구가 바빠서 도와주기 어려운 상황에서 생기는 사소한 좌절이 쌓여갔다.

영어가 약한 한국인들이 글로벌 장에서 활약하기 어렵다는 점은 흔한 이야기다. 내가 영어권에서 장기 생활한 경험이 있다면, 그래서 적어도 학술적인 글까지는 아니어도 소통이 자유로웠다면, 꾸준히 영어 공부를 했다면 사정이 달랐을까? 운동은 메시지를 전하는 것이기 때문에 언어는 생각보다 훨씬 중요한 문제다. 알리지 못하면 확장되지 못하고, 널리 알리기 위해서는 영어로 말해야 한다. 그럼에도 내가 여전히 영어를 두려워한다는 사실을 인정하기 어려웠다. 한국에 돌아온 나는 다시 시작하는 마음으로 지구지역행동네트워크라는 단체에서 개설한 활동가들을 위한 액티비즘 영어 수업도 듣고 영국문화원도 드나들었다. 실력이 많이 늘었는지는 의문이지만 비영어권 거주자로서 언어 사용이 완벽하지 않아도 괜찮다는 "뻔뻔함"은 습득한 것 같다.

지역에서 싸우며 다시 만나는 글로벌

글로벌 네트워크의 첫번째 시행착오를 뒤로 하고, 어느덧 2년이 지나 BIEN 총회가 돌아왔다. 이번에는 한국에서 열리기 때문에 항공비 등 개인적 비용은 걱정하지 않아도 되고, 참가자들과 마음껏 소통하고 기획 단계부터 참여해 새로운 시도들을 해볼 수 있는 절호의 기회였다. 한편 걱정도 있었다. 지난 경험으로부터 무언가를 배우고, 지난번 총회보다 좀 더 나은 모습을 보여야 한다는 목표가 있었다. 감당할 수 있는 규모로, 구체적인 문제의식을 가지고 모이자는 합의도 했고, 아시아 여성 네트워크를 시도해볼 때가 왔다고 생각했다.

　기본소득이라는 개념은 통상 서구 사상가들에게서 그 기원을 찾고, 기본소득지구네트워크 역시 기본소득유럽네트워크에서 확장된 것이기 때문에 세계 기본소득 논의 지형에서 아시아 연구자나 활동가는 "후발주자"라는 인식이 존재한다. 나 자신도 처음에 기본소득에 대해 공부할 때를 돌아보면, 이 개념의 (서구) 정치철학적 배경과 (유럽 위주의) 운동 역사에 고무되어 한국이라는 곳에서 이를 어떻게 "번역"할 수 있는지, 어떤 소개와 적용을 거쳐야 하는지 섬세하게 고민하지 않았다. 그러나 자본주의의 폐단이 고도로 심화되면 사회주의가 발흥할 것이란 식의 역사적 법칙에 의거한 운동론에 의문이 들었던 것처럼 한국 사회가 복지국가라는 대안을 목전에 둔 후발주자만은 아니란 생각이 들었다. 이런 차이점을 적극적으로 드러내며 글로벌 기본소득 담론에 다양한 참조점을 만들기 위해서는 비서구 지역의 주체들이 나서야 하지 않을까? 그동안 기본소득 연구에서 비서구 지역의 논의가 너무 적었던 게 사실이다. 특히 개인의 자율성과 시민의식을 전제하는 기본소득이 국가주의, 가족주의 문화가 강한 동아시아에서 어떻게 실현될 수 있을지, 새로운 시민성의 구축을 통해 성차별적 젠더 구조를 타파할 가능성이 있는지 연구하고 싶어졌다.

아시아 지역 여성 활동가를 찾아 열심히 인터넷을 뒤지고, 메일을 보내고, 패널을 섭외해 이번 한국 총회에서는 공식적으로 "동아시아 여성 활동가 라운드테이블" 세션을 열었다. 세션은 성공적이었고, 이어지는 뒤풀이에도 빌린 공간이 꽉 찰 만큼 많은 사람들이 모였다. 이번 총회에 대만 활동가 네 명을 초대했는데 그들과의 만남이 무척 즐거웠다. 차이잉원 총리가 이끄는 새 내각에 적극적으로 기본소득 의제를 제안하겠다는 의지가 대단했다. 일본에서 온 카오리는 기본소득일본네트워크의 유일한 여성이자 페미니스트 연구자로서 그간 외롭게 운동해온 이야기를 들려주었다. 적극적인 인도 활동가들을 알게 된 것도 매우 고무적이었다. 아시아 네트워크를 만들자고, 유럽 네트워크나 북미 네트워크가 하듯 우리도 아시아 지역 학회를 개최하면서 긴밀히 교류하자고 했다.

한국 총회가 끝나고 두 달쯤 지나서 중국, 한국, 일본, 인도 활동가들이 함께 만나는 메신저 단체방이 만들어졌다. 중국 정부가 페이스북 사용을 금지한 까닭에 중국 활동가들과 교류하기 위해서 새로운 플랫폼이 필요했고, 중국의 청 푸루이가 적극적으로 추천해서 위챗wechat이라는 메신저를 처음 써보게 됐다. 신기하게도 위챗이 중국어, 한국

"동아시아 여성 활동가 라운드테이블" 세션 뒤풀이에 모인 사람들과 함께

어, 일본어를 자국 언어로 통역하는 기능을 갖고 있어서 (완벽하지는 않지만) 대화가 수월해졌다. 물론 의사소통은 여전히 답답하고, 느리고, 비효율적이었다. 영국의 페미니스트 활동가 바버라가 유럽 네트워크를 만들면서 겪었던 일들을 들려주면서, 분명 어려움이 뒤따르겠지만 겪고 나면 글로벌 네트워킹은 후회 없는 시도가 될 거라고 격려해줬다.

앞서 "청년"이라는 공통성을 중심으로 제안한 만남들이 곧 문화적 장벽에 부딪히고 말았다는 얘기를 한 바 있다. 이는 어쩌면 동질적인 집단에서 차이를 더 많이 발견하는 현상 때문일지도 모른다. 세대적 공감대가 상이한 문화를 뛰어넘는 경우도 많기 때문이다. 칼 와이더키스트 Karl Widerquist BIEN 공동의장은 기본소득 운동의 역사를 발제하며 시기를 거칠게 구분한다. 학자들 위주로 기본소득 개념을 토론하다 그 개념이 세계 곳곳에 점차 소개되어 지역 활동과 연결되던 초기, 젊은 활동가들이 주축이 된 유럽연합 시민발의 운동이 화제가 되고 스위스 국민투표 발의안 상정에 성공해 학자들 위주의 BIEN에 자극을 췄던 시기, 그리고 곳곳에서 기본소득 실험을 준비하는 지자체나 기업이 등장하고 시민 주도의 크라우드펀딩 기본소득 실험도 등장하는 최근까지 몇 차례 전환점을 거쳐왔다는 것이다. 물론 학자들은 계속해서 연구를 하겠지만, 지금 기본소득 운동에 참여하는 청년들은 초기의 기본소득 연구자들과는 구분되는 역할을 하고 있는 셈이다.

글로벌 기본소득 운동 안에서 청년끼리 뭔가 해보자고 모이는 이유는 글로벌의 이름에 기댄 상징적 자원을 획득하는 것과 별개로, 부족하더라도 실질적인 운동을 만들어낼 수 있다고 생각하기 때문이다. 그 과정에서 각자가 느끼는 괴리감에 대해 적극적으로 말하고, 그런 느낌을 공유할 수 있는 이들을 따로 모아보면서 다양한 시도를 해볼 수 있을 것이다. 청년들의 모임이든, 아시아 활동가들의 모임이든 아직 충분히 해보지 않았기 때문에 지금까지 해온 것보다 앞으로의 가능성이 크다고 본다.

결론적으로 말하자면, 글로벌은 나의 로컬로 돌아와서 활동을 더 잘 해내기 위한 레퍼런스를 서로 교환하기 위한 장이자, 로컬에서 비주류 운동 주체로서 고군분투하는 서로를 격려하는 자리가 되어야 한다. 기본소득 운동을 참조한 나의 문제의식이 한국 청년운동에 일으키는 파장과, 기본소득 운동에 참여하는 다양한 주체 중 한 명으로서 로컬을 기반으로 한 문제의식이 글로벌 활동의 장에 일으키는 파장이 선순환을 이룰 수 있기를 바란다. 여타 한계들에도 불구하고 글로벌 운동은 해볼 만한 가치가 있고, 우리 모두는 서로에게 좋은 동료가 되어줄 수 있다고 믿는다.

마치며: 나는 왜 운동을 하는가?

기본소득 운동을 하는 동료들과 가끔 각자 왜 운동을 하는지 이야기해보면 나 같은 서사는 나밖에 없다(물론 각자의 서사가 다 남다르다). 동료들은 나더러 베이비붐 시대의 운동권 정서를 지녔다고 놀린다. 우리 세대의 고전 『해리 포터』의 세계관으로 치면 그리핀도르 기숙사에 배

2016년 7월 서울에서 열린 기본소득지구네트워크 총회 참가자들과 함께

정되었을 사람이고, 역사의 진보를 믿고 대의나 신념 같은 것으로 움직이는 사람이라는 것이다. 하지만 나는 낡은 것으로 여겨지는 "신념"을 욕망이라는 이름으로 소환할 뿐이다. 글로벌에 대해서도 환상도 냉소도 없이 홀가분한 마음이다. 전 지구적 불평등 문제, 생태위기라는 문제를 해결하기 위해 필연적으로 고려해야 하는 단위가 된 것이다.

나의 고등학교 일기장에는 당대 정치평론이 꾸준히 등장한다. 그중 가장 열광했던 일은 오바마 대통령의 당선이었다. 심지어 2037년 대선 후보 출마선언문을 적어둔 것도 있었다. 이때만 해도 명예의 성취를 기반으로 열심히 생애를 기획해왔다. 그 구체성에 비하면 결혼이나 육아 등에 대한 계획이 전무한 것도 특이하다. 새로운 생애 기획은 어떤 방식이어야 할까? 나에게 그것은 우선순위를 정하는 문제다. 죽음에 대한 생각에 깊이 몰두할수록 현재의 우선순위가 선명해진다. 가톨릭 신앙에 기반을 둔 종교적 영향도 있을 테고, 일제강점기 독립운동 혹은 독재정권하의 민주화운동 등 폭력이 만연하던 시기의 운동을 다룬 저작들을 탐독하면서 생각하게 되는 것도 있다. 최근 들어서 한국에 산다는 것은 일촉즉발의 상황에 있는 핵발전소에 대한 공포와 동거하는 것임을 느낀다. 이 사실은 나의 생애 기획에 지대한 영향을 미친다. 평균수명이 100살까지라 해도 그게 내 이야기는 아닌 것 같고, 원하는 일을 할 수 있을 만큼 스스로를 돌볼 수 있는 상태로 살아 있을 수 있는 나이가 언제까지일지 가늠해본다. 나에게 남아 있을 한정된 시간, 평범한 머리와 체력, 자본과 운으로 이 세계에 기여할 수 있는 것을 한번 찾아보자. 나 자신은 실패할지라도 그 실패가 가져올 수 있는 변화에 적극적으로 관여하고 싶다. 무슨 일이든 성공할지 아닐지 가능성으로 판단하기보다 그 일이 옳은지 아닌지로 판단할 수 있는 식별력을 갖고 싶다. 결말을 안다고 해도 달라지지 않을 선택이 있기 때문이다.

나의 기본소득 운동은 결국 20대 총선에서 녹색당 비례후보 출마로까지 이어졌다. 생일을 맞아 만 25세 피선거권 획득 기념 파티를 열었다. 그때 친구들이 낭독한 축사가 있다. 서로를 알지 못하는 현재의 동료와 과거의 동료 두 사람에게 부탁했는데 마치 짠 것처럼 똑같은 주제로 글을 써 와서 놀랐다. 덕분에 나 스스로도 몰랐던 모습을 인지하게 되었다. 부끄럽지만 이 글을 애초에 쓰기 시작했다는 것 자체가 부끄러운 일이니 뻔뻔하게 인용해보도록 하겠다.

1.

주온에 대해 잘 아는 사람들로부터 가끔 내가 듣는 말은 "걔는 정말 뻔뻔해."이다. 이 말에는 보통 불만이 아니라 순수한 놀라움이 담겨 있다. 나는 물개박수를 치며 대답한다. "장난 아니죠. 걔 진짜 뻔뻔해요." 주온은 정말 뻔뻔하다. 일단 뻔뻔하지 않고서야 이런 파티를 열어 사람들을 불러 모을 리가 없다. 내 생각에 주온의 뻔뻔함의 비결은 선의를 편안하게 느끼는 감각이다. 그리고 선의는 익숙한 사람에게 모인다. 이런 점에서 주온은 운동을 하기에 적합한 사람이다. 우리는 많은 지지를 필요로 하니까.

선거와 뻔뻔함이라는 두 가지 키워드에 일본의 아이돌 그룹 AKB48이 생각났다. AKB48은 지역별 그룹과 후보생 등등으로 이루어진 엄청나게 많은 멤버의 대규모 걸그룹인데, 2009년부터인가 매년 총선이란 것을 한다. 투표를 통해 그룹 내 인기순위를 가리는 행사인데 이제는 오타쿠 행사를 넘어 열도의 화제가 되었다. 일본의 직선제 판타지를 채워주기 위한 기획 아니냐는 우스갯소리도 있다. 아무튼 지금은 그룹을 은퇴했지만 이 AKB48의 센터로 활약하며 총선거 1위도 두어 번 차지한 인물이 마에다 아츠코이다. 여기까지 듣고 "머글"인 분들은 '저 사람 오타쿠인가 봐.' 하고 생각할 수도 있는데 이 정도는 구글 검색 딱 한 번으로 모두 알아낼 수 있는 엄청 메이저 정보로 저는 덕후가 아닙니다. 아무튼 마에다 아츠코는 인기만큼 안티도 많기로 유명했다. 도무지 왜 얘가 센터인지 모르겠다는 비난이 많았는데, 소녀시대에서 윤아가 센터가 아닌 경우를 생각해보면 될 것 같다.

AKB48의 프로듀서인 아키모토 야스시는 마에다 아츠코가 센터인 이유에 대해 멤버 사시하라 리노와의 대담에서 다음과 같이 밝혔다고 한다.

아키모토 야스시: 예를 들면 여기에 초밥이 있단 말이지. 그렇지만 두 개밖에 없어. 주위에 선배라든지 나이 많은 멤버들이 많이 있어. 사시하라라면 성게 초밥에 손을 댈 수 있을까?
사시하라 리노: 댈 수 없어요!
아키모토 야스시: 오이 초밥 쪽으로 손을 대겠지. 나도 그래. 그런

건 스타성이 없다고. 그렇지만 마에다는 가는 거야. "두 개밖에 없네." 하고 웃으면서 덥석 하고. 사시하라가 먹지 않고 있으면 "성게 싫어했었니?" 하고 순진하게 묻는 거야. 비꼬는 거든 뭐든 없어. 본심으로 묻는 거야. 그러니까 6년간 에이스의 중압을 참아올 수 있던 것이고, 이런 마이페이스의 천성이 사시하라에 없는 한 절대로 이길 수 없는 거야(출처: 나무위키 마에다 아츠코 항목 번역).

내 생각에 주온은 성게 초밥을 덥석 집어 먹는 사람은 아니다. 하지만 젓가락을 들고 눈썹을 한껏 올린 채 커다란 안경알 뒤로 눈동자를 빛내면서 나를 보고 발랄하게 말하겠지. "나 성게 초밥 먹어도 돼?" 그러면 나는 먹으라고 할 수밖에 없다. 도리가 없는 것이다. 그리고 지금 나는 주온이 이런 식으로 도리 없이 한국을 이겨버릴 수도 있지 않을까 기대해본다. "다 같이 기본소득 받으면 안 돼?" 맛있는 것을 먹고, 즐거운 파티를 여는 마음으로. 나에게도 좋고, 모두에게 좋은 것을 척척 권유했으면. 이런 일을 할 수 있는 사람은 많지 않다.

(백희원 축사)

2.
저 친구가 저에게 축사를 맡길 때는 막막했어요. 무슨 말을 해야 하지, 사실 당도 다르고, 기본소득에 대해 나는 아직 미온적인 입장인데. 그렇지만 인상비평, 현실비평 다 좋다기에, 품성비평을 하기로 했습니다. 공식석상에서 친구의 욕을 할 수 있는 좋은 기회를 놓치지 않으려고 합니다.

주온은 영리하게 뻔뻔합니다. 자기 하고 싶은 말 위주로 하고, 시켜 먹기도 잘합니다. 남이 불편해할 것 같은 말도 잘합니다. 학교에서 생활도서관 운동을 함께할 때, 주온은 늘 바빠서 동료들에게 업무를 던져놓고는(그것도 잔뜩 스케일을 키워서) 황급히 자기 할 일을 하러 뜨곤 했습니다. 그리고 그녀의 말에 상처를 받기도 했습니다. 얄미웠어요. 그 얄미움이 주온의 탁월함이라는 사실을 인정하는 데 오랜 시간이 걸렸습니다. 조직을 꾸리고 일을 추진하려면 눈치를 보지 않아야 하고, 남을 잘 시켜야 하니까요. 또 주온은 남이 불편해할 부탁을 잘하는 편입니다. 주온이 가장 열심히 일을 시켜먹고 도망갈 때, 생활도서관 운동이 가장 활기차게 돌아갔습니다.

즉 뻔뻔하다는 것은 자신의 욕망을 자신 있게 발화할 수 있다는 뜻입니다. 특히 쪼그라든 자아와 소심함이 이 시대의 정동이 되어버린 오늘날, 자기가 원하는 바를 이야기하기 전에 원해도 된다고 생각하는 것 자체가 대단한 용기를 필요로 합니다. 하지만 제가 아는 주온은 겁도 많은데, 그럼에도 불구하고 그녀가 뻔뻔할 수 있는 이유는 어디 가서 뻔뻔해져야 할지 알기 때문입니다. 모든 발화가 타협임을 알 때, 발화 가능한 지점을 예민하게 포착하는 것이기 때문입니다. 그래서 얄미운데도, 얄미워서 좋은 친구이고, 제가 본받고 싶은 조직가입니다.

(……) 칭찬을 하나 덧붙여보면, 주온은 제가 아는 사람 중 가장 일기를 잘 쓰는 사람입니다. 주온의 일기가 가장 흥미로운 지점은 (물론

아, 쟤도 나만큼은 아니지만 속물이구나, 라는 거지만) 일단 스스로의 천박함과 못난 지점과 웅숭깊음과 탁월한 지점을 명확히 알고 드러낼 줄 안다는 점입니다. 주온은 내가 만난 20대 중 가장 자기성찰을 잘하는 사람 중 하나입니다. 스스로의 욕망조차 잊은 채 손쉽게 오판하는 정치인들이 많은 이 시기, 주온의 그런 균형 잡힌 예민함은 그녀가 원하는 청년 스스로의 정치를 해내게 할 터입니다.

(정희윤 축사)

내가 실제로 뻔뻔한지 아닌지는 모르겠다. 낯도 많이 가리고, 살갑게 대하는 것도 어려워하는 성격이다. 다만 뻔뻔함이란 내가 만들고 싶은 운동 스타일과 맞닿아 있는 용어 같기는 하다. 나를 추동하던 호기심, 성취욕, 막연히 더 넓은 곳으로, 끊임없이 새롭고 낯선 곳으로 가고 싶은 마음, 행복한 개인이 되어 더 좋은 사회의 구성원이 되고 싶은 욕심, "탈조선" 하지 않아도 바로 여기를 살고 싶은 나라로 만들고 싶은 욕망. 이런 것들을 위해 모두 다 좀 뻔뻔해져도 좋지 않을까. 무례까지는 아닌 뻔뻔함. 세계를 구할 우리 모두의 "대사회적 뻔뻔함"을 기대한다.

이 책을 쓴 사람들

조문영은 서울대 언론정보학과를 졸업하고 동 대학 인류학과에서 서울시 신림동 난곡 지역의 가난과 복지의 관계를 다룬 연구로 석사학위를, 스탠포드대학교 인류학과에서 중국 동북 사회주의 노동계급의 빈곤화 과정에 대한 논문으로 박사학위를 받았다. 지금은 연세대학교 문화인류학과 부교수로 재직하고 있다. *The Specter of "the People": Urban Poverty in Northeast China*, 『정치의 임계, 공공성의 모험』(공저)을 쓰고, 『분배정치의 시대—기본소득과 현금지급이라는 혁명적 실험』을 번역했다. 중국과 한국의 빈곤, 노동, 청년, 사회적 연대에 관해 관심을 갖고 연구하고 있다.

이민영은 포항공대 화학과를 졸업하고 서울대 인류학과 대학원에서 한국인, 일본인의 인도 요가 수련 여행에 대한 논문으로 석사학위를 받았다. 지금은 서울대 인류학과 대학원에서 박사 과정을 수료하고 현재 한국인의 해외관광문화에 대한 학위 논문을 준비하고 있다. 『그랑블루, 스쿠버 다이빙 트래블』, 『자전거로 세상을 건너는 법』 등을 쓰고, 『꽃과 벌』, 『분별 있는 나와의 대화』 등을 번역했다.

김수정은 숙명여대 교육학과를 졸업하고, 하와이대학교에서 중산층 및 노동자 계층 한인 여성 이민자들의 네트워크가 자녀 교육을 위한 정보 획득에 미치는 영향으로 석사학위를 받았다. 일리노이주립대학교 교육정책, 조직, 리더십학과 박사 과정을 수료했다. 미국의 커뮤니티 칼리지 교육 과정에 있는 한인 유학생들이 부유하는 삶을 살며 불안정한 사회계층으로 편입되는 과정을 연구하고 있다.

우승현은 연세대 문화인류학과를 졸업하고 동 대학원에서 한국 청년이 아일랜드에 체류하며 겪은 글로벌 이동에 관한 논문으로 석사학위를 받았다. 신자유주의를 추종하는 한국 사회에서 분투하는 청년들의 다양한 삶의 방식과 생존 전략에 관심을 가지고 있으며, 이를 바탕으로 청년 세대와 문화, 글로벌라이제이션과 이동(성), 사회적 경제와 협동조합 등을 공부하고 있다.

최희정은 서강대 정치외교학과와 신문방송학과를 졸업하고, 연세대학교 국제대학원에서 석사 학위를 받으면서 세계화, 이주, 시민권에 대해 인류학적 관심을 가졌다. 일리노이주립대학교에서 유학생 남성들의 한국 군복무에 관한 논문으로 문화인류학 박사학위를 받았다. 지금은 건국대학교 이주·사회통합연구소 전임연구원으로 재직하면서 이주, 시민권, 계급, 병역, 교육(유학)에 대해 연구하고 있다.

정가영은 연세대 사회학과를 졸업하고 동 대학원에서 몽골 이주 청소년에 관한 논문으로 석사학위를 받았다. 일리노이대학교 교육정책학 박사 과정을 수료했다. 미국의 한인 미등록 이민자 청년과 액티비즘에 관한 박사 논문을 쓰면서 글로벌 이주, 시민권, 청(소)년, 소수자 권리, 액티비즘에 대해 공부하고 있다. 『우리 이야기 한번 들어볼래?: 이주청소년 열두 명의 생생한 목소리』(공저), *Makeshift Multiculturalism*(공저)을 썼다

김주온은 서강대학교 경제학과를 졸업하고 기본소득 운동을 하다가 운동을 더 잘하고 싶어 연세대학교 문화학협동과정 대학원에 들어갔다. 공부와 활동을 병행하던 중 기본소득을 정치 공간에 띄우고자 녹색당 비례대표 후보로 20대 국회의원 선거에 출마했다. 2016년 가을부터 녹색당 공동운영위원장으로 활동하고 있다.

헬조선 인 앤 아웃

1판 1쇄 펴냄 2017년 4월 21일
1판 2쇄 펴냄 2017년 5월 24일

지은이 조문영·이민영·김수정·우승현·최희정·정가영·김주온
펴낸이 정성원·심민규
펴낸곳 도서출판 눌민

출판등록 2013. 2. 28 제25100-2017-000028호
주소 서울시 마포구 월드컵로10길 37, 서진빌딩 401호 (04003)
전화 (02) 332-2486   팩스 (02) 332-2487
이메일 nulminbooks@gmail.com

ⓒ조문영·이민영·김수정·우승현·최희정·정가영·김주온 2017

Printed in Seoul, Korea

ISBN 979-11-87750-05-5 93300

• 이 책의 국립중앙도서관 출판예정도서목록(CIP)은 서지정보유통지원시스템 홈페이지(http://seoji.nl.go.kr)와
  국가자료공동목록시스템(http://www.nl.go.kr/kolisnet)에서 이용하실 수 있습니다.
  (CIP제어번호: CIP2017009387)